Wer zum Teufel ist Wana?

Irmgard Rahn

Copyright © 2015 Irmgard Rahn

All rights reserved.

ISBN: 978-3-945672-06-8

Das Leben besteht nicht in der Hauptsache aus Tatsachen und Geschehnissen. Es besteht im Wesentlichen aus dem Sturm der Gedanken, der jedem durch den Kopf tobt.

Mark Twain (1835-1910)

WER zum Teufel IST WANA?

Teil 2 von:

VERLORENE PARADIESE, PARAÍSOS PERDIDOS, KUPOTEA PEPONI

Inhalt des 1. Teils:

Tina, in Salzburg lebend, erfährt im Alter von 23 Jahren, dass Ihre Zwillingsschwester vor 20 Jahren bei einem Waldspaziergang in Bietigheim/Baden Württemberg spurlos verschwunden ist.
Nach einem lauten Streit zwischen ihren Eltern, Susanne und Klaus Kammler im Krankenhaus, verschwand ihr Vater. Die Mutter flog nach Amsterdam, wo sie bei einem Unfall ums Leben kam. Ihre Oma zog mit Tina von Gemmrigheim nach Salzburg. Dort wuchs Tina auf, studierte und lernte Sebastian kennen und lieben. Sie haben Zwillinge, Lisa und Lena.
Tina forscht nach, reist nach Mallorca und findet durch Zufall ihren Vater wieder. Er hat den Familiennamen seiner zweiten Ehefrau Louisa angenommen. Ihre Töchter, Elena und Sofia sind 8 und 6 Jahre alt. Von ihm erfährt sie, dass er nicht ihr biologischer Vater ist. Ihre Mutter hatte kurz vorher eine Beziehung zu einem gewissen Joachim Schleyer, von dem er nur weiß, dass dieser Kenia liebte und ebenfalls Lehrer werden wollte. Tina schreibt alle in Frage kommenden Schulen in Kenia an. Eines dieser Schreiben erreicht ihn tatsächlich, da er früher, so wie zur Zeit seine Tochter Katharina, genannt Cathy, in der Deutschen Schule Nairobi unterrichtet hat. Nach seinem Tod durch Krebs findet Cathy diesen Brief und reist nach Salzburg. Die beiden Schwestern lassen einen DNA Test machen, wobei festgestellt wird, dass Cathy die biologische Tochter von Klaus Kammler und Tina die Tochter von Jo Schleyer ist.

Die handelnden Personen:

Cathy Schleyer, die bei ihrer Geburt Katharina Kammler hieß.

Joachim (**Jo**) Schleyer, Cathys Daddy, der sie im Alter von 3 Jahren nach Kenia entführte.

Michael Schneider, Direktor der Deutschen Schule Nairobi und Cathys Freund.

Suzie, Sekretärin der Deutschen Schule Nairobi

Wana, (Kibwana), 3 jähriger somalischer Junge

Lliya Faarax Indhobuur K'Naan, Somalierin

Diana, Joes langjährige Freundin in Kenia,

George, Dianas Jugendliebe

Tina Mayr, Christina Kammler / Schuster

Sebastian Mayr, Tinas Ehemann

Lena und **Lisa**, ihre 5jährigen Töchter

Sergio Tinas mallorquinische Sommerliebe

Anne Schuster, Oma von Katharina und Christina (Tina und Cathy)

Klaus Kammler, offizieller Vater von Cathy und Tina

Louisa, Klaus' zweite Ehefrau, Mallorquinerin mit deutsch/spanischer Abstammung

Elena und **Sofia**, ihre Töchter

Pablo, Louisas Bruder

Rosalina, Louisas Haushälterin

 **Irmgard Rahn,** gebürtige Österreicherin, lebt in Südwestdeutschland. Sie arbeitete einige Jahre als Stewardess bei der Deutschen Lufthansa und während ihrer Familienphase als Fremdsprachenkorrespondentin. Seit ein paar Jahren schreibt sie Familienromane und betreibt den Blog „Books of Reality" (www.irmgardrahn.com)

Umschlagfoto: Ondřej Carda, http://www.ondrejcarda.com

Umschlaggestaltung: Jaroslav Cernoch,

Lektorat: Beate Heilmann, Claudia Biny, Jaroslav Cernoch

Alle Rechte vorbehalten. Kein Teil des Werkes darf ohne schriftliche Einwilligung des Verlages in irgendeiner Form (Fotokopie, Mikrofilm oder ein anderes Verfahren) reproduziert oder auf Datenträger übernommen werden.

Inhalt
1 MALLORCA 9
2. LAKE DISTRICT GREAT BRITAIN..............61
3. SALZBURG 91
4. BOWNESS-ON-WINDERMERE 99
5 NAIROBI 109
6 STEINERNES MEER, KÖNIGSEE 138
7 NAIROBI, DEUTSCHE SCHULE 149
8 VENTIMIGLIA 157
9 NAIROBI, RIVERSIDE DRIVE.....................171
10 SHANZU, WEIHNACHTEN....................189
11 ZURÜCK IN NAIROBI......................227
12. Wer ist Wana? 255
13. HOCHZEIT IN SALZBURG....................290
14. UND WIEDER WANA 309
14. Notizen zu den Schauplätzen 335

1 MALLORCA

Cathy sitzt im Sand am weitläufigen Strand von Alcúdia im Norden Mallorcas. Sie schaut tief in Gedanken zum Horizont, zu der Stelle, an der sich Himmel und Erde berühren. Das Sonnenlicht tanzt auf den Wellen des Meeres und bildet eine hell schimmernde Fläche.

Aus dem Licht taucht eine weite Steppenlandschaft empor. Grünes und leicht verdorrtes gelbes Gras wechseln sich ab, vereinzelt ein paar kleine Büsche. Darüber spannt sich ein heller blauer Himmel. Die Sonne steht hoch am Himmel.
Zwei Mädchen jagen lachend auf ihren dunklen Pferden durch die Steppe. Die langen blonden Haare flattern, ein unendliches Glücksgefühl liegt über der Ebene.
„Pass auf", ruft ein Mädchen dem anderen warnend zu „die Schlucht!"
Aber zu spät. Das Mädchen samt Pferd verschwindet.
Der Himmel verdüstert sich. Plötzlich ist es kalt. Das Mädchen gleitet vom Pferderücken, eilt zur Abbruchkante und schaut nach unten.
Dann dreht es sich um. Entsetzt aufgerissene Augen, der Mund offen, aber kein Ton entweicht.
Das Mädchen steht da. Blass. Stumm. Gebrochen.
Es sinkt zu Boden.

Lange bleibt Cathy am weitläufigen Strand sitzen. Kann die Szene, die sie gesehen hat, nicht vergessen. Streicht ihre langen braunen Locken aus dem Gesicht. Endlich rappelt sie sich hoch. Nimmt die Sandalen in die Hand und geht in Gedanken versunken auf dem nassen Sand, der regelmäßig von Wellen überschwemmt wird, weiter. Wie lange? Sie weiß es nicht. Die Julihitze macht ihr nichts aus. Der Strand ist voller Menschen. Sie sieht sie nicht. Weit erstreckt sich der Sandstrand nach Osten. Dahinter liegen Büsche und Kiefernwälder. Die beiden Landzungen mit ihren malerischen Bergen und Steilküsten schließen die Badia d'Alcúdia ein.

Auf einmal hört sie: „Kuja Wana, tunahitaji haraka! - Wana komm, wir müssen uns beeilen!" Suaheli? Erstaunt dreht sie sich um und sieht den beiden Personen nach: Eine junge schwarze Frau in einem verwaschenen Wickelrock und hellem T-Shirt, die einen kleinen Jungen an der Hand führt, der unwillig dahinstolpert.

Achselzuckend geht Cathy weiter, irgendwie kommt ihr die Frau bekannt vor. Kann sie sie schon einmal gesehen haben? Wenn, dann muss es hier auf Mallorca gewesen sein. Jetzt fällt es ihr ein.

Sie war mit einem Auto ihres Vaters unterwegs zum Flughafen. Die Maschine aus Nairobi mit Michael an Bord würde bald landen.

Sie freute sich auf ihn und sie brauchte ihn. Seine Gegenwart. Seine Nähe. Die Situation wurde ihr zu viel. Klaus wollte mitkommen, selbst fahren, ganz der fürsorgliche Vater, aber sie wollte das nicht. Nein. Rechts die Silhouette der Sierra de Tramontana, vor ihr die schnurgerade Straße nach Inca. Hügelige Landschaft, tiefblauer Himmel und brütende Hitze. Der Asphalt der Straße flimmerte. Die Steinmäuerchen entlang des Straßenrandes - wer die wohl aufgerichtet hat - sind kilometerlang. Hie und da ein halbvertrockneter Busch. Hinter den Mauern grüne Bäume. Die werden wohl bewässert. Sie fuhr gedankenverloren.
Starrte auf die Landstraße und nahm sie doch nicht wahr. Die angespannte Stimmung in der Villa. Der betont unbefangene Umgang mit dieser schwierigen familiären Situation. Ein Vater, der seine Familie aus gekränkter Eitelkeit verließ und erst von einer seiner Töchter nach 20 Jahren gefunden wurde. Alle waren betont fröhlich. Nur Lisa und Lena und Klaus' Töchter schienen unbelastet und amüsierten sich. Tina war geistesabwesend. Sebastian tat so, als würde er es nicht bemerken. Stand wohl der Situation hilflos gegenüber. Sie bemühte sich auch nicht. Ich kann Klaus nicht als Vater akzeptieren, auch wenn ich inzwischen weiß, dass er auch biologisch mein Vater ist. Wie kann er das von mir erwarten? Ich hatte doch einen Vater.
Ihre Augen schweiften zu dem Zifferblatt auf dem Armaturenbrett. Fahr' ein wenig schneller, Cathy, ermahnte sie sich.
Da kam von einer rechten Gartenausfahrt ein Auto geschossen und es knallte. Das Lenkrad verriss und sie landete an dem Straßenmäuerchen. Der Aufprall war nicht schlimm, aber der

rechte Scheinwerfer zerbrach. Wütend stieg sie aus. Das andere Auto war stehengeblieben und ein Spanier kam schimpfend auf sie zu und zeigte auf seinen ebenfalls lädierten vorderen linken Kotflügel!
„Also, das ist nun wirklich nicht meine Schuld. No hablos Español. I call the police! Polizia!"
Sie ging zum Auto, beugte sich hinein, um ihr Handy aus der Tasche zu fischen. Da hörte sie das Auto starten.
„Was soll das denn", entfuhr es ihr. Sie drehte sich um. Beim Wegfahren sah sie eine schwarze junge Frau auf der der Rückbank. Sie wirkte traurig. Sie sah Cathy an. Das war dieselbe Person! Dasselbe Gesicht! Sie kann sich schwarze Gesichter merken. Keines gleicht dem anderen.

Sie dreht sich nach den beiden um und stellt bestürzt fest, dass die Frau am Boden liegt. Schnell eilt sie zurück. Die Frau ist ohnmächtig. Das Kind kauert erschrocken neben ihr und zupft an ihrem Rock: „Mama, kupata juu ya."
„Ich glaube, deine Mama kann nicht aufstehen", sagt Cathy leise auf Suaheli. „Wo kommt ihr denn her?"
Sie ergreift das Handgelenk der Frau. Der Puls ist kaum spürbar. Sie braucht einen Arzt. Das Handy versteckt sich in den Tiefen ihrer Umhängetasche. Sie atmet auf, als sie es findet und wählt 112. In Englisch, sich ein paarmal wiederholend, kann sie sich verständlich machen. Dann eilt sie ans Wasser,

befeuchtet ihr Taschentuch und legt es der Frau auf die Stirn. Mehr kann sie nicht tun.

„Wie heißt du denn?"

„Wana."

„Und deine Mama?"

„Mama heißt Mama."

Cathy muss lächeln. Natürlich!

„Und wo ist dein Papa?"

Verständnislos sieht sie der Kleine an.

Mittlerweile sind sie von Neugierigen umringt. Es dauert nicht lange, bis der Krankenwagen kommt. Die Sanitäter wirken genervt: „Ach herrje, sicher wieder eine Illegale. Weiß jemand, wer sie ist?"

Allgemeines Schweigen. Cathy sagt in Englisch: „Sie kam den Strand entlang und sprach Suaheli mit ihrem Sohn, dann wurde sie ohnmächtig."

Die Sanitäter sehen sie verständnislos an. Der Junge ist verschwunden.

„Donde..." bringt Cathy noch hervor, aber sie hören ihr nicht zu. Der Krankenwagen fährt ab. Eine Touristin meint in holprigem Englisch mit deutschem Akzent, dass sie die Afrikanerin in das Krankenhaus hier in der Nähe bringen werden. „Danke, aber ich spreche auch Deutsch. Haben Sie den kleinen Jungen gesehen? Die Frau hat einen kleines Kind von vielleicht drei Jahren bei sich gehabt. Ich sah sie den Strand entlang

kommen. Jetzt ist es verschwunden."
Aber die Frau hat kein afrikanisches Kind bemerkt.
Cathy sucht sich einen Platz am Rande der Büsche. Sie ist sich sicher, dass das Kind aus seinem Versteck kommen wird. Sie wird warten. Warum ist es weggelaufen?

Vor einer Woche ist sie mit ihrer Zwillingsschwester Tina und Sebastian, deren Ehemann, sowie den Zwillingen Lena und Lisa, spät abends auf dem Flughafen Palma de Mallorca gelandet. Die endlosen Gänge, die müden Mädchen, das Warten an den Gepäckbändern strengte sie alle an. Sebastian kümmerte sich um die Koffer. Tina und sie waren hellwach und nervös. Anne hatte sich, trotz ihrer Zusage, im letzten Moment entschlossen, in Salzburg zu bleiben. Sie fühlte sich der Situation nicht gewachsen, was Cathy gut nachvollziehen konnte.
Die automatischen Türen öffneten sich und sie standen Klaus gegenüber. Klaus Kammler, ihrem Vater. Tina kannte ihn schon. Sie nicht und sicher, ob sie überhaupt dabei sein wollte, war sie sich auch nicht. Aber Tinas Familie hatte sich so über die Einladung gefreut und sie wollte bei ihrer Schwester sein. Außerdem war sie, das musste sie zugeben, ein bisschen neugierig auf ihn: Was war das für ein Mensch, der seine Familie von einer Stunde zur anderen allein ließ? Gut, der Schock, den ihm Mama versetzte, war heftig, aber konnte das eine Entschuldigung sein?
Die Erwachsenen schwiegen, nur die Zwillinge Lisa und Lena sorgten für Unterhaltung. Trotz aller Geheimhaltungsversuche

hatten sie einiges an Familiengeheimnissen mitbekommen und Lisa, nicht schüchtern, stellte sich vor Klaus und sah ihm gespannt ins Gesicht: „Du bist unser neuer Opa, gell? Wo ist denn die neue Oma? Unsere Oma hat immer Schokolade für uns in ihrer Küchenschublade! Die neue Oma auch?"
„Lisa, das reicht!", empörte sich Tina.
Aber Klaus lächelte.
„Oma Anne hat gesagt, man darf nie nicht Schokolade verlangen, denn dann verschwindet sie, schwuppdiwupp", meldete sich Lena besorgt.
„Louisa hat sicherlich Süßigkeiten für euch", schmunzelte Klaus, „bei Schokolade bin ich mir nicht so sicher, aber Eis hat sie jede Menge!"
Lisa nickte zufrieden. „Bekommen deine Hunde auch Eis? Mama hat gesagt, du hast zwei große Hunde. Weil, Jaschas Hund frisst jeden Tag zwei Tüten Eis!"
„Frau Müller hat gesagt, wir sollen nicht alles glauben, was Jascha erzählt. Er ist ein Aufschneider."
„Wie hat er das aufgeschnitten?" Lisa sah Lena interessiert an, aber die zuckte mit den Schultern.

Louisa hatte auf der Terrasse der Villa in den Bergen bei Pollença einen kleinen Mitternachtssnack angerichtet. Auf dem Tisch und verschiedenen Tischchen standen Kerzen in Gläsern und eine indirekte Beleuchtung schuf eine romantische Atmosphäre. Am Himmel stand ein fast voller Mond und viele Sterne funkelten. Man konnte Zypressen und Palmen erahnen.
Louisa umarmte Tina. „Du hast ja eine neue Frisur! Steht dir sehr

gut!" Nach einem forschenden Blick in Cathys Augen wurde auch sie herzlich begrüßt. Auch Sebastian und die Zwillinge bekamen Küsschen rechts und links auf die Wangen.

Tina griff erleichtert nach dem Glas Wasser. Ich glaube, Louisa hat sofort die Wahrheit erkannt, als sie Cathys Augen sah. Ihre Töchter haben dieselben Augen. Ich bewundere Louisa, dass sie darüber keinen Ton verliert. Soll ich ihr, als Einziger, sagen, dass Cathy Klaus' Tochter ist, aber ich nicht? Hat Klaus auch einen Verdacht? Nein, er wirkt angespannt, aber nicht bestürzt. Aber das muss ich mit Cathy besprechen. Schließlich kamen wir überein, diese Wahrheit nicht unbedingt publik zu machen.

Die Zwillinge besetzten sofort die Hollywoodschaukel und beschlossen die ganze Nacht wach zu bleiben, um zu schaukeln. Aber es wurde sehr schnell still in der Ecke. Die Unterhaltung blieb auf Höflichkeiten beschränkt. Eine erwartungsvolle Spannung lag über der Gruppe, aber keiner vermochte, sie aufzulockern. Sie entschuldigten sich bald. Tina und Sebastian nahmen ihre Kinder auf den Arm. Cathy folgte ihnen aufatmend.

Uff, das war beklemmend. Klaus sieht für sein Alter gut aus. Trotzdem ist er mir total fremd. Ach Daddy, die Entführung und all das, das kann ich nicht begreifen. Aber eines weiß ich: Ich vermisse dich. Mit dir jetzt in Shanzu zu sein, das wäre schön. Aber das ist vorbei. Das Bild deines Grabes ist immer in meinem Kopf. Die vielen Blumen. Wie es unserer Diana wohl geht? Ich verstehe nicht, warum sie nach England zurückkehren wollte. Warum nicht so weiterleben? Sie gehörte doch zu uns. Der Spruch ‚man kennt niemanden richtig', stimmt wohl. Ich rieche das Meer. Das tut gut. Ob ich hier surfen kann? Wie weit es wohl

zum Strand ist? Vielleicht hätte ich bei Oma in Salzburg bleiben und von dort mit Michael Ausflüge in seine alte Heimat, den Schwarzwald in Deutschland, machen sollen? Warum habe ich mich auf dieses Abenteuer eingelassen?
Seufzend kehrte sie der Dunkelheit vor ihrem Fenster den Rücken zu und packte aus. Kann ich Michael noch anrufen? Während sie noch darüber nachdachte, hatten ihre Finger bereits die Nummer gedrückt.
„Wie schön, deine Stimme zu hören..."
Übermorgen! Endlich! Wieder in seinen Armen liegen, seine Küsse... in seiner Gegenwart ist alles nicht so dramatisch. Er findet es hochinteressant, dass ich eine neue Familie habe! Schwester, Vater, Oma, Stiefmutter, Stiefschwestern. Na ja, er ist nicht emotional beteiligt. Ich stehe der ganzen Geschichte immer noch fassungslos gegenüber. Tina und Oma, das ja. Es ist schön, eine Schwester und eine Oma zu haben. Wir mögen uns, wir verstehen uns, auch wenn wir uns trotz allem noch fremd sind. Unsere verschiedenen Leben trennen uns. Aber wir gehören zusammen. Das spüren wir alle drei. Aber das hier in Mallorca? Diese waidwunden Blicke von Klaus, wenn er Tina und mich ansieht. Ich möchte eigentlich so schnell wie möglich von hier verschwinden.
Dann forderte Cathys Körper sein Recht auf Nachtruhe. Sie taumelte zum Bett und ließ sich stöhnend darauf sinken. Zu müde die Zähne zu putzen oder sich auszuziehen! Sie umarmte Michaels Kopfkissen, das auf ihn wartete, genau wie sie.
Am nächsten Morgen dann das Frühstück auf der Terrasse. Strahlend blauer Himmel. Im Norden waren, hinter den grünen

Hügeln von Pollença, die Felsen der Halbinsel Formentor mit dem höchsten Berg, den Mirador, zu sehen. An den Hängen wuchsen Zypressen, Olivenbäume und Palmen. Auf der Terrasse hatte Louisa große Tontöpfe, bepflanzt mit Bougainvillea und Hibiskus, verteilt. Aber das Schönste, fand Cathy, war der Blick auf das Meer. Dieses strahlende Licht tut meiner Seele gut.

Die beiden Mädchen, Klaus Töchter aus zweiter Ehe, Sofia und Elena waren neugierig und doch schüchtern. Sie hatten auf einmal zwei große Schwestern und zwei Nichten. Das gefiel ihnen. Lena und Lisa hatten wieder einmal die Situation gerettet. Unbeschwert plauderten sie und freuten sich. Vor allem Sofia, die inzwischen fast Achtjährige hatte es ihnen angetan. Innerhalb kürzester Zeit tobten die drei zusammen mit den Hunden durch das Gelände. Elena meinte gönnerhaft: „Ich lasse sie mal auf Larissa reiten" und verschwand ebenfalls. Louisa lächelte und erklärte ihnen, dass Larissa Elenas lammfrommes Pony wäre. Zu Sebastian gewandt, fügte sie hinzu: „Kommst du bitte mit? Rosalina möchte wissen, was Euch so schmeckt. Sie ist unsicher, was sie kochen soll."

Noch in Salzburg waren Tina und Cathy übereingekommen, Klaus nicht sofort das Ergebnis der DNA-Analyse mitzuteilen. Sie wussten, dass er lange in psychologischer Behandlung gewesen war, weil er mit seinen Schuldgefühlen ihnen, ihrer Mutter und Großmutter gegenüber nicht klarkam. Immer noch warf er sich vor, damals weggelaufen zu sein und damit Susannes Alleingang und ihren frühen Tod verschuldet zu haben.

„Damit hat er absolut recht", meinte Tina damals zu ihrer Schwester, „hätte er Mama nicht diese Szene gemacht, wäre sie

nie und nimmer in ihrem Zustand allein nach Amsterdam geflogen. Er hätte ihr helfen müssen!"
„Ja sicher, da stimme ich dir zu, aber so war es nicht, Tina. Und es ist schon so lange her. Vorwürfe helfen nicht!"
„Du bist wohl so verständnisvoll, weil er dein Vater ist", schnappte Tina zurück.
„Nein, Schwesterchen, das nicht. Eigentlich sollten wir gar nicht an diese Tragödie denken. Wir leben jetzt und wir müssen mit unserem Leben jetzt zurechtkommen. Wir dürfen nicht bitter werden, Tina. Komm zu mir nach Kenia in Daddys Hotel!" Sie legte vor Überraschung ihre Hand auf den Mund.
„Du, du bist ja wirklich Daddys Tochter und eigentlich hättest du das Hotel erben müssen. Mein Hotel könnte dir gehören. Ich glaube es nicht ..."
Tina starrte sie fassungslos an: „Ich will davon nichts wissen. Ich will nichts von diesem Verbrecher."
„Das kann ich verstehen und ich hätte auch Schwierigkeit es herzugeben, denn es ist mein Zuhause. Ich liebe es."
„Cathy, lassen wir diese Unterhaltung, ich brauche noch Zeit, noch viel Zeit, um das Ergebnis zu verkraften, und auch für Klaus wird es ein Schock sein. Lass uns eine günstige Gelegenheit abwarten. Falls wir es ihm überhaupt sagen müssen."
Nun saßen sie also zu dritt auf der Terrasse, Klaus, Tina und sie. Klaus sah sie traurig an.
„Könnt Ihr mir verzeihen? Wenn ich damals ..."
Cathy meinte emotionslos „wenn es nicht so wäre, wären wir nicht hier. Was geschehen ist, kann nicht mehr ungeschehen gemacht werden. Keine Macht der Welt könnte das. Aber wir haben beide

ein jeweils anderes Leben gelebt. Das ist schon ok." Sie richtete den Blick in die Ferne und sah weder das blaue weite Meer noch die grauen Felsen der Berge oder das Grün der Bäume. In den Lüften segelten Schwalben. Sie blickte auf ihre verschränkten Hände, die angespannt in ihrem Schoß lagen. „Nur meine Mama hätte ich gerne gehabt. Ich habe sie mein Leben lang vermisst und vermisse sie immer noch."

Nun stiegen ihr doch Tränen in die Augen. Tina kam zu ihr und umarmte sie. Klaus erhob sich ebenfalls und legte seine Arme um sie beide. Louisa und Sebastian traten aus dem Haus und Louisa meinte: „Rosalina bereitet einen Picknickkorb vor. Wollen wir nicht an unsere Badebucht, die Cala Sant Vincent? Dort könnt Ihr auch surfen oder segeln, wenn Ihr wollt."

Cathy wurde lebendig.

„Ja, das wäre toll. Tina, kannst du surfen? Wenn nicht, kann ich es dir beibringen. Oder wir nehmen ein kleines Segelboot und fahren hinaus, nur wir zwei."

Da sah sie Klaus' enttäuschten Blick und schwenkte um. „Nein, bleiben wir alle zusammen."

An diesem Tag ergab sich keine Möglichkeit mehr zu einem Gespräch und das war gut so. Der Schock, ein falsches Leben gelebt zu haben, fing erst langsam in ihnen zu wirken an. Cathys Gefühl, auf einem schwankenden Brett über einem Abgrund zu stehen und Tinas Geistesabwesenheit, die ihre Gedanken verbarg, bewiesen, dass sie das Geschehen noch lange nicht verarbeitet hatten. Ich glaube, sie will das alles nicht mehr hören. Sie blockt alles ab. Dass Dad ihr biologischer Vater ist, ist für sie unerträglich. Dadurch entfernt sie sich wieder von mir."

Nun dauert ihr das Warten am Strand von Alcúdia doch zu lange. Weit und breit ist niemand mehr zu sehen.

„Wana ambapo ni wewe? - Wana, wo bist du?"

Sie sucht systematisch und schließlich findet sie ihn. Er kauert unter einem Strauch und verbirgt sein Gesicht in den Händen. Das kennt sie. Kleine Kinder denken, man kann sie nicht sehen, wenn sie ihre Augen bedecken. „Komm mit mir, Wana, ich bringe dich zu deiner Mama, ja? Hab keine Angst mein Kleiner. Ich bin Cathy. Du hast sicher Hunger. Wir fahren zuerst zu mir nach Hause und nach dem Essen ins Krankenhaus zu deiner Mama."

Als sie mit dem Kleinen auf dem Arm die Treppen der Villa hochschreitet, kommen ihr die Zwillinge, Sofia und die Hunde entgegen. Den Mädchen bleiben vor Überraschung die Münder offen. Die Hunde bellen den Fremdling an.

„Wer ist das, Tante Cathy?"

„Wie heißt er?"

„Wo hast du ihn her?"

„Wo hast du ihn gefunden, Tante Cathy?"

„Wieso ist seine Mama nicht dabei?"

„Hat er keine Mama?"

Wana klammert sich so fest an Cathys Hals, dass ihr fast die Luft wegbleibt. Sie versucht, seine Arme zu lockern, schafft es aber kaum.

„Sofia, schick die Hunde weg und hole deine Mama, bitte." Aber das ist nicht mehr nötig. Louisa ist schon da, die Hunde verstummen und schleichen mit eingezogenen Schwänzen davon.

Nach Cathys Schilderung der Ereignisse wird Wana in die Badewanne gesetzt, Louisa bringt zurückgelassene Kleidung ihres Neffen, der ungefähr im gleichen Alter wie der Junge ist und dann bekommt er zu essen. Gierig schaufelt er alles in sich hinein, um nach zehn Minuten während des Essens einzuschlafen. Cathy kann ihn gerade noch auffangen und meint zu Louisa: „Ich lege ihn in mein Bett."

Als sie zurückkommt, hat sich die Neuigkeit, dass sie einen kleinen schwarzen Jungen mitgebracht hat, schon herumgesprochen und alle sind auf der Terrasse versammelt. Cathy erzählt, dass sie eine junge Frau, eine Afrikanerin, mit dem Jungen am Strand gesehen hat und schildert die weiteren Ereignisse etwas atemlos.

„Louisa, kannst du bitte im Krankenhaus anrufen? Du weißt bestimmt, wo hier das nächste Krankenhaus ist. So viele Schwarzafrikanerinnen können ja dort heute nicht eingeliefert worden sein!"

„Ich mach das, bleib sitzen", Klaus und geht ins Wohnzimmer. Dort hören sie ihn telefonieren und

immer wieder dieselbe Geschichte erzählen. Endlich kommt er zurück. Sein Gesicht ist angespannt und wirkt verblüfft. „Was ist denn los? Um Himmels Willen, sprich."
„Ich habe Folgendes erfahren. Das heißt, eigentlich habe ich nichts erfahren. Es ist keine Schwarzafrikanerin eingeliefert worden. Der Rettungswagen hat zwar eine Schwarzafrikanerin gebracht, aber sie wollte nicht bleiben. Behauptete, es ginge ihr wieder gut. Und verschwand."
„Ja, aber sie muss doch ihren Namen und ihre Anschrift angegeben haben. Das geht doch nicht ohne."
Klaus wirft Sebastian einen amüsierten Blick zu.
„Du bist hier nicht in Deutschland. Wozu eine Akte anlegen, wenn kein Fall entsteht? Denn sie ist ja nicht mehr dort und einen Namen haben wir auch nicht!"
„Sie wird ihren Jungen suchen", meint Louisa.
„Die Ärmste wird verzweifelt sein, weil er nicht mehr am Strand ist." Das ist Tina.
„Ja, jetzt habe ich direkt ein schlechtes Gewissen, weil ich ihn mitgenommen habe." Cathy wirkt nachdenklich. „Aber er schläft und wenn ich jetzt alleine dorthin fahre? Meint Ihr, ich soll jetzt hinfahren?"
„Ja, das finde ich. Komm, ich fahre dich!"

Damit erhebt sich Michael, sucht seinen Autoschlüssel und sieht Cathy auffordernd an. Am Strand von Alcúdia, der immerhin eine halbe Autostunde entfernt ist, ist es dunkel. Nur eine dünne Mondsichel spendet etwas Licht. Beide gehen am Strandabschnitt, an dem Cathy den Jungen gefunden hat, ein paarmal hin und her.

„Ich habe das Gefühl, dass wir beobachtet werden, aber wie gesagt, es ist nur ein Gefühl. Was sollen wir tun?"
Cathy kommt sich ein bisschen dumm vor, aber sie ruft in Richtung der Dünen. „Hallo, ich habe Wana mitgenommen. Er schläft bei uns zu Hause. Hallo!"

„Wana ist in Sicherheit. Er hat ein Bett. Das ist gut. Ich muss Maria fragen, ob wir ein paar Tage bei ihr unterkriechen können. Mein Kleiner, sei nicht traurig. Ich hole dich, so bald ich kann. Die Frau scheint nett zu sein..."

Nachdem Cathy und Michael noch eine weitere halbe Stunde am Strand herumgestanden sind, geben sie auf und kehren in die Villa zurück.

Michael beäugt die Anwesenheit des kleinen dunkelhäutigen Jungen in ihrem Doppelbett zweifelnd. Wana schläft nach dem ersten Erschöpfungsschlaf nur noch sporadisch. Immer wieder schreckt er weinend hoch.

„Warum kann er nicht bei den Zwillingen schlafen?"
Cathy lächelt ihn zärtlich an: „aber, aber, mein großer Schatz! Er ist doch so klein und bis jetzt hat er nur zu mir Vertrauen. Es spricht ja auch sonst niemand Suaheli! Er schläft sicher gleich wieder ein und dann, Mister Grauauge, haben wir noch den ganzen Rest der Nacht für uns!"

Aber Wana spielt nicht mit. Um ihn zu beruhigen singt ihm Cathy leise Kinderlieder in Suaheli vor, die sie von ihren Kindermädchen gelernt hat. Er scheint sie zu kennen, denn sie beruhigen ihn und er schläft immer wieder ein. Allerdings nicht lange. Michael sucht bald das Weite und schlägt im Wohnzimmer sein Lager auf. Am nächsten Morgen ist er ziemlich missgestimmt und Cathy todmüde.

Am nächsten Morgen kehren sie mit der ganzen Familie und einem prall gefüllten Picknickkorb an den Strand in der Bucht von Alcúdia zurück.

Sie verbringen dort den ganzen Tag, aber Wanas Mutter taucht nicht auf.

„Mein Kleiner, Maria hat mich nicht bei sich schlafen lassen. Heute will ich versuchen, einen Job in einer Hotelküche zu bekommen. Ich habe das

Gefühl, dass sie mich suchen. Ich habe ein bisschen Angst, aber was können sie mir schon tun? Morgen, morgen komme ich dich holen. Ich liebe dich."

Am darauf folgenden Morgen kleben sie in den strandnahen Straßen Zettel mit dem Text ‚Wana sucht seine Mutter' und einer Handynummer an jede mögliche Stelle. Dafür hat Klaus ein neues Prepaid-Handy besorgt.

„Unsere Adresse oder unsere Telefonnummer machen wir nicht öffentlich." Dazu nicken alle verständnisvoll. „Die Angelegenheit ist so mysteriös, wir sollten sehr, sehr vorsichtig sein."

Am Strand ist Cathy gerade eingeschlafen, als das Handy klingelt. Alle erstarren. Langsam nimmt Cathy ab. Eine aufgeregte Frauenstimme spricht Spanisch.

„No hablo Espanol. Ich spreche Suaheli", sagt Cathy ganz deutlich.

„Ich bin die Mutter von Wana. Ich habe sie am Strand gesehen. Danke, dass Sie ihn bei sich aufgenommen haben. Wie geht es ihm?"

„Wir kümmern uns alle um ihn, aber er braucht seine Mutter und seine gewohnte Umgebung."

„Ich brauche ihn auch, aber im Moment – ich bin weggelaufen, ich habe Angst—ich..."

„Wenn ich Ihnen helfen kann? Wie kann ich Ihnen

helfen? Meine Stiefmutter ist Spanierin. Sie kennt sich hier aus."

„Nein, nein, nur Sie. Ich habe keine Papiere... Ich habe Angst. Ich muss aufhören, ich glaube - ich melde mich."

„Nein, warten Sie. So warten Sie doch! Lassen sie uns irgendwo treffen, dann können Sie mir alles erzählen und wir finden einen Weg. Sie können mir vertrauen."

„Ja? Aber nicht hier und ohne Wana. Hier ist es zu gefährlich Kennen Sie das Santuari de Lluc? An der Hauptstraße von Pollença, bei der Abzweigung zum Kloster ist eine Bushaltestelle. Aber nicht heute - morgen um zwölf Uhr.

Klack. Wanas Mutter hat aufgelegt.

„Weißt du, wie sie heißt?", fragt Michael, „wir könnten sie von der Polizei suchen lassen, oder überhaupt das Kind der Polizei übergeben. Die finden seine Mutter schon!" Cathy schaut ihn fassungslos an.

Louisa steht auf und geht zu den Kindern an das Wasser. Sebastian und Tina schlendern davon.

Klaus meint: „Ich hole Eis für die Kinder."

„Das hast du nicht ernst gemeint, oder, Michael? Du kannst doch dieses verstörte Kind nicht an irgendeine Institution weiterreichen. Es kann doch hier bleiben, bis wir seine Mutter getroffen haben."

„Meine liebe Cathy, du kannst nicht die ganze Welt

retten. Was ist, wenn sie morgen nicht auftaucht? Für mich hört sich das so an, als ob die Dame eine Prostituierte wäre und ihrem Zuhälter weggelaufen ist. Da kann sie natürlich kein Kind brauchen. Du wirst sehen, du wirst den Kleinen nicht mehr los!"

„Diese übertriebene Korrektheit und Ängstlichkeit ausgenutzt zu werden, muss eine deutsche Eigenschaft sein. Obwohl, Daddy hatte sie nicht. Er verkehrte natürlich auch nicht in Regierungskreisen. Ich verstehe ja, Michael, dass du in deiner Eigenschaft als Direktor der Deutschen Schule Nairobi auf einen untadeligen Lebenswandel Wert legen musst, aber für mich kommt Menschlichkeit an erster Stelle. Der Kleine ist total verstört und ich spreche seine Sprache. Ich regle die Angelegenheit auf meine Weise."

Sie hat sich in Rage geredet. Michael setzt zu einer Antwort an, als Wana mit einem erneuten Schrei aus seinem unruhigen Schlummer fährt und nach seiner Mama jammert.

„Liebes, wir reden morgen. Ich bin keineswegs unmenschlich, nur realistisch und du bist küssenswert, wenn deine Augen so blitzen. Trotzdem werde ich in einem der freien Gästezimmer mein Lager aufschlagen, damit wenigstens einer von uns morgen ausgeschlafen ist."

Damit küsst er sie mit einigen Schwierigkeiten, da ihm

Wana im Weg ist und nimmt sein Bettzeug. Weg ist er.

Cathy, in weißen Jeans und hellgrünem Top, erreicht mit Louisas Auto pünktlich die Bushaltestelle. Das Kloster ist nicht zu sehen. Hohe Steineichen versperren den Blick. Ein breiter Schotterweg, dessen Rand dicht mit Büschen bewachsen ist, führt in die Richtung des Klosters. Wanas Mutter ist nicht zu sehen.
Ob der Bus noch kommt, oder war er schon da?
Nach fünf Metern hält sie an. Die Beifahrertür wird so schnell aufgerissen, dass sie erschrickt.
„Hallo!" Die junge afrikanische Frau ist atemlos und sehr nervös, schnell steigt sie ein und zieht die Beifahrertür zu. „Bitte, fahren Sie weiter."
Cathy wendet auf der leeren Straße und fährt zurück in Richtung Berge und Pollença.
„Wie geht es meinem Sohn? Ich bin Ihnen so dankbar, dass Sie sich um ihn kümmern. Ich hoffe, er macht Ihnen nicht zu viel Mühe!"
Die junge Frau ist schön, wenngleich im Moment sehr müde und viel zu dünn. Ihre Wangen sind eingefallen und ihre Kleidung wirkt, als hätte sie im Freien geschlafen. Sie trägt nur Flipflops an den Füßen.
„Nein. Ich helfe ihm und Ihnen gerne. Ich bringe Sie zu ihm. Haben Sie doch nicht so eine Angst, meine Liebe.

Wir sind im Moment ganz allein auf der Straße. Zuerst einmal: Ich heiße Cathy Schleyer und komme aus Kenia. Und Sie?"

„Mein Name ist Lliya. Lliya Faarax Indhobuur K'Naan, Ich komme aus Somalia." Langsam und stockend fährt sie fort, während sie auf ihre verschränkten Hände blickt. „Wana ist hier in Mallorca geboren. Sein korrekter Vorname lautet übrigens Kibwana. - Mein Mann ist während der Überfahrt gestorben. - Ich hatte eine Kusine in Palma, zu der bin ich gegangen. Das ging damals noch relativ einfach. – Sie war sehr nett zu mir. Hat mich bei sich wohnen lassen und hat mich mit Essen versorgt. Sogar Babywäsche hat sie gekauft. - Nach Wanas Geburt war es damit vorbei. Auf einmal wollte sie Geld sehen. Miete und so. Ich sprach nur Somali und Suaheli. Da hat sie mich gezwungen, in demselben Etablissement anzufangen, wo auch sie arbeitete, damit ich meine Schulden bei ihr abbezahlen konnte. Sie können sich vorstellen, welcher Job das war. Ich hatte vorher nie bemerkt, dass sie als Prostituierte gearbeitet hat. Die Schulden wurden nie weniger. Ich habe es für Wana getan. Sie hat immer gedroht, ihn zu verkaufen. Zuletzt bin ich in einem Haus auf dem Land gewesen, in der Nähe von Alcúdia. Der Mann hat Wana geschlagen. Da bin ich weggelaufen. Ich weiß nicht, wo ich hin soll. Zurück zu meiner Kusine geh ich nie und nimmer." Sie beißt die Zähne zusammen.

Cathy hält an einer Haltebucht. „Kommen Sie, wir setzen uns auf die Mauer. Ich habe etwas zu trinken und zu essen dabei. Sie werden sicher Hunger haben, nicht?"

Lliya nickt. Sie versucht ein verschämtes Lächeln. Cathy packt den Picknickkorb aus, den Louisa vorbereiten ließ und schaut Lliya lächelnd beim Essen zu.

„Trotzdem müssen Sie sich Louisa anvertrauen. Sie ist Mallorquinerin und absolut vertrauenswürdig. Sie hat Beziehungen. Ich werde Ihnen und Ihrem Sohn helfen. Wollen Sie nach Somalia zurück?"

„Ja, das ist mein Traum. Ich will wieder nach Hause. Ich möchte meinen Eltern ihr Enkelkind vorstellen und Wana soll meine Familie kennenlernen."

„Und die Familie Ihres Mannes?"

Ein Motor heult auf und ein grauer Sportwagen kommt um die Kurve gerast. Dann geht alles blitzschnell. Eine Vollbremsung - ein bulliger Mann steigt aus dem Auto und kommt drohend auf die beiden zu. Cathy sagt scharf: „Don't you ever touch us! - Rühren Sie uns nicht an!" Da erhält sie einen Schlag ins Gesicht, der sie straucheln und stürzen lässt. Das Weitere sieht Cathy auf dem Boden liegend nur verschwommen. Der

Mann packt Lliya und zieht die Widerstrebende, die um sich schlägt, tritt und schreit, auf die Fahrbahn und stößt sie so derb, dass sie hinfällt. Das Auto ist inzwischen ein paar Meter zurückgerollt und der Fahrer gibt Vollgas. Er überfährt Lliya, die schreit und schreit, bis auf einmal Stille herrscht. Nur der Automotor ist zu hören. Cathy schließt die Augen. Ihr Magen revoltiert. Sie würgt. Das Auto fährt im Rückwärtsgang noch einmal über Lliya, deren Blut auf die Fahrbahn sickert.
Dann kommt der bullige Mann auf Cathy zu. Sie springt auf und läuft in Panik schreiend bergab.

In der Villa in Pollença tigert Klaus derweil nervös über die Terrasse. Louisa schlägt den Essensgong.
„Warum ruft sie nicht an, wenn es länger dauert? Sie sollte doch die Frau mitbringen. So weit ist es doch nicht von Lluc hierher!"
Alle essen kaum und schauen immer wieder verstohlen auf die Uhr. Nach einer weiteren Stunde sagt Klaus entschlossen:
„Ich fahr hin. Wenn sie hier auftauchen, könnt Ihr mich ja anrufen, nicht?"
„Ich komme mit." Tinas Ton ist bestimmt.
„Ich natürlich auch." Michael steht auf.
Schweigend und schnell fahren sie in Richtung Lluc.

Auf einmal sehen sie Louisas Auto am Straßenrand stehen.

„Da steht das Auto."

„Wo ist Cathy?"

Tinas Stimme klingt ängstlich. Ratlos stehen sie um das leere Auto herum.

„Der Schlüssel steckt!" Aber von Cathy keine Spur. Auf einmal stößt Tina atemlos und mit grauenerfüllter Stimme hervor.

„Da! Seht doch, da vorne."

Nun sehen es auch die beiden anderen. Fünfzig Meter die Straße abwärts und in zehn Meter Tiefe hängt ein Mensch in einem Baum. Die Kleidung ist weiß und hellgrün.

„Mein Gott", flüstert Klaus. „Cathy, meine Cathy."

Er tastet instinktiv nach seinem Handy. Vor Aufregung überschlägt sich seine Stimme. Michael steht stumm und schneeweiß neben ihm. Er zittert.

Es kommt ihnen endlos vor, bis der Notarzt und die Bergrettung eintreffen. Pablo, Louisas Bruder, ist noch vor dem Rettungswagen zur Stelle. Louisa hat, wie in jeder Problemsituation, sofort ihren großen Bruder verständigt. Pablo kennt Gott und die Welt auf Mallorca. Er ist so schnell wie möglich aus Sollér losgefahren, wo er eine Besprechung hatte, und hat seinen Bekannten bei der Polizei informiert.

Die Bergung gestaltet sich äußerst schwierig. Alle haben Angst, dass Cathy bei Berührung des Baumes weiter in die Tiefe stürzen könnte. Als sie am Bergungsseil nach oben gezogen wird, ist Michael hinter den Autos verschwunden und übergibt sich. Tina wundert sich darüber. Nach zwei Stunden ist Cathy im Notarztwagen unterwegs in das Krankenhaus. Klaus ist bei ihr, da er im Gegensatz zu Tina und Michael Spanisch spricht. Sie lebt, ist aber nicht ansprechbar.

„Komm Michael, wir fahren zurück. Hier können wir weiter nichts tun." Tina berührt ihn am Arm. Während der Fahrt sagt sie behutsam: „Es geht mich ja nichts an, aber wenn du mit mir reden willst, ich kann schweigen. Mit dir stimmt doch was nicht."

Michael hält mit der rechten Hand seine linke, die stark zittert. „Ja, danke. Ich glaube, ich will reden."

Zurück in der Villa ruft Tina ihre Oma in Salzburg an, die sofort den nächsten Flug nach Palma de Mallorca bucht. Sie wird noch am selben Abend ankommen. Ihren Wunsch nach einer Hotelreservierung gibt Tina nicht weiter. Wie wichtig ist jetzt noch das schwierige Verhältnis zwischen Klaus, der Tina damals einfach bei Anne abgegeben hat und dreiundzwanzig Jahre verschwunden war, und seiner Schwiegermutter?

Cathy ist schwer verletzt und Tina will ihre Oma in der Nähe haben. Zumindest versuchen will sie es.
„Ich hole Oma ab. Ich fahre alleine", sagt sie.
Keiner widerspricht. Alle stehen noch unter Schock und für Sebastian ist es selbstverständlich, dass er bei Lena und Lisa bleibt. Nach zehn Minuten Fahrt hält Tina an, holt ihr Handy aus der Tasche und tippt die Nummer ein, die sich in ihr Gedächtnis eingebrannt hat.
„Hola."
„Sergio? Ich bin es, Tina."
Am anderen Ende herrscht Schweigen.
„Ich bin in Mallorca und unterwegs zum Flughafen."
Sie schweigt. Jetzt ist er an der Reihe. Es ist schließlich schon fast ein Jahr her, dass sie sich ewige Liebe geschworen haben. Sie hat es nicht vergessen.
„Sergio?" Ihre Stimme zittert.
„Christina", seine Stimme klingt rauh, angespannt. „Ich, no, wir uns sehen? Jetzt? Gut, ich komme zu Halle Ankunft Flughafen. In einer Stunde. Ok?"
„Ja, bis dann. Ich... ach Sergio."
Sie legt nicht auf. Hört sein Atmen. Auch er schweigt. Dann sagt er zärtlich: „Mi querida, ich freue mich." Und legt auf. Auf einmal ist das Leben herrlich. Tina lächelt glücklich. Ein paar Stunden - in ein paar Stunden lässt sich viel Glück packen. Da klingelt ihr Handy.

„Besser wir treffen uns in Sa Casa Blanca und fahren an Strand. Ist besser als Flughafen!"

„Ja, viel besser. Bis bald!"

Sie sieht ihn sofort. Ihr wird ganz warm ums Herz. Sie steigt aus und winkt ihm. Als er auf sie zukommt, werden ihre Knie schwach. Ihre Augen strahlen. Er umarmt sie kurz und meint: „Neue Frisur? Fahr hinter mir her, ja?"

Am Strand setzen sie sich nebeneinander, ohne sich zu berühren.

„Ein Jahr ist lange Zeit", meint Sergio.

„Ja", murmelt Tina und das Lächeln verschwindet aus ihrem Gesicht. „Ich", flüstert sie, „ich habe dich so vermisst. Aber natürlich, meine Kinder, mein Beruf ..."

„Und dein Mann."

„Ja, sicher mein Mann ..."

Sergio wendet sich ihr zu. „Ich liebe dich, Christina. Du bist Teil meiner selbst. Ich, ohne dich, bin nur eine Hälfte. Immer fehlt etwas. Aber, mi querida, du hast deine Familie und auch ich habe Familie."

Tina fährt auf: „Du hast ..."

„Nein, ich habe nicht andere Frau. Aber Mama, Papa, Schwester, Bruder, große Familie. Bist du gekommen, um zu sagen, du bleibst? Du bleibst bei mir, si?" Er sieht sie forschend an. Tina senkt den Kopf, schweigt.

„Warum dann du bist gekommen? Um Schmerz wieder

zu Leben erwecken?"

Tina schüttelt den Kopf. „Ich habe so oft an dich gedacht und mich nach dir gesehnt. Als ich wieder hier war – alles, was ich wollte, war, dich sehen, berühren." Sie hebt die Hand und nähert sie seiner Brust, dann zieht sie sie wieder zurück. „Vielleicht hätte ich nicht anrufen sollen, aber ich, ach Sergio, es ist so schwer ..."

„Du hast Badeanzug da?" Überrascht bejaht Tina. „Komm, lass uns schwimmen." Sie geht die paar Meter zum Auto zurück, schlüpft dort in den Badeanzug. Sergio ist schon im Wasser.

„Komm Christina", ruft er.

„Ich komme Sergio."

Sie bespritzen sich mit Wasser, versuchen, sich gegenseitig unterzutauchen, lachen und küssen sich. Auf einmal fühlt sie seine Hände, die sie an sich ziehen. Ein Schauer rinnt durch ihren Körper. Sie klammert sich an ihn. Als er sie rasch entkleidet, atmet sie laut. Seine Hände sind überall. Auf einmal spürt sie, wie er in sie eindringt. Sie stöhnt und schluckt gleich darauf Wasser.

„Sergio, so geht das nicht und wir sollten auch nicht", japst sie.

„Mi querida, lass uns zu der kleinen Insel dort schwimmen, ja?"

Auf der Insel lieben sie sich leidenschaftlich und

bleiben erschöpft liegen.

„Te quiero", haucht Tina.

„Ich liebe dich auch, Christina!"

Sie schweigen lange, dann sagt er traurig: „Aber, bitte, komm erst wieder zu mir, wenn du bleiben willst. So ist

nicht gut. Ein Jahr Schweigen, dann Anruf – ist Schock. Und wird wehtun, bald. Nicht gut für dich, nicht gut für mich. – nicht weinen, mi querida. Pflicht gegenüber Kinder und Eltern ist auch wichtig. Hier in Mallorca ist schwierig für dich, von Familie akzeptiert zu werden, geschieden, Mama von zwei Kinder ..."

„Ja, und ohne Job. Das geht mir die ganze Zeit durch den Kopf. Ich habe recherchiert. In Santa Ponça gibt es eine Deutsche Schule und auch in Palma de Mallorca. Mein Spanisch ist noch nicht sehr gut. Ich habe jetzt ein Jahr lang einen Sprachkurs besucht, aber wirklich sprechen kann ich noch nicht."

„Hier kannst du in ein paar Monaten die Sprache lernen. Dich angewöhnen. Dann suchst du einen Job. Kein Problem."

„Für Lena und Lisa wäre es aber schwer. Ach, Sergio, warum haben wir uns nicht früher getroffen?"

Sergio lächelt zärtlich und zieht sie in seine Arme.

„Wenn du bleibst, wir haben uns. Wir würden es schaffen. Wir wären glücklich. Aber schwere

Entscheidung – ich verstehe gut. Deine Kinder. Dein Mann ist Vater von Kinder. Was wird er machen? Kinder behalten wollen? Und deine Oma, du willst sie alleine lassen?" Forschend sieht er ihr in die Augen und langsam nähern sich seine Lippen den ihren. „Aber te quiero, mi amor."
„Ich weiß auch nicht, natürlich die Kinder, Oma – ich weiß nur, ich liebe dich!"
Als sie sich trennen müssen, küsst er sie noch einmal lange und sagt: „Du musst dich entscheiden, mi Christina. Komme, um zu bleiben, oder schreibe, no."

Anne ist müde, nervös und will alles ganz genau wissen. Wieso Cathy alleine in den Bergen war? Wieso eine Afrikanerin? Ein kleiner Junge? Was ist alles in den paar Tagen passiert? In welchem Krankenhaus ist sie? Sie will sofort in das Krankenhaus. Tina kann sie nur mit Mühe davon abhalten.
„Oma, es ist bald Mitternacht. Cathy hat Schmerz- und Beruhigungsmittel bekommen. Sie hat das linke Bein und den rechten Arm gebrochen. Morgen früh fahren wir sofort zu ihr, versprochen. Oma", fährt sie behutsam fort, „Louisa hat ein schönes Zimmer für dich!"
Anne schweigt. Sie ist müde, erschöpft, aber eines weiß sie, sie will nicht im Haus von Klaus übernachten!

„Nein, Tina, nein. Bitte fahr in die Stadt, wie heißt sie? Da wo das Krankenhaus ist! Dort wird es auch ein Hotel geben. Ich kann und will nirgends anders hin."
„Das Krankenhaus ist das Hospital General de Muro und es ist nur 300 Meter von der Küstenstraße entfernt. Dieses Gebiet gehört, glaube ich, noch zu Alcúdia. Ob es im nächsten Hotel noch ein freies Zimmer gibt, weiß ich nicht. Es ist Hochsaison. Aber wenn du unbedingt willst?" Anne nickt. Tina biegt auf die Küstenstraße ab. Im Ibero Alcúdia Park Hotel bekommt Anne wirklich noch ein Zimmer.
„Danke, meine Liebe. Ich gehe morgen zu Fuß ins Krankenhaus. Wir sehen uns dort."
Am nächsten Morgen erwacht Anne von den Sonnenstrahlen, die ihr ins Gesicht scheinen. Sie hat ver-gessen die Vorhänge zuzuziehen, nachdem sie noch eine Stunde auf dem kleinen Balkon verbracht und auf das Rauschen des Meeres gelauscht hat. Im hellen Mondschein und unter dem Gefunkel der vielen Sterne hat die Bucht von Alcúdia geheimnisvoll ausgesehen.
Im Sonnenlicht ist es ein normales Hotel, wie viele andere auch. Wenngleich die Lage direkt am Meer bezaubernd ist. Das Hotel besteht aus drei selbstständigen Gebäuden, die wie ein großes U angeordnet sind. Inmitten einer kleinen Gartenanlage

mit herrlichen Palmen liegt der große Swimmingpool. Anne schüttelt den Kopf. Ich werde nie verstehen, warum man in einem Hotel direkt am Meer auch noch einen Pool braucht! Direkt davor erstreckt sich der breite Sandstrand.

Anne verlässt das Hotel auf der Strandseite. Tief atmet sie die herrliche Salzluft des Meeres ein. Das tut gut. Gut für ihr Asthma. Und dieser blaue Himmel und das weite blaue Meer sind gut für die Seele. Es sind schon einige Touristen am Strand. Aber noch herrscht eine wunderbare Ruhe. Mühsam zieht Anne ihre Schuhe aus und geht barfuß in die Richtung, die Tina ihr gezeigt hat. Nach einem längeren Spaziergang und zweimaligem Fragen steht sie vor dem Krankenhaus. Ein schmuckloser sechsstöckiger rechteckiger Bau in einer stillen Seitenstraße am Rande von Alcúdia Richtung Muro. Am Informationsschalter behauptet die Angestellte, keine Patientin namens Katharina Schleyer in der Kartei zu haben. Anne nickt nachdenklich und geht in den Park des Krankenhauses. Dort sucht sie sich eine einsame Bank und ruft Tina an.

„Liebes, ich will zu Cathy, du hast gesagt...

„Ja, Oma, entschuldige. Ich dachte du kämest mit in die Villa und wir würden gemeinsam hinfahren. Cathy ist in einem Einzelzimmer, weit weg von den anderen.

Ich glaube, es ist die Isolierstation. Niemand darf zu ihr. Nur mit einem Schreiben des Kommissars. Ich habe es bei mir. Wo bist du? Ich bin schon auf dem Weg nach Alcúdia. Ich bin in einer halben Stunde bei dir. Wo finde ich dich?"

Sie ist im Schneckentempo unterwegs gewesen, denn sie ist im Zwiespalt. Sie will Sergio wiedersehen, Noch einen Kuss, nur noch einen! Dass sie ihren Mädchen das Schicksal von Scheidungskindern ersparen will, daran denkt sie, als sie in einer einsamen Bucht zum Strand absteigt, sich in den Sand setzt und innerlich gegen ihr Schicksal wütet.

Da erklingen auf einmal wunderschöne Töne. Ein englisches Lied. Eine Männerstimme singt.

„Eines Morgens erscheint ihm eine Frau im schwarzen Kleid und fragt nach seinem Problem. Er bittet verzweifelt um Waffen, um kämpfen und gewinnen zu können. Aber die „Lady in Black" erklärt ihm, dass solch ein Kampf nie zu gewinnen sei, da auf beiden Seiten Menschen kämpfen. Es entstünden nur Verletzungen. Toleranz, Mitgefühl und Liebe seien die Antworten. Er bittet sie bei ihm zu bleiben, denn ihre Weisheit hätte ihn tief beeindruckt. Aber sie verschwindet mit der

Versicherung, dass sie da ist, wenn er sie braucht."

Tina blinzelt in die Sonne. Ihr ist, als würde sich eine schwarz gekleidete Figur über das Meer entfernen. Sie schüttelt den Kopf. Eine Lichtspiegelung? Und dieses Lied? Sie hat es noch nie gehört. Der Inhalt – soll er ihr etwas sagen? Aber sie kämpft ja nicht. Das ist ja ihr Problem. Will das Lied ihr sagen, du machst es richtig? Denk an Lisa und Lena - das tue ich doch ununterbrochen! Aber sollte ich nicht auch an Sergio und mich denken? Was ist mit unseren Gefühlen? Sind sie falsch, weil sie viele Menschen verletzen würden? Wenn ich nur wüsste, was ich tun soll!
Cathy hat ihr von ihrer Vision der reitenden Mädchen, von denen eines in eine Schlucht stürzt, erzählt. „Ist das hier auch eine Vision? Haben sie und Cathy einen siebten Sinn? Wenn, dann müssen sie ihn geerbt haben und das ginge nur über ihre Mutter. Schließlich haben sie verschiedene Väter. Wenn Mama aber ..., dann muss auch Oma ... oder? Ich muss sie fragen!"
Da klingelt das Handy.
„Oma?"

Nach dem Gespräch ist Tina irgendwie erleichtert. Wieder einmal ist ihr eine Entscheidung abgenommen worden. Langsam klettert sie den steilen Abhang hinauf zur Straße, zu Louisas Auto. Sie wendet es und fährt Richtung Krankenhaus. Natürlich weiß sie in ihrem Innersten, dass sie eine Entscheidung herbeiführen muss. Muss sie wirklich? Hat sie nicht schon lange ihre Entscheidung getroffen? Für ihr Leben in Salzburg? Für Sebastian? Für die Zwillinge? Für die Vernunft?

Im Krankenhaus weist sie an der Rezeption einen Brief von Klaus vor. Die Schwester schaut stirnrunzelnd auf Anne.

„Abuela, Großmutter", erklärt Tina.

Cathy liegt in einem einstöckigen Anbau, der nur durch einen langen Gang erreicht werden kann. Ein Polizist steht vor der Tür. Wieder zeigt Tina den Brief und sagt „abuela", worauf der junge Polizist nickt.

„Oh mein Gott", flüstert Anne.

Von Cathy ist nicht viel zu sehen. Das blasse Gesicht verschwindet fast unter dem riesigen Kopfverband. Ein Bein liegt auf einer nach oben gerichteten Schiene. Ein Arm in einer Schlinge. Überall Schläuche und blinkende Monitore. Sie schläft. Ihre Augenlider zucken, aber sie wacht nicht auf.

„Katharina, Cathy, mein Liebling. Oma ist da. Jetzt wird alles wieder gut. Ich bleibe bei dir. Schau, deine Schwester ist auch da."

Aber Cathy rührt sich nicht. So sitzen sie ein Weilchen. Dann wendet sich Anne an ihre Enkelin: „Tina, du kannst hier nichts tun. Fahr zurück zu deinen Mädchen. Grüße Lisa und Lena und auch Sebastian von mir. Nutzt die Zeit für euch. Ich halte hier Wache."
„Das Urlaubsgefühl ist uns längst abhandengekommen, Oma. Louisa und ihre Töchter Elena und Sofia kümmern sich um die Zwillinge und den kleinen Afrikaner. Er heißt übrigens Wana. Ich bleibe noch ein bisschen bei dir. Dann können wir in der Cafeteria einen kleinen Imbiss nehmen.
Anschließend würde ich gerne zurückfahren."
Als Tina ihre Oma zum Abschied umarmt, will sie noch etwas sagen, beißt sich aber auf die Lippen. Sie würde sicher selbst daran denken, oder?
Nach einer Stunde beginnt Cathy, unruhig zu werden. Sie jammert und ein paarmal war „no, no, help" zu hören. Anne streichelt die gesunde Hand ihrer Enkelin und hält sie fest. Aber sie entwindet ihr ihre Hand und das Jammern wird lauter. Da beginnt Anne leise ein Kinderlied zu singen, das sie vor vielen vielen Jahren ihren kleinen Enkelinnen vorgesungen hat: „Schlaf, Kindchen, schlaf..." Das scheint Cathy zu beruhigen und sie schläft wieder fester.
Plötzlich öffnet sich leise die Zimmertür und ein Mann schaut vorsichtig herein.

„Ich bin Michael und Sie müssen Cathys Oma sein, nicht?"

„Ja, das bin ich. Ich habe schon viel von Ihnen gehört. Warum ist Cathy allein unterwegs gewesen?"

Michael zuckt zusammen.

„Ich mache mir auch Vorwürfe, das dürfen Sie mir glauben, aber die Afrikanerin wollte nur Cathy allein akzeptieren. Ist sie schon aufgewacht?"

„Nein. Sie jammert und weint im Schlaf. Was ist mit der anderen Frau?"

„Wir befürchten das Schlimmste. Von der Afrikanerin gibt es keine Spur. Aber die Polizei hat Blut auf der Fahrbahn gefunden. Deshalb wird Cathy auch bewacht. Sie muss alles mitangesehen haben. Die Polizei hält einen weiteren Mordversuch für möglich, denn, wenn der Baum Cathy nicht aufgefangen hätte, wäre sie hundertprozentig tot." Bei den letzten Worten zittert Michaels Stimme. „Sie warten auf ihr Aufwachen."

Spät am nächsten Morgen, als Anne ins Krankenhaus kommt, sind Cathys Augen offen. „Granny, oh Granny. Du bist da", flüstert sie und dann laufen die Tränen. Anne setzt sich vorsichtig auf die Bettkante, tupft mit einem Taschentuch Cathys Wangen trocken oder versucht es wenigstens, beugt sich vor und küsst sie zärtlich.

„Ja, ich bin da und ich gehe auch nicht mehr weg. Ich passe auf dich auf!"

„Granny, Michael war da. Er ist gegangen. Er hat mich allein gelassen."

„Ich habe ihn gestern gesehen. Er war da, aber du hast geschlafen. Was ist passiert? Wohin ist er und warum? Er muss doch etwas gesagt haben, oder?"

Vor einer Stunde war Michael an Cathys Bett gestanden, hatte sie zärtlich angelächelt und vorsichtig geküsst. „Liebling, schön, dass du wach bist." Er fuhr behutsam fort, „dich in der Schlucht am Baum hängen zu sehen, welch ein Albtraum. Der schönste Moment war, als der Notarzt sagte, dass du überleben würdest." Seine Stimme brach. Er schwieg. „Es ist etwas passiert, Cathy. Ich weiß nicht, was ich davon halten soll, aber es kann sein ... Suzie hat angerufen, dass die Polizei von Freiburg mich sucht, weil ... ich muss sofort nach Ventimiglia, ... ich bin so aufgeregt, ... du verzeihst, dass ich dich alleine lasse, aber ich komme bald zurück ..."

„Michael", flüsterte Cathy, „mir tut der Kopf so weh. Was ist los? Ich verstehe gar nichts. Bleib bei mir bitte. Ich habe solche Angst. Obwohl, wenn du es dir anders überlegt hast, könnte ich das auch verstehen. Du hast mich als fröhliche unternehmungslustige Frau kennengelernt. Seitdem scheine ich aber ununterbrochen in Schwierigkeiten zu stecken. Offensichtlich hast du etwas anderes gewollt!"

„Cathy, das ist doch Unsinn. Ich liebe dich. Das weiß ich ganz genau. Das musst du mir glauben. Es ist ganz etwas anderes. Ich habe dir bis jetzt noch nie erzählt, warum ich Deutschland verlassen habe."

Er suchte kurz nach Worten, nahm ihre unverletzte Hand, hob sie an seine Lippen, küsste sie, und fuhr fort: „Ich komme bald zurück, versprochen. Meine Geschichte ist eigentlich alltäglich. Wie viele Männer habe ich nichts bemerkt. Ich war verheiratet und wir hatten eine kleine Tochter, Amelie. Sie war sechs Jahre, als mir ihre Mutter eines Tages erklärte, dass sie einen anderen Mann kennengelernt hat – ach, das ist nicht so wichtig! Jedenfalls ist sie mit Amelie und ihrem neuen Partner auf der Strecke von Nizza nach San Remo tödlich verunglückt. Das Auto hat die Leitplanke durchbrochen und ist ins Meer gestürzt. Es wurden zwei erwachsene Personen aus dem Wrack geborgen, aber Amelie blieb verschwunden. Jetzt ist der Polizeichef von Ventimiglia in Ruhestand gegangen. Seinem Nachfolger ist aufgefallen, dass einen Tag nach dem Autounfall ein verletztes, vielleicht fünfjähriges Mädchen am Strand gefunden wurde, allerdings zwei Kilometer entfernt. Das Kind wurde ins Krankenhaus und anschließend ins Waisenhaus nach Ventimiglia gebracht. Niemand hat ein Kind vermisst gemeldet. Erschwert wurde die Suche, dass das Mädchen nicht sprach, entweder war es stumm oder es wollte nicht, und es spricht auch heute noch nicht. Amelie, weißt du, Amelie war sehr klein für ihr Alter und stell dir das Wunder vor, wenn mein kleines Mädchen leben würde. Du verstehst doch, dass ich sofort in das Waisenhaus muss? Du wirst noch viele Tage nicht reisefähig sein. Ich wäre glücklich, dich bei mir zu haben, aber ich komme bald zurück. Dann reden wir auch über Wana, ja?"

„Michael, wie aufregend! Ich wünsche dir so sehr, dass es dein kleines Mädchen ist! Natürlich verstehe, dass du nach Venti..., Venti..."

„Ventimiglia, an der italienischen Riviera."

„Aber über Wana brauchen wir nicht reden", sagte Cathy energischer als sie sich fühlte, „ich kann das Kind nicht im Stich lassen. Es ist doch so klein und es hat niemanden mehr. Seine Mutter ist tot. Das weiß ich hundertprozentig. Und ich habe es ihr versprochen. Ich halte meine Versprechen. Daddy hat gesagt, man kann vieles falsch machen, aber wenn man jemand etwas verspricht, muss man es halten."

„Cathy, beruhige dich. Jetzt den Kleinen mitnehmen geht gar nicht. Er hat doch keine Papiere! Beantrage eine Adoption, wenn du unbedingt willst, aber halte

dich an die Gesetze, bitte! Bleibe hier bei Klaus, ich hole dich hier ab, ja? Mein Flugzeug geht in drei Stunden und ich muss sofort los. Mein Liebling, ich freue mich, dass du auf dem Weg der Besserung bist und ich melde mich, sobald ich etwas weiß, ja?"
Cathy nickte müde. Hob die gesunde Hand und wollte ihn festhalten, aber er hatte sich schon erhoben. Er küsste sie flüchtig –
„und dann war er weg, Granny."
Anne streichelt sie. „Er kommt bestimmt bald wieder, vertraue ihm doch."

In dem Moment wird die Tür geöffnet. Ein Polizist und Klaus betreten das Zimmer. Anne erkennt ihn nicht. Der Polizist sieht Klaus auffordernd an und dieser meint: „Cathy, Liebes, der Arzt erlaubt, dass dich die Polizei befragt. Ich werde übersetzen. Wenn Sie uns jetzt bitte allein...", da erst realisiert er, wer neben Cathy sitzt. „Anne, ach Anne, wie gut für Cathy, dass du so schnell kommen konntest, ..." Unsicher hält er ihr die Hand hin.
Anne steht auf, sie ist blass.
„Ich warte draußen, mein Liebling."
Damit geht sie an Klaus vorbei, ohne ihn anzusehen, und verlässt das Zimmer.
Was Cathy stockend und unter Tränen berichtet,

schockiert nicht nur Klaus, sondern auch den Polizisten.

„Das hört sich nach Mafiamethoden an und das bei uns hier, hier auf Mallorca?"

Der Polizist nickt sorgenvoll. „In Palma, in diesem Milieu, das ist ein Sumpf", meint er, „wir erwischen immer nur die Kleinen, die Drahtzieher sind international. Ich bin sicher, dass die Mörder längst die Insel verlassen haben. Aber wir werden unser Möglichstes tun. Wenn die junge Dame einverstanden ist, schicke ich einen Zeichner, um ein Fahndungsfoto herzustellen. Vielleicht haben wir Glück!"

Damit verabschiedet er sich von Cathy, spricht kurz mit seinem Kollegen vor der Tür und sagt zu Anne: „Por favor, Señora."

Aber Anne betritt das Krankenzimmer nicht. Nach einigen Minuten kommt Klaus auf den Gang und spricht sie an: „Anne, ich kann verstehen, dass du mich nicht sehen und nicht mit mir sprechen willst. Ich habe dir und Tina unendliches Leid angetan. Dafür habe ich mich jahrelang verdammt und ich kann dich nur um Verzeihung, oder, wenn das nicht geht, um Verständnis bitten, dass ich es bereue. Sehr sogar. Aber bitte komme herein. Du musst Cathys Geschichte erfahren."

Mit regungslosem Gesicht folgt ihm Anne an Cathys

Bett. Dort wiederholt Klaus in großen Zügen, was Cathy erzählt hat und meint, dass beschlossen werden müsse, wie vorzugehen sei. Offensichtlich sei Cathy sehr gefährdet, da sie die Mörder identifizieren könne.

„Ich nehme sie mit zu mir nach Salzburg, das ist doch selbstverständlich."

„Nun, da ist ja auch noch Michael und der kleine Junge zu bedenken. Sie soll erst einmal zu uns in die Villa, so schnell wie möglich!"

Klaus und Anne stehen sich kampfbereit gegenüber. Da meldet sich Cathy mit müder Stimme und meint, dass sie weder in die Villa, noch nach Salzburg wolle. Sie hätte sowieso vorgehabt, Diana in England zu besuchen. Sobald sie reisen könne, wolle sie mit Wana dorthin. Das Problem sei nur, wie Wana reisen könne? Wie kämen sie an einen Pass für den Jungen? Er ist doch hier geboren, also müsse er doch einen spanischen Pass ausgestellt bekommen. Klaus versichert ihr, dass er Louisa fragen werde beziehungsweise gleich Pablo.

„Ich komme morgen wieder, meine Liebe. Bitte erhole dich gut."

Er nickt Anne zu und verlässt das Zimmer.

„Wer ist Diana? Und wieso England?"

„Sie war Daddys Freundin und ich kenne sie schon mein ganzes Leben lang. Sie hatte eine Surf- und

Segelschule neben unserem Hotel und hat mir alle Wassersportarten beigebracht. Sie ist meine beste Freundin. Ich vermisse sie. Sie kannte Daddy. Ihn vermisse ich auch ganz schrecklich, Granny, auch wenn er ein Verbrecher war." Ihre Stimme klang nach unterdrückten Tränen. „Ich hab dich gern, Granny, dich und auch Tina, aber Diana kannte mich schon als Kind. In den Ferien waren wir immer zusammen. Ich möchte wissen, wie es ihr geht. Nach Daddys Tod hat sie Kenia verlassen und ist nach England zurückgekehrt. Ob sie da glücklich ist?" Cathy schaut aus dem Fenster. Die Sonne scheint und eine Palme wiegt sich im Wind. „Ich habe vor langer Zeit einmal zwei Semester in London studiert und ich fand England grässlich. Dieser ewige Regen und kaum Sonne. Ich war so glücklich, wieder heimzukommen. Du musst unbedingt zu mir nach Kenia kommen, Granny, du und Tina mit Sebastian und den Zwillingen. Dieses herrliche Land, das Meer, die freundlichen Menschen und mein schönes Hotel!" Cathy fasst nach Annes Hand. „Du kommst doch, Granny?"
Anne streicht ihr zärtlich über den Kopf, wobei sie aufpasst, den Verband nicht zu berühren, und versichert ihr, dass sie natürlich kommen würde, um bei ihrer lieben Katharina zu sein.

„Aber bitte überlege dir das mit England! So lädiert wie du bist, allein mit einem dreijährigen Kind stundenlang unterwegs zu sein, das ist bestimmt zu anstrengend. Ich bleibe auf alle Fälle hier bei dir, bis du wieder reisefähig bist."
„Ja, das wäre schön. Danke Granny, liebe Granny."
Cathys Stimme klingt jetzt ganz erschöpft. „Granny, mit Tina stimmt etwas nicht. Sie ist immer geistesab..." und schon ist sie eingeschlafen. Anne sitzt gedankenverloren neben dem Bett. Tina? Soll sie vielleicht doch in die Villa...?

Als sie einmal kurz das Krankenzimmer verlässt, ist der Polizist nicht auf seinem Posten. Sie wartet. Es dauert zehn Minuten, bis er wieder auftaucht. Offensichtlich hat er sich etwas zu essen geholt.
Nachdenklich kehrt sie in das Zimmer zurück. Sie sucht im Spanisch-Wörterbuch einige Begriffe zusammen. Als später die Krankenschwester in das Zimmer kommt, um die Infusion zu erneuern, verlangt sie „una cama, para mí, aquí."Die Schwester nickt und schiebt kurz darauf eine Liege herein. Anne ist stolz auf sich. Nachdem, was ich heute gehört hat, werde ich Katharina nicht aus den Augen lassen. Ich könnte es nicht verkraften, wenn ihr etwas passieren würde.

Am Abend in der Villa bei Pollença, als die Kinder im Bett sind, versammelt sich die ganze Familie im Wohnzimmer. Klaus informiert sie über das, was Cathy mitangesehen hat und ihr passiert ist. Die Reaktionen reichen von Entsetzen und Angst Cathy betreffend bis zu der Frage, was sie alle beitragen können, um für ihre Sicherheit zu sorgen.
„Zuallererst sollte sie so schnell wie möglich das öffentliche Krankenhaus verlassen", meint Sebastian.
Pablo, der auch da ist, sagt, das sei kein Problem. Man könne sie in einem Lieferwagen nachts zur Villa bringen, aber natürlich erst, wenn die Ärzte sie für transportfähig erklärten. Rosalina und ihr Mann, seit vierzig Jahren im Dienst der Familie, werden schweigen. „Die beiden gehören inzwischen längst zu uns", sagte Louisa. Cathys Wunsch einer Weiterreise nach England sei eine viel kompliziertere Angelegenheit. Vor allem, da sie festentschlossen scheint, den afrikanischen Jungen mitzunehmen. Vielleicht beobachtet die Mafia den Flughafen. Mit Wana, ihrem Gipsarm und -bein würde sie sofort erkannt werden.
„Wenn man einen Afrikaner finden würde, natürlich ganz vertrauenswürdig - Cathy in einer Burka als Muslimin verkleidet- Wana würde nicht auffallen."
„Keine schlechte Idee Tina, aber wir kennen keinen

Afrikaner. Du etwa, Pablo? Nein. Außerdem würden wir uns diesem Menschen ausliefern und wären erpressbar."

„Nicht gut", so übersetzt Louisa die Antwort ihres Bruders, der zwar Deutsch kann, aber nicht gerne spricht. „Er will sich etwas überlegen."

Sebastian meint: „Vielleicht ist Michaels Vorschlag, den Jungen hier ins Waisenhaus zu geben, gar nicht so schlecht. Cathy würde bei der Ausreise weniger auffallen und sie könnte den Jungen ein paar Monate später abholen, nicht wahr? Bis dahin hätte er auch die nötigen Papiere!"

Keiner antwortet ihm. In das Schweigen hinein sagt er ungläubig: „Ihr wollt dem Jungen doch keine gefälschten Papiere besorgen? Das ist illegal! Das geht nicht. Das ist ja kriminell!"

Aber Cathy ist am nächsten Tag gar nicht seiner Meinung und wird energisch: „Kommt ja gar nicht in Frage, den Jungen hier zu lassen. Er gehört zu seiner Familie. Ich habe seiner Mutter versprochen, für ihn zu sorgen, und ich, ich halte meine Versprechen!"

„Schon, Schwesterherz, aber in deinem Zustand hat der Vorschlag etwas für sich. Ich muss zurück nach Salzburg, die Schule beginnt in zwei Wochen und ich habe noch Vorbereitungen zu machen, sonst würde ich dich begleiten, aber du bist ja noch lange nicht reisefähig."

„Ich habe seine Mutter kennengelernt, wenn ich auch nur eine halbe Stunde mit ihr verbracht habe. Ich kann ihm später von ihr erzählen. Er fühlt sich bei uns, bei mir, wohl und man kann ihn doch nicht noch einmal wegschicken. Nein, Tina, nein. Irgendwie muss es gehen. Granny bleibt noch hier. Sie kann sich um Wana kümmern." Tina schweigt. Es muss nicht alles sofort entschieden werden.

Nachdem Cathys Kopfverletzung gut verheilt ist, wird sie eines Nachts in die Villa nach Pollença gebracht. Am nächsten Morgen führt Tina einen aufgeregten Wana, den sie in Cathys Abwesenheit liebevoll betreut hat, in das Zimmer ihrer Schwester. Und dort bleibt er. Nichts und niemand kann ihn verlocken von dort wegzugehen. Cathy erzählt ihm Geschichten auf Suaheli, denen er begeistert zuhört. Oft fragt er nach seiner Mama. So erzählt ihm Cathy das Märchen von seiner Mama im Himmel, die von dort oben immer auf ihren Wana aufpasst und ihn sehr, sehr liebt. So muss sich Daddy gefühlt haben, wenn ich nach Mama fragte und er mir dieselbe Mär auftischte. Aber eigentlich musste er sich noch viel, viel schlechter gefühlt haben, war er doch dafür verantwortlich, dass ich ohne Mama aufwachsen musste.

Auf der Terrasse mit dem herrlichen Blick auf das

weite Meer versucht sie Wana Englisch beizubringen, der dafür überhaupt kein Interesse zeigt.

„Du wirst es bald brauchen, Wana, jetzt sprich mir noch einmal nach: My name is Wana."

Da lacht der Kleine hell auf und kugelt sich vor Lachen auf dem Boden. Cathy schaut zuerst irritiert, dann lacht auch sie.

Tina betritt die Terrasse. „Na, das ist ja ein Anblick für Götter." Sie wirkt müde, blass, traurig, aber jetzt gerade lächelt sie. „Cathy, meine Liebe, ich bin hier, um mich zu verabschieden. Unser Flug geht heute Abend. Klaus fährt uns. Es tut mir so leid, dich hierlassen zu müssen. Oma fliegt mit uns zurück. Wir treffen sie am Flughafen. Du bist sicher, nicht mit uns nach Salzburg kommen zu wollen?"

Cathy nimmt die Gehstützen und macht ein paar unsichere Schritte auf Tina zu. Sie legt ihr den gesunden Arm um die Schulter: „Ja, ich bin sicher. Pablo wird heute Abend kommen. Es scheint, er hat eine Geburtsurkunde für Wana aufgetrieben. Damit können wir einen Reisepass beantragen. Wir sehen uns bestimmt bald wieder. Spätestens zu Weihnachten in Kenia. Du und deine Familie, ihr kommt doch auch, nicht wahr? Du kannst Granny nicht so weit alleine reisen lassen, Tina."

Tina nickt zustimmend und freut sich Cathys

schelmisches Lächeln, das so lange verschwunden war, wieder zu sehen.

Später, als Klaus vom Flughafen zurückkommt, dauert es nicht mehr lange und Pablos Auto kommt kiesspritzend vor dem Treppenaufgang zum Stehen. Mit ein paar Sprüngen ist er auf der Terrasse, wo sie alle beim Abendessen sitzen.

„Mmmh, bin ich hungrig. Rosalinas Kohlroulade! Da bin ich zur rechten Zeit gekommen, was?", lacht er, nimmt Platz und lädt sich den Teller voll, der schon für ihn bereit steht. Als die Erwachsenen unter sich sind, wird er ernst, denn sein Freund bei der Polizei hat ihn gewarnt, dass Cathy immer noch in Gefahr sei. Bis jetzt hätte die Fahndung der Polizei keinerlei Hinweise ergeben. Es sei auch keine Vermisstenanzeige eingegangen. Er rät, Cathy und den kleinen Wana heimlich von der Insel zu schaffen. „Ich würde mit meiner Familie und auch mit deiner, Louisa, mit Papas Jacht nach Menorca fahren und Cathy und Wana in einen Direktflug nach Manchester setzen. Oder vielleicht wäre Barcelona besser?"

Daraufhin setzt eine erregte Debatte ein. Louisa ist zuerst strikt dagegen ihre Kinder mitzunehmen. „Bei aller Liebe, Cathy, ich möchte sie keiner Gefahr aussetzen."

„Das ist verständlich, das möchte ich auch nicht.

Warum kann ich nicht mit Wana ein Schiff nach Barcelona nehmen? Ich kann mir nicht vorstellen, dass die Mafia immer noch alle Häfen und Flughäfen nach mir absucht. Es ist doch schon drei Wochen her."
Aber letztendlich wird beschlossen, keinerlei Risiken einzugehen.
„Der Umweg über Barcelona ist für dich zu anstrengend, Cathy", entscheidet Klaus. „Sobald Wanas Pass fertig ist, werden wir alle einen Ausflug nach Menorca unternehmen. Das haben wir schon oft gemacht, das ist nichts Auffälliges."

2. LAKE DISTRICT GREAT BRITAIN

Als das Flugzeug im Anflug auf Manchester ist, atmet Cathy auf. Trotz der netten Stewardessen, die Wana immer wieder Spielzeug brachten und sich auch mit ihm beschäftigten, sind für sie die drei Stunden Flug sehr anstrengend gewesen.

Seit sechs Uhr morgens sind sie unterwegs. Aufstehen ist nicht ihr Ding. Aber Louisa kümmerte sich um ihr Gepäck, half Wana beim Ankleiden, der auch noch ganz verschlafen war. Die Fahrt an den Hafen von Pollença – es war noch dunkel – verlief schweigend. Auch Elena und Sofia waren noch müde. Am Hafen fuhr Klaus so weit wie möglich an die Jacht heran. Als Cathy den Bootssteg betrat, ging die Sonne auf und tauchte die Insel in ein goldenes Licht. Trotzdem kam es vor wie eine Flucht. Nach kurzer Zeit kam auch Pablo mit seiner Familie. Klaus warf den Motor an.

Die Überfahrt nach Menorca war wunderschön. Blauer Himmel, Sonnenschein und kaum Wellen! Aber niemand konnte die Fahrt wirklich genießen. Klaus beobachtete ununterbrochen den Horizont. Pablo benutzte sogar ein großes Fernglas. Es herrschte eine gedrückte Stimmung. Nur Pablos Kinder waren fröhlich und tobten herum, soweit es der beengte Raum zuließ. Wana sah dem Treiben schweigend zu. Seit er erfahren hatte, dass er mit Cathy die Villa, in der er gerade anfing, sich wohlzufühlen, verlassen musste, schwieg er. In seiner rechten Hand umklammerte er einen Stein, den er gestern im Garten gefunden hatte und der entfernt an ein Gesicht erinnerte. Er hatte schon verstanden, dass Fragen nach seiner Mama immer dieselben Antworten hervorbrachten. Er bewegte seine Lippen. Cathy berührte ihn mit ihrer gesunden Hand: „Wana, nini mbaya na wewe? Je, wewe ni hofu? - Wana, was ist los mit dir? Hast du Angst?"

Er nickte. Cathy versicherte ihm, dass sie ihn niemals allein lassen würde und dass sie, nach dem Besuch bei Diana in England, nach Afrika zurückkehren würden. Auf seine Frage, ob dort in Afrika seine Mama auf ihn warte, schüttelte Cathy den Kopf. Sie zog ihn näher zu sich heran.

„Wana, deine Mutter ist immer bei dir. Du kannst sie nicht sehen, aber du kannst sie fühlen. Weißt du, sie ist von Gott in den Himmel gerufen worden und von dort oben schaut sie immer zu dir herunter. Sie hat mich gebeten, dich zu deiner Familie nach Hause zu bringen. Und das werde ich, werden wir machen. Wir

müssen sie nur noch finden. Das verspreche ich dir."
Der Kleine nickte, umklammerte seinen Stein und schmiegte sich an sie.
Louisa packte den Picknickkorb aus und Cathy wunderte sich, wie gut ihr das Frühstück schmeckte.

Nach drei Stunden legten sie im Club Maritimo Mahòn auf Menorca an. Dann ging es rasch, eine Umarmung, Küsschen rechts, Küsschen links und Klaus verstaute sie in einem Taxi. Am Flughafen brachte er sie noch bis zu den Sicherheitskontrollen, dann musste er zurückbleiben. „Bitte schreib eine Mail an Tina, sobald du angekommen bist. Sie wird uns die Nachricht weiterleiten. Ich freue mich, dass du uns besucht hast, Cathy, das war nicht selbstverständlich. Das weiß ich wohl. Ich hoffe, euch bald wieder zu sehen." Er war tief bewegt.
Cathy musste sich zurückhalten, denn fast hätte sie gesagt: „Komm doch Weihnachten zu mir." Das ging aber schon gar nicht. So nickte sie nur zum Abschied und ließ sich den ängstlichen, eingeschüchterten Wana auf den Schoß setzen und die freundliche Hostess fuhr sie im Rollstuhl zur Passkontrolle.
Auch in Manchester steht ein Angestellter mit einem Rollstuhl am Ende der Flugzeugtreppe. Sie atmet auf. Hinter den elektrischen Türen wartet Diana.

„Cathy, dear, oh god, ich habe mir deine Verletzungen nicht so schlimm vorgestellt!" Sie wirkt geschockt.

„Diana, wie schön dich zu sehen", murmelt Cathy müde. „Das ist Wana, er ist Somali und spricht Suaheli und Spanisch."

Zusammen mit dem Gepäck wird sie zu Dianas Auto gebracht. Der Angestellte hilft noch beim Einladen und nimmt den Rollstuhl mit zurück. Ein großzügiges Trinkgeld ist ihm gewiss.

Wana ist ganz eingeschüchtert von der fremden Umgebung und von der unbekannten Frau, die eine Sprache spricht, die er nicht versteht. Aber als Cathy ihm sagt, dass Diana Suaheli spricht, und diese das bestätigt, taut er auf. Bald plappert er fröhlich und unaufhörlich auf sie ein, bis sie energisch sagt: „Jetzt lass mich mal mit Cathy sprechen."

Diese meint nur erschöpft: „Ist es noch weit Diana? Ich bin so müde."

„Naja, noch mehr als eine Stunde. Versuche, zu schlafen, Liebling. Wir sind ganz leise." Sie lässt eine CD mit der von ihr bevorzugten esoterischen Musik erklingen. „Zum Entspannen, my dear!"

In der Einfahrt vor der Garage eines zweistöckigen Hauses mit Garten muss Cathy geweckt werden.

„Willkommen in Bowness-on-Windermere, meine Liebe."

Verschlafen humpelt Cathy ins Haus, wo in der kleinen Essecke ein Tisch gedeckt ist. „Diana, meine liebe Diana, sei nicht böse, aber ich..." Diana lächelt: „Ich habe dir das Erdgeschosszimmer hergerichtet, das ist doch in Ordnung, oder? Der junge Mann kann oben in dem Zimmer neben mir schlafen."
Aber Wana weigert sich, das Zimmer zu verlassen.
„Weißt du, er hat Schreckliches erlebt, kann er nicht hier...?"
So richtet Diana eine Schlafstelle vor Cathys Bett her und bald kehrt Ruhe ein.
Am nächsten Morgen hat Diana auf der Terrasse den Frühstückstisch gedeckt. Die Sonne scheint und für Wana gibt es Kakao und für Cathy Kaffee. Diana trinkt Tee.
„Dass du an den Kaffee gedacht hast, das ist lieb."
„Ich habe frisches Brot oder Toast. Was ist euch lieber?"
„Brot für mich und Toast für Wana, bitte."
Sie schaut sich um und macht große Augen.
„Diana, das ist ja wunderschön hier. Der See, die Berge, das viele Grün – schau, da sind sogar zwei Segelboote. Können wir auch mal segeln?"
„Sicher, aber wir warten besser, bis du beweglicher bist, nicht wahr?"
„Ja, klar. Und dieses Haus, ganz genauso habe ich mir

immer ein englisches Haus vorgestellt. Es sind richtige Steinwände, nicht? Und ein graues Schieferdach! Dazu die roten Kletterrosen am Gartenzaun, richtig idyllisch."

„Es ist mein Elternhaus. Hier bin ich aufgewachsen. Nach dem Tod meiner Mutter hat sich meine Freundin Pat darum gekümmert. Im Sommer wurde es vermietet. Mit dem Geld hat Pat in meinem Auftrag renoviert."

„Bad und Küche, nicht wahr? Das habe ich mir gedacht. Aber der Kamin im Wohnzimmer ist noch original, das sieht man."

„Ja, und noch so einiges."

„Wie schön, in ein Zuhause zurückzukommen, nach so vielen Jahren, und der Garten...", Cathy wirft einen abschätzenden Blick auf die Rasenfläche, die an zwei Seiten von einer Hecke umgeben ist. „Der Garten ist nicht aufwendig zu pflegen, nicht?"

„Wann soll der Gips denn ab, Cathy? Soll ich dich im Krankenhaus anmelden? Wir haben hier im Ort keines, weißt du. Wir müssen über den Hügel nach Kendal."

„In ein paar Tagen könnte man röntgen und wenn alles gut verheilt ist, könnte ich den Gips loswerden!"

Im Westmorland General Hospital, einem zweistöckigen L-förmigen Gebäude, sind alle sehr freundlich und doch dauert es Stunden, bis alle Untersuchungen beendet und Cathys Arm und Bein vom Gips befreit sind. Natürlich sagt man zu ihr: „Schonen Sie sich noch ein paar Tage. Vor allem nehmen Sie zum Gehen den Stock! Sie werden selbst merken, wenn Sie ihn nicht mehr brauchen! Wir empfehlen Ihnen in den nächsten zwei Wochen eine Physiotherapie. Bowness hat eine sehr gute Physiotherapeutin."

Cathy hört gar nicht richtig hin. Übermütig schwenkt sie auf der Untersuchungsliege sitzend, ihr leichtes Bein nach rechts und links, nur als sie das mit dem Arm ebenfalls macht, zuckt sie zusammen.

Der junge hübsche Arzt meint lächelnd: „Genau das meinte ich. Langsam, Miss Schleyer, langsam!"

Diana ist inzwischen mit Wana spazieren gegangen und an einem Süßigkeitenladen vorbeigekommen. Sie hat ihm einen Riesenlolli gekauft. Wana grinst Cathy mit total verschmierten Gesicht an und will sie umarmen.

„Nein, nein, warte Wana. Zuerst müssen wir dein Gesicht waschen. Komm mit", hält ihn Diana zurück.

„Ja, das finde ich auch dringend nötig." Als sie den Parkplatz erreicht, ist sie froh. So beschwerdefrei, wie sie erwartet hat, fühlt sie sich nicht. Ehrlich gesagt, tut es weh und sie lässt sich erleichtert in den Sitz fallen.

Nachdenklich meint sie, sich der Szene im Krankenhaus erinnernd, als die Krankenschwester mit Wana freundlich plaudern wollte: „Ich denke, wir sollten nicht nur Suaheli, sondern auch Englisch mit ihm sprechen Diana. Wenn wir nach Kenia zurückkehren, sollte er wenigstens die Grundbegriffe kennen."

„Natürlich, meine Liebe. Aber heute und morgen ist davon ausgenommen. Komm, ich zeige euch ein bisschen die Gegend. Wir fahren am Lake Windermere entlang."

Während der Fahrt sieht Diana immer wieder auf die Uhr. Außerdem kommt sie Cathy nervös vor.

„Diana, wenn du keine Zeit hast - ich weiß ja nicht einmal, wie dein Alltag abläuft, also, wenn du anderes zu tun hast, ich kann auch allein mit Wana bleiben. No problem."

Diana wirft ihr einen erleichterten Blick zu.

„Nein, nein, diese Woche ist nur für dich reserviert, Darling. Das ist es nicht. Weißt du, ich bin doch hier geboren und aufgewachsen! Ich habe bei meiner Rückkehr festgestellt, dass mein Neffe in seiner Segelschule keinen besonders guten Unterricht anbietet, und bin sofort dort eingestiegen. Arbeit ist, wie du weißt, die beste Medizin gegen Trübsal. Ich habe mich die ersten Wochen schon sehr fremd

gefühlt, aber jetzt gehöre ich langsam wieder dazu und das tut mir gut. Ich muss nur kurz telefonieren."
Damit fährt sie an den Straßenrand, steigt aus dem Auto und entfernt sich einige Meter nach hinten. Cathy sieht ihr stirnrunzelnd nach. Ist sie zur Unzeit gekommen? Was ist mit Diana los? In Shanzu hat sie sich immer gefreut, sie zu sehen, aber nun hat sie das Gefühl zu stören.
Zurück in der Smithy Lane, Wana ist auf der Fahrt eingeschlafen, setzen sich beide Frauen in den Garten. Cathy meint, ihr Hiersein erklären zu müssen. Sie hat Diana zwar mit Briefen auf dem Laufenden gehalten, aber, und das fällt ihr erst jetzt auf, nur zwei Antworten von ihr erhalten.
„Weißt du, die Situation in Mallorca war so bedrückend, Klaus ist ja auch biologisch mein Vater und ich konnte das nicht akzeptieren. Ich habe doch mein Leben lang Dad gehabt und ich habe ihn immer noch lieb. Ich will keinen anderen Vater. Dagegen eine Schwester zu haben, das war ein Gefühl, sage ich dir – und Granny ist nur lieb. Sie hat die letzten dreiundzwanzig Jahre so gelitten. Sie kam sogar nach Muro, um mich im Krankenhaus zu beschützen, wie sie sagte! Sie wollte unbedingt, dass ich mit ihr nach Salzburg käme, aber die Stadt ist mir zu eng, und rundherum hohe Berge – da hätte ich mich

eingeschlossen gefühlt. Es ist alles so kompliziert und ich will ja auch so bald wie möglich nach Afrika zurück. Wie fühlst du dich eigentlich hier?" Sie wartet die Antwort gar nicht ab und die Worte sprudeln nur so aus ihr heraus: „Sicher, die Berge sind nicht so hoch und es gibt viel hügeliges Land und der See ist herrlich. Aber denk doch nur an unser Riff, ans Surfen und Tauchen. Die farbenprächtigen Fische. Der Strand, die Palmen, die fröhlichen Menschen..." Cathys Stimme ist immer leiser geworden, je länger sie spricht, dann bricht sie ganz ab.

„Dear, du hast Heimweh. Das ist ganz natürlich. Kenia ist deine Heimat. Du wirst bald wieder dort sein, Darling. Wieso ist eigentlich Michael nicht mitgekommen?"

Cathy schüttelt nur den Kopf und schweigt.

„Weißt du, Cathy, du hast einmal gesagt, jeder hätte einen Grund gehabt seine Heimat zu verlassen und nach Kenia zu kommen. Joes Grund kennst du ja jetzt, aber ich hatte auch einen."

Cathy schaut verblüfft auf. „Du? Du warst doch immer da! Aber natürlich - jetzt erzähl mal. Mach es nicht so spannend."

„Ach Gott, spannend ist das nicht. Ich bin hier in der Smithy Lane in Bowness geboren. Ich hatte eine zwei Jahre ältere Schwester. Wir gingen hier in die Schule und unsere Leidenschaften waren Segeln, Radfahren und Tanzen. Ich habe mich mit vierzehn Jahren unsterblich in George verliebt und er liebte mich auch. Wir waren viel zusammen, er lernte bei der hiesigen Bank und ich machte Segelkurse, um einen Segelbootverleih zu eröffnen. An meinem 18. Geburtstag wollten wir heiraten. Aber ich hatte meine Rechnung ohne meine Schwester gemacht. Im Fasching machte sie sich an George heran. Ich lag mit einer schweren Grippe im Bett, das soll keine Erklärung sein, aber jedenfalls, kurz bevor wir den Hochzeitstermin festlegen wollten, erklärte sie, von George schwanger zu sein. Ich wollte es nicht glauben und habe getobt, aber George hat so schuldbewusst ausgesehen, dass mein Vater ein Machtwort gesprochen hat. George hat noch versucht, mir das einmalige Ereignis zu erklären, aber ich habe darauf verzichtet. George musste an „unserem" Hochzeitstermin meine Schwester heiraten. Ich war nicht mehr da. Ich bin davongelaufen - bis nach Afrika. Dort habe ich im Hotel gejobbt, an der Rezeption, im Service, als Fahrerin, bis ich genügend Geld für ein paar Surfbretter hatte. So fing ich an. In dem Hotel in der Nähe arbeitete dein Dad. Dort habe ich euch beide kennengelernt. Du warst so ein liebes Kind. Ich mochte deinen Dad, wirklich, ich habe ihn gerne gehabt, aber allein das Wort HEIRATEN hat mir einen Schüttelfrost verursacht. Das hat ihn tief gekränkt. Er wollte so gerne eine richtige Mutter für dich", dabei lächelt Diana wehmütig, „und vielleicht auch eine Frau an seiner Seite. Ich weiß es nicht. Ich war nie so sicher und so blieb ich die Surfschule-Besitzerin. Aber ich mag dich sehr, Cathy, wirklich, und ich hoffe, du fühlst dich wohl bei mir. Nun komm, lass uns das Abendessen richten. Morgen will ich mit euch eine Schiffstour unternehmen."

Beim Abendessen sprechen sie über Dianas Heimat, den Lake Distrikt und wie es ist, nach dreißig Jahren wieder zurückzukommen in das Haus der Kindheit, obwohl fast alle Familienmitglieder inzwischen tot sind.

„Deine Schwester, George, das Kind, naja, das ehemalige Kind - wo sind sie?"

„Mein Neffe ist verheiratet, er wohnt in Kendal, aber er hat die Segelschule hier im Ort, die ihn nicht wirklich interessiert. Er hat sie von seiner Mutter, meiner Schwester, geerbt. Ich übernehme sie im Herbst und werde sie umorganisieren. Neue Boote, aber das muss dich nicht interessieren. Er hat einen guten Beruf und seine Frau erwartet das erste Kind, also ist er ganz froh, dass ich da bin. Meine Schwester ist vor fünf Jahren im See ertrunken. Sie wollte partout bei Sturm nach

Waterhead segeln. Sie war keine gute Seglerin. Sie hätte auch mit dem Auto fahren können, aber es hatte wohl eine hässliche Auseinandersetzung mit ihrem Mann gegeben. Ma hat es mir kurz vor ihrem eigenen Tod geschrieben. Mein Dad ist schon seit zwanzig Jahren tot. Herzinfarkt. Zu viel und zu fett gegessen. Er war ein Dickschädel. Hatte meine Schwester wohl von ihm."

Daraufhin schweigen sie lange.

Am nächsten Tag herrscht perfektes Wetter für die Schifffahrt. Das finden allerdings auch die meisten Touristen und Tagesausflügler.

„Oh shit, I forgot it is Saturday today."

Diana ist bestürzt. Cathy lacht.

„Du bist schon wieder eine echte Engländerin, Diana! Denk doch an die Fähre von Mombasa zu den Südstränden, die ist voll. Das hier, das sind doch nur ein paar Leute, die auch Spaß haben wollen."

Sie ist von der Länge des Sees beeindruckt und als sie den Leuten rundum lauscht, meint sie: „Bald werde ich auch auf den Orest Head gehen, du wirst sehen. Es sind nur, wie ich gerade gehört habe, zweihundert Höhenmeter und von dort hat man einen grandiosen Rundumblick. Der richtige Anfang für meine Touren."

Als sie Belle Isle passieren und sie erfährt, dass die Insel in Privatbesitz ist und niemand dort an Land darf, findet sie das nicht amüsant und wundert sich: „Das es so etwas heutzutage noch gibt. Eine ganze Insel."

Abends ruft Tina an, um zu hören, wie es ihr geht.
„Wie war die Reise? Klaus hat mir geschrieben, dass ihr mit einer Jacht nach Menorca gefahren seid! Und der Flug? Wie ging es mit deinem Gips und Wana?"
„Es war ziemlich anstrengend, aber Wana hat die Stewardessen mit seinem Charme voll eingewickelt. Was machen Lena und Lisa? Freuen sie sich, wieder daheim zu sein?"
„Ja, sie gehen schon wieder in den Kindergarten. Ich fürchte, ganz Salzburg weiß inzwischen, dass ich eine Schwester bekommen habe und diese ein schwarzes Findelkind adoptiert hat. Anne hat ihnen Zwillingspuppen gekauft, die haben sie nach uns benannt!! Wir zwei als Puppen!"
„Ich finde es toll, wie deine Töchter die Geschichte verarbeiten. Ja, du fehlst mir auch und Granny ebenso. Wana vermisst Lena und Lisa. Aber er genießt es, mit Diana Suaheli zu sprechen. Die Landschaft ist interessant und bis jetzt scheint sogar die Sonne!"
„Schön. Das freut mich für dich."
„Ich freue mich schon, die beiden in Kenia zu sehen."
„Cathy , rufe bitte Oma an und rede ihr aus, nach

England zu fliegen. Das ist ihre neueste Idee. Sie wirkt unendlich müde. Du musst doch auch bald nach Nairobi zurück, nicht? Dort fängt sicher auch die Schule wieder an. Oder bist du krankgeschrieben?"
Dann plaudern sie noch über dies und das. Über Erinnerungen an Mallorca, über Alltäglichkeiten in Salzburg, aber keine erwähnt Michael. Obwohl das Thema fühlbar im Raum steht.

An Nairobi und dass dort in vier Wochen die Schule beginnt, daran hat Cathy auch schon gedacht. Sie hofft, jeden Tag auf's Neue, etwas von Michael zu hören. Natürlich hat sie seine Handynummer. Mindestens tausendmal hat sie schon seine Nummer abgerufen, aber – nein! Er ist gegangen und er hat gesagt ‚ich melde mich'. Wenn er es nicht tut, hat er seine Gründe. Es müssen sehr gute Gründe sein, da will sie sich nicht aufdrängen. Offensichtlich ist ihm das Geschehen in Italien oder wo auch immer, wichtiger als sie. Sie wird warten, auch wenn die Enttäuschung über sein Schweigen täglich schwerer wiegt.

Bei einem Spaziergang mit Wana - sie zwingt sich, jeden Tag fünfhundert Meter weiter zu gehen, setzt sie sich auf eine Bank am Seeufer. Wana steht am Wasser. Er schweigt.

„Was ist los mein Kleiner? Willst du heute nicht versuchen Steine springen zu lassen, wie es dir Diana gestern gezeigt hat?"

Auch für sie ist es neu gewesen. Flache Steine mit Kraft und im richtigen Winkel auf der Wasseroberfläche abprallen lassen, dass sie möglichst oft springen. Wana ist begeistert bei der Sache gewesen. Er hat gelacht und sich jedes Mal unbändig gefreut, wenn es ihm gelang. Heute steht er schweigsam da und umklammert einen Stein.

„Wana, komm sprich mit mir. Was denkst du denn?"

„Ich will meine Mama sehen und sie soll nicht im Himmel sein." Er kommt zu Cathy. „Bitte, bitte sag dem lieben Gott, er soll mir meine Mama wieder geben."

„Liebling, komm her."

Sie umschließt sein Gesicht mit beiden Händen und schaut ihm die dunklen Augen.

„Wenn ich könnte, würde ich alles geben, damit deine Mama wieder zu dir zurückkommt. Aber Wana, das steht nicht in meiner und auch nicht in jemand anderes Macht. Du bist nicht allein."

Sie nimmt ihn auf den Schoß und schaut hinaus auf den See.

„Ich war so alt wie du, als ich meine Mutter verlor. Ich weiß genau, wie du dich fühlst, mein Kleiner. Ich habe

sie immer vermisst und ich vermisse sie heute noch. Ich konnte genauso wenig Abschied nehmen wie du. Von einem Moment zum anderen war sie nicht mehr da. Aber seit Kurzem habe ich eine Oma und eine Schwester. Auch du hast irgendwo eine Oma und auch einen Opa. Und beide haben wir Diana. Diana hat dich auch sehr lieb, weißt du? Diana ist fast eine Mama für mich und für dich ist sie..."
Da breitet sich ein Lächeln auf seinem so ernsten Gesicht aus: „Diana ist Oma!"
Hm, das habe ich jetzt nicht so gemeint, aber lassen wir es für den Augenblick, wenn es ihn tröstet.

Auf dem Rückweg kommen sie an einem Kindergarten vorbei. Wana bleibt fasziniert stehen. Es sind auch zwei kleine Farbige unter den spielenden Kindern. Spontan sucht Cathy den Eingang und fragt die Kindergärtnerin, ob Wana nicht auch täglich ein paar Stunden kommen dürfe. Er spräche zwar noch kein Englisch, sondern nur Suaheli und Spanisch, aber Kinder lernen von Kindern doch am leichtesten. Außerdem gäbe sie ihm täglich Unterricht. Die Kindergärtnerin ist unentschlossen, als Wana sie am Rock zupft und, als sie sich ihm zuwendet, ihr die Hand hinhält. Er sagt deutlich das Einzige, was er auf Englisch sagen kann, nämlich: „My name is Wana, what is yours?"

Der Kleine hat Charme und die Kindergärtnerin lächelt: „Na, wenn du schon so gut Englisch sprichst und dich so nett benimmst, dann sind wir aber froh, dass du zu uns kommen willst!" Sie lädt ihn mit Cathy für eine halbe Stunde ein. Am nächsten Tag soll er vielleicht schon ein bisschen alleine bleiben. „Bringen Sie morgen seinen Impfpass mit", sagt sie zum Abschied.

„Diana, wieso Impfpass und welche Impfungen?"

„Hat er denn keine?"

Cathy gibt zu, keine Ahnung zu haben. „Ich glaube nicht, so versteckt wie er aufwuchs, dass er je vorher einen Arzt gesehen hat", meint sie hilflos.

Diana ruft ihren Neffen an, der weiter herumtelefoniert, bis sie endlich die Auskunft haben, die sie brauchen. Es sind viele Impfungen, unter anderem Diphtherie, Keuchhusten, Kinderlähmung, Tetanus, Hepatitis B, auch Masern und Mumps.

„Das ist ja eine unendliche Liste, Diana, wie soll das gehen? Bis morgen?"

„Nein, bis morgen geht das nicht. Aber anfangen solltest du schon damit. Auch eine Pockenimpfung finde ich wichtig und eine gegen Malaria, wenn er nach Kenia soll. Ich rede mit der Kindergärtnerin, bzw. ich rufe Mary Peters an, sie ist die Tante von Jill."

„Jill? Wer ist Jill?"
„Jill ist die Kindergärtnerin. Ich dachte, du wüsstest, wie sie heißt."
Wana ist begeistert vom Kindergarten. Die Impftermine findet er aber gar nicht lustig. Da hilft auch die große Tüte Eis, die Cathy ihm kauft, nicht, seine Kullertränen zu trocknen.
Innerhalb einer Woche bleibt er bis zum frühen Nachmittag im Kindergarten. Jill empfiehlt Cathy die Bilderbücher von Beatrix Potter zum Englischlernen.
„Beatrix Potter? Ich kenne nur Harry Potter und für diese Geschichten ist Wana noch viel zu jung."
Jill lacht: „Nein, Miss Schleyer, Beatrix Potter hat vor hundert Jahren gelebt. Sie stammte aus einer sehr reichen Familie, aber von einer standesgemäßen Ehe hielt sie nichts. Sie zeichnete und malte Tiergeschichten, zuerst für ihre Nichten und Neffen, dann professionell. Es gibt sogar einen Film über sie – die zauberhafte Welt der Beatrix Potter – aus dem Jahr 2006. In späteren Jahren, als sie doch heiratete, lebte sie hier in der Nähe auf der Hill Top Farm. Und wir haben hier in Bowness ‚The World of Beatrix Potter', ein wunderbares Erlebniscenter, in dem ihre Bilder-Geschichten in 3 D mit Geräuschen und Gerüchen zu erleben sind. Aber Wana sollte die Geschichten vorher kennen, nicht? Natürlich lesen wir auch hie und da

eine dieser Geschichten vor, aber die hiesigen Kinder kennen schon alle auswendig!"
Diana lächelt, als Cathy ihr dies erzählt und geht in ihre Bibliothek, wo sie allerdings ein bisschen suchen muss, aber schließlich fast alle Geschichten findet.
„Das sind ja entzückende Zeichnungen und der Text – da will ich ein bisschen hineinschauen, beziehungsweise ich lese sie Wana vor", freut sich Cathy.

Diana ist jeden Morgen, wie Cathy annimmt, in der Segelschule. Sie kommt erst zum Tee nach Hause, sodass Cathy viele Stunden allein ist. Das ist auch dringend nötig, denn sie muss die Erlebnisse aus Salzburg und Mallorca erst verarbeiten.
Am meisten Probleme macht ihr Michaels Reaktion. Sie versteht seine Aufregung, aber nicht sein Schweigen! Wider bessere Vernunft tut ihr auch weh, dass er sie, die in Todesgefahr war, allein gelassen hat. Sobald sie an das Geschehen auf der Straße von Lluc nach Pollença auch nur zu denken anfängt, setzt sofort Herzrasen ein, der Schweiß bricht aus und sie hat große Angst. Tagsüber gelingt es ihr mit viel Willenskraft, diese Gedanken zu stoppen, aber oft mitten wacht sie mitten in der Nacht auf. Sie hat sich angewöhnt, dann das Licht einzuschalten und

aufzustehen. Auch diese Nacht ist sie wieder hochgeschreckt - kein Dad und kein Michael, um sie in den Arm zu nehmen. Sie ist allein. Nur Wana atmet gleichmäßig. Sie erhebt sich seufzend und macht sich auf in die Küche, um ein bisschen Milch heißzumachen. Das, hat Oma ihr erklärt, würde immer beruhigen. Auch wenn es nicht unbedingt stimmt, so ist sie über den liebgemeinten Ratschlag der alten Dame, ihr Gutes zu tun, gerührt. Als sie, ohne Licht im Flur zu machen, im Dunkeln Richtung Küche geht, hört sie von draußen Schritte auf dem Kiesweg. Sie schiebt den Vorhang des Küchenfensters beiseite, und sieht eine Gestalt die Gartentüre öffnen und verschwinden. Kurz darauf hört sie das Geräusch eines Automotors, das sich entfernt. Sie macht Licht und fährt erschrocken herum, als sich die Küchentür öffnet. Diana ist genauso erschrocken und fragt perplex: „Was machst du hier mitten in der Nacht?"

„Ich hatte einen schlechten Traum. Wer ist der Mann, Diana?"

Diana wird ein bisschen rot. Ich – du wirst das vielleicht nicht verstehen – dein Dad ist ja erst seit ein paar Wochen tot, und das hat damit nichts zu tun, wirklich nicht."

„Diana, ich bin doch nicht entrüstet, es ist doch dein Leben, du bist zu jung allein zu bleiben, allerdings-..."

„Ja, genau! Ich wusste, dass du so denken würdest, sonst hätte ich es dir sofort erzählt." Sie macht eine Pause: „Es ist George. Ich habe dir von ihm erzählt."
„George, nach dreißig Jahren? Ist es was Ernstes?"
Da strahlt Diana und sieht unendlich glücklich und jung aus. „Ja, Cathy. Wir lieben uns immer noch und wir wollen zusammenbleiben. Wir wissen noch nicht wie und auch nicht wann, aber wir müssen ja nichts überstürzen. Wenn es dich nicht stört, dann sage ich George, dass er am Wochenende herkommen kann, ja?"
„Ach Diana, wie konntest du nur denken, dass ich dagegen sein würde. Natürlich soll er kommen. Ich freue mich, ihn kennenzulernen."
Sie umarmt Diana, nimmt ihren Becher mit warmer Milch und verzieht sich in ihr Bett. Dabei denkt sie die ganze Zeit über das nach, was sie soeben abgestritten hat. Armer Dad, kaum bist du gestorben, hat sie schon den Nächsten. Naja, eigentlich nicht den Nächsten, sondern deinen Vorgänger. Ach Cathy, sei nicht kindisch und sei nicht so eifersüchtig. Diana ist immer noch die Diana, die du dein Leben lang kanntest. Trotzdem fühlt sie sich verlassen. Diana und Dad – das hat doch immer zusammengehört. Es dauert lange, bis sie wieder einschläft.
Am nächsten Morgen, nachdem sie Wana im

Kindergarten abgeliefert hat, nimmt sie den Bus nach Windermere. Sie will den Aussichtsberg „Orrest Head" besteigen. Die Sicht von dort oben soll herrlich sein. Als sie das „Kissing-Gate" erreicht, weiß sie, dass sie alle Abzweigungen richtig genommen hat, denn Diana hat versonnen gelächelt und gesagt: „Da musst du durchgehen und ein paar Meter über dir ist der Gipfel."
So ist es auch. Oben schaut sie sich erst einmal um. Ja, es ist schön. Sie glaubt sogar, das Meer in der Ferne schimmern zu sehen, so klar ist die Luft.
Da sagt eine Stimme: „Das freut mich aber. Sie sind ja schon sehr fit. Ging doch schnell, nicht?"
Überrascht dreht sie sich um und kneift die Augen zusammen.
„Ich bin Bowens, Tom Bowens, Krankenhaus, Kendal, erinnern Sie sich? Ich sagte schonen Sie sich, haben Sie aber nicht! Wie geht es Ihnen?"
Er hält Ihr seine Hand hin, die sie zögernd ergreift.
„Ja, jetzt erkenne ich Sie. Ihnen fehlt der weiße Kittel. Wollen Sie auch die Aussicht erkunden?"
Er lächelt und erklärt ihr, dass er oft hier oben sei, denn er liebe den Blick in diese Landschaft.
„Ich bin hier in Windermere geboren und bis auf die Zeit des Studiums habe ich mein ganzes Leben hier verbracht."
„Naja, soo lange ist das ja auch noch nicht her. Ich

besuche eine Freundin aus Kenia."

„Ach, Sie besuchen Diana, die Afrikarückkehrerin."

Auf ihren verblüfften Blick sagt er: „Die Orte sind nicht sehr groß und man kennt sich hier, entweder aus der Schule, oder durch die Verwandtschaft, wie das halt so ist, wie überall auf der Welt."

Cathy nickt, obwohl sie das nun wirklich nicht weiß, und lässt sich von ihm die Namen der Hügel und Orte erklären. Zögernd meint er anschließend: „Wenn Sie noch ein bisschen Zeit haben, ich kenne in östlicher Richtung ein nettes Lokal, dort könnten wir mittagessen, oder werden Sie von Diana erwartet?"

„Ich komme gerne mit und Sie erzählen mir ein paar Geschichten aus der Gegend, ja?"

Langsam wandern sie den Berg abwärts und biegen auf eine kleine Schotterstraße ein, auf der sie in einer halben Stunde den Pub erreichen. Es gibt sogar noch einen schattigen Tisch auf der Terrasse und Cathy ist gottfroh, sich ausruhen zu können. Sie bestellen zweimal die Spezialität des Lokals ‚Seeteufel auf Safran-Püree und gebratenen Fenchel.' Tom Bowens ist ein guter Erzähler und sie unterhalten sich blendend. Beim anschließenden Espresso, auf den Cathy nicht verzichten will, fragt er behutsam: „Ich will ja nicht neugierig erscheinen, aber bei welchem Unfall haben Sie sich das rechte Bein und den linken Arm gleichzeitig gebrochen?"

Sie zuckt zusammen, blickt nach unten und nestelt mit den Fingern an der Tischdecke herum.

„Verzeihung, Miss Schleyer", sagt Tom leise, „ich wollte Sie nicht betrüben. Vergessen Sie einfach, dass ich gefragt habe. Es ist nicht wichtig!"

Cathy rührt sich nicht.

„Wirklich, Miss Catherine, ich will es gar nicht wissen."

„Nein, ist schon gut. Ich muss mich ja der Sache stellen. Vor allem nachts grüble ich, dann bekomme ich grässliche Angst, richtige Angst. Mein Magen verknotet sich und anfangs musste ich mich oft übergeben. Aber das ist jetzt schon ein bisschen besser geworden."

„Pardon, Miss Catherine, aber ich bin Arzt. Sie wissen doch, dem Onkel Doktor kann man alles erzählen. Er untersteht der Schweigepflicht. Kein Wort wird je über meine Lippen kommen."

Ein Automotor heult auf. Einige Leute sind nicht herge-wandert, sondern gefahren. Cathy erschrickt, reißt die Augen auf, keucht und krallt sich Schutz suchend in Toms Ärmel.

Ist ja gut, Catherine, ist ja gut. Es passiert dir nichts – „ich bin doch da. Ich pass auf dich auf." Unbemerkt wechselt er zum Du.

„Blut, so viel Blut, Lliya, Wanas Mutter, ist getötet

worden. Sie sind einfach mit dem Auto über sie drübergefahren. Ich habe die Knochen brechen gehört und ich höre sie immer noch, oder meine ich nur, dass ich sie gehört habe? Der Kopf... und Blut, überall Blut... dann stürzte er auf mich zu, der dicke Mann, und ich renne, renne so schnell ich kann - ich renne um mein Leben. Aber umsonst, er stößt mich über die Begrenzungsmauer der Bergstraße in die tiefe Schlucht. Ein Baum hat mich irgendwo aufgehalten, aber das weiß ich nicht mehr... ich bin erst im Krankenhaus wieder zu mir gekommen."
Cathy zittert. Tom legt den Arm um sie.
„Ist ja gut meine Liebe, ist ja gut. Es ist vorbei. Du bist in Sicherheit. In England. Komm, lass uns von hier weggehen."
Mit Blick auf den See, finden sie eine steinerne Sitzgelegenheit. Nach langer Zeit beginnt Cathy wieder zu sprechen und erzählt. Nur den Namen Michael erwähnt sie nicht. Sie spricht von ihrem Leben in Kenia, das sich als Lüge herausgestellt hat, den Geschehnissen in Salzburg, und dem Familientreffen in Mallorca. Dann verstummt sie. Tom schweigt auch.

Auf dem Rückweg zu Wanas Kindergarten, sagt Tom: „In fünf Tagen habe ich wieder frei, darf ich dich dann anrufen?"

Am Samstag kommt George und bringt für Wana ein Feuerwehrauto mit, das ihn in den Kinderhimmel versetzt.

Sein erstes großes Geschenk.

„Für mich", staunt er eins ums andere Mal, „für mich allein?"

Noch tagelang wird er es nicht aus den Händen lassen, sogar der Kindergartenbesuch wird ihm verleidet, da er es nicht mitnehmen darf.

„Warum darf ich das nicht?", fragt er Diana.

„Jill hat gesagt, die anderen Kinder wären sonst traurig, weil sie nicht so ein schönes Auto haben", erklärt sie ihm und Wana fühlt sich ganz stolz ob seines Besitzes.

Zwei Tage später - Cathy war gerade dabei für Diana ein Buch aus der kleinen Buchhandlung in Windermere abzu-holen - läuft ihr Tom über den Weg.

„Ich wollte dich sowieso anrufen. Was hältst du von der Idee, an meinem nächsten freien Tag einen Ausflug auf dem Pferderücken zu machen? Du kannst doch reiten, oder? Es gibst so wunderschöne Gegenden, die du kennenlernen solltest. Wir würden ein Stück mit dem Auto fahren – willst du? Sag ja, Catherine."

„Komm, lass uns am Marktplatz einen Kaffee trinken."

Es dauert, bis Cathy zu Wort kommt und ihre Zustimmung signalisieren kann, natürlich unter dem

Vorbehalt, dass Diana auf Wana aufpasst. Dann erzählt sie Tom von ihren Wintermonaten als Ranger im Mount Kenia Gebiet. Als sie von der ungewöhnlichen Fauna erzählt und der Schönheit der majestätischen Gipfelwelt, klingt ihre Stimme genauso lebendig und begeistert wie Toms. Bis sie an die letzte Reitersafari denkt und an den überraschenden Teilnehmer – Michael. Da beginnt eine kleine Träne über ihre Wange zu laufen.

„Catherine, meine liebe Catherine", flüstert Tom und zieht sie an sich, „was ist denn los? Es wird doch alles wieder gut. Du hast doch mich."

Cathy legt den Kopf auf Toms Schulter und schweigt. Da küsst er sie zärtlich auf die Wange.

Keiner der beiden bemerkt den Mann auf der gegenüberliegenden Seite des Platzes, der gerade mit einem großen Rosenstrauß aus einem Blumenladen kommt. Es ist Michael. Er erblickt Cathy in den Armen eines anderen Mannes und spürt einen heftigen Stich in der Herzgegend. Er steht wie erstarrt. So etwas hat er schon einmal erlebt. Minutenlang beobachtet er die beiden, die sich nicht rühren. Dann lässt er den Strauß zu Boden fallen und steigt in das wartende Taxi, das sich schnell entfernt.

„Ich glaube, my Darling, du solltest mir noch etwas erzählen, meinst du nicht, hm?", flüstert Tom Cathy ins Ohr, „komm, lass uns ans Seeufer gehen, da sind wir ungestörter."

Stockend und oft nach Fassung ringend erzählt sie ihm die Geschichte mit Michael. Wie er immer mehr ihr Herz eroberte und wie sie ihm vollkommen vertraute.

„Aber nun hat er sich seit sechzehn Tagen nicht gemeldet. Ich verstehe das nicht. Er hat ein Handy, ich habe ein Handy. Ein Anruf dauert doch nicht lange. In einer Woche beginnt in Nairobi die Schule. Ich muss dringend dahin, aber, oh Tom, ich kann das nicht."

„Man kann alles, wenn es sein muss. Ich kann dir aber noch vier Wochen Zeit verschaffen. Ich schreibe dich krank. Aber nur unter der Bedingung, dass du zweimal in der Woche mit einem meiner Kollegen redest."

„Ich brauche keinen Psychologen." Cathy will sich erheben.

„Komm, beruhige dich und setz dich wieder. Du brauchst sehr wohl einen Psychologen. Allein schon wegen des Mordes, den du mitangesehen hast und des Liebes-kummers, der dich zusätzlich belastet. Ich arrangiere das für dich. Es tut nicht weh, Cathy."

Da muss sie lächeln. „Na gut, wahrscheinlich hast du recht."

Später will sie einiges über die Pferde wissen. „Kann man sie mieten? Und wo? Welcher Rasse gehören sie an? Das wäre richtig toll – ein Tag mit Pferden!"

3. SALZBURG

In Salzburg lässt Tina das Telefon müde in die Basisstation zurückgleiten. Cathy scheint es so weit wieder gut zu gehen, obwohl, von Michael hat sie nichts gesagt. Arme Cathy. Aus dem anschließenden Zimmer ertönt Geschrei. Die Zwillinge streiten sich laut und Lena kommt weinend zu Tina gelaufen.

„Lisa nimmt immer meine Stifte. Du hast gesagt...", mehr kann Tina nicht verstehen.

„Ihr habt beide die gleichen Stifte. Dieselben Farben. Es müssen immer zwei Stifte da sein, Lena. Wenn ihr immer streitet, dann setzt euch doch jede an einen anderen Tisch, nicht?"

Lisa kommt jetzt auch heran und klagt: „Sie hat mir meinen Stift abgebrochen und jetzt habe ich ihn ihr geschenkt und sie muss mir ihren schenken!"

„Mädels, einigt euch und lasst Mama arbeiten. Ich muss noch Unterricht vorbereiten - oder wollt ihr zu Oma Anne?"

„Wir waren doch gestern bei Oma Anne, Mama. Und ich streite nie", meint Lisa schnippisch, Nur Lena ist so eine Heulsuse und ich will eh nicht mehr malen! Ich hab' Hunger. Dürfen wir fernsehen? Bitte Mama!"

„Nein, aber ihr könnt mal den Fußboden in eurem Zimmer leer räumen, damit Maria morgen dort staubsaugen kann."

Sie haben diesen Herbst auf das Au-Pair-Mädchen verzichtet und stattdessen eine Putzfrau engagiert, die zweimal die Woche kommt und bis jetzt scheint es gut zu klappen. Die Mädchen besuchen den Ganztageskindergarten, wo sie auch ein Mittagessen erhalten und kommen um halb fünf nach Hause, denn der Kindergarten ist nur zwei Straßen entfernt. Sebastian arbeitet immer mehr und kommt oft sehr spät. Tina ist einerseits erleichtert, denn immer heile Welt zu spielen, ist anstrengend, andererseits bleibt die Kinderbetreuung fast völlig an ihr hängen. So hat sie sich das nicht vorgestellt. Früher ist Sebastian meist am späten Nachmittag gekommen und hat mit den Mädels gespielt. Vor Kurzem ist sein Freund Markus nach einem längeren Aufenthalt in Amerika zurückgekehrt. Er war schon immer ein begeisterter Radfahrer und Sebastian hat davon gesprochen, sich ein neues Fahrrad zu kaufen, um mit ihm mithalten zu können. Es ist so gesund, abends noch ein bis zwei Stunden Rad zu fahren, meint er. Tina ist derselben Meinung.

„Die Zwillinge können doch auch schon Fahrradfahren, lass uns zu viert abends an der Salzach entlang radeln. Da ist es ist fast eben und die Wege sind kilometerlang."

Bastian hat zweifelnd dreingeschaut, das Thema wird seitdem nicht mehr erwähnt.

Aber Tina ist sowieso im Stress, denn sie hat einen Leistungskurs in Englisch zugeteilt bekommen. Sie soll diese Gruppe bis zur Matura im nächsten Jahr betreuen. Das ist natürlich viel fordernder als die erste Klasse, die sie letztes Jahr hatte. Ein zweiwöchiger Aufenthalt in England ist am Ende des Schuljahres geplant. Cathy hat so vom Lake District im Nordwesten Englands geschwärmt, dass Tina sofort Feuer und Flamme ist, diesen Nationalpark in das Programm einzubauen. Wenn sie darüber nachdenkt, gibt es so viele interessante Städte und schöne Gegenden, dass der Aufenthalt mindestens sechs Monate dauern könnte! Tina, du übertreibst mal wieder. Beschränke dich auf eine Gegend. Auch wenn du Natur und Seen sehr schön findest – die Jugend würde bestimmt lieber nach London wollen. Sie seufzt. Das Telefon klingelt erneut. Es ist Anne.

„Tina, kannst du morgen vorbeikommen? Vielleicht ohne Zwillinge? Wir müssen reden."

„Aber Oma, das wird schwierig. Warum denn?"

„Ich würde dich nicht anrufen, wenn es nicht nötig

wäre."

Anne klingt sehr ernst.

Als sie am nächsten Nachmittag Annes gemütliche Wohnküche betritt, steht schon ein Apfelkuchen auf dem Tisch und Anne brüht ganz altmodisch Kaffee in ihrer alten Kaffeekanne auf.

„Oh, wie schön! Mein Lieblingskuchen. Und natürlich meine Lieblingsoma!" Das ist ein alter Scherz, denn schließlich ist Anne dreiundzwanzig Jahre lang Tinas einzige Verwandte gewesen!

Mit einem ernsten Gesichtsausdruck schenkt Anne schließlich die Tassen voll.

„Oma, bist du krank? Du bist so anders. So kenne ich dich gar nicht. Was ist los? Warum sollte ich ohne die Mädchen kommen?"

Anne lässt mit einem Seufzer die Hände in ihren Schoß sinken.

„Es ist wegen Sebastian, mein Liebling. Vor einigen Tagen hat es mir schon Rosie erzählt. Salzburg ist eine Kleinstadt wie du weißt, obwohl gestern war es in Hallein... ich war zu einer Ausstellung im Romanischen Keller und anschließend haben wir noch ein Glas Wein beim Brückenwirt trinken wollen, allerdings ist mir die Lust dazu vergangen." Sie verstummt.

„Wieso? Was ist dir passiert, Oma?"

„Mir ist nichts passiert. Es tut mir so leid, ich finde, ich muss es dir sagen. Ich habe Sebastian gesehen. Mit einer anderen Frau."

„Aber Oma -welch Dramatik! Es wird eine Arbeitskollegin gewesen sein. Die Welt ist voller Frauen. Das ist doch nun wahrhaftig nicht verboten."

„Tina, glaube mir, ich kenne den Unterschied zwischen Arbeitskollegin und... es waren die Blicke, die sie getauscht haben. Die ganze Körperhaltung. Und sie haben Händchen gehalten."

Jetzt wird Tina nachdenklich.

„Gut. Ich werde mit ihm reden. Du machst dir bitte keine Sorgen! Wir sind erwachsen. Das ist bestimmt völlig harmlos."

Sie lässt das Auto zwei Straßen weiter stehen und geht Richtung Mönchsberg. Oben, nach den Stufen, wendet sie sich nach links. Sie braucht Zeit und Stille, um zu überlegen. Wie soll sie reagieren? Sie zweifelt keine Sekunde, dass Sebastian ein Verhältnis hat. Zu oft ist er in letzter Zeit spät nach Hause gekommen. Manchmal sogar erst in den Morgenstunden! Es war bestimmt schon drei Uhr und sie hatte sich schlafend gestellt. Sie will das gar nicht wissen. Mit einander geschlafen haben sie seit Langem nicht, aber das ist ihr sogar recht gewesen. Wieso tut ihr jetzt das Herz weh? Wieso Tränen, Tina, fragt sie sich, du willst doch lieber bei Sergio sein! Glaubst du wirklich Sebastian hätte deine Trauer nicht gespürt? Dein in sich Zurückziehen? Und dein Zurückzucken, als er zärtlich werden wollte, damals in Spanien?

Sie verlässt den Weg und steigt zwischen den Bäumen nach oben, findet einen liegenden Baumstamm und setzt sich. Was soll ich tun? Ich will doch den Mädchen ein glückliches Zuhause geben! Sie starrt auf den Boden, beobachtet, wie die Ameisen zielbewusst hin und her eilen, und seufzt: Ist es das denn in letzter Zeit gewesen? Wohl eher nicht, obwohl Streit hat es nicht gegeben. Aber Stille. Stille, die vom Geplapper der Zwillinge übertönt worden ist. Soll sie ihn zur Rede stellen? Und dann, Tina? Was dann? Trennung? Vielleicht ist es nur ein Strohfeuer? Hell auflodernd und schnell vorbei! Sie beschließt, es so zu halten wie die drei weisen Affen:

Nichts sehen, nichts hören, nichts sprechen!

Sie holt die Mädchen ab und entscheidet sich spontan, ihnen und sich selbst neue Schuhe zu kaufen. Die Mädchen brauchen sowieso bald Stiefelchen und sie will mal probieren, wie ihr die blauen High Heels passen. Sie hat letzte Woche sehr schicke gesehen. Zu dem hellblauen Kostüm würden sie perfekt passen.

Wieder lief der Endlosfilm in ihrem Kopf ab. Ich muss mich entscheiden. Entweder Trennung mit allen Konsequenzen und Sergio - oder ich versuche mit aller Kraft die Beziehung zu Sebastian zu kitten. Das kann ich aber nur, wenn ich mich endlich hundertprozentig für ihn, für mein Leben hier in Salzburg entscheide. Warum fällt mir das so schwer?
Mit Entscheidungen habe ich immer schon Schwierigkeiten gehabt! Was soll ich nur tun? Nochmals von vorne: Was will ich? Ich will für die Kinder eine heile Familie in Salzburg und ich träume von Sergio und sehne mich. Ich sehne mich so sehr. Müde wischte sie eine Träne ab. Tränen helfen nicht, nur schwache Menschen weinen – wo habe ich denn den Blödsinn gehört? Denk daran, du verlässt nicht nur Sebastian, du verlässt deine Oma, deine Heimatstadt, deine Arbeit und deine Freunde. Und es wird schwer für Lisa und Lena in Spanien. Sie lieben ihren Papa. Natürlich könnten sie ihren Vater in den Ferien besuchen. Und wenn Sebastian verlangt, dass die Kinder hier bleiben und mich in den Ferien besuchen? Nein, das auf keinen Fall, das käme niemals in Frage. Ein Leben ohne ihre zwei Lieblinge, nein, nie. Also, entscheide ich mich für mein Leben hier in Salzburg? Mit Sebastian? Getrennt von Sebastian? Er ist ein guter Vater und ich mag ihn. Er ist so

verlässlich, hilfsbereit, humorvoll – gut, in letzter Zeit nicht mehr. Anne würde es nicht verkraften, es würde sie sehr verletzen. Wie kann ich sie hier allein lassen, nach all dem, was sie für mich getan hat? Ach, ich mache mich und meine Familie kaputt mit dieser Unentschlossenheit. Vielleicht ist Sebastian schon am Absprung? Dann wäre mir die Entscheidung abgenommen. Pfui, Tina. Es ist deine Entscheidung! Entscheide dich bald, sonst hast
du nichts mehr zu entscheiden. Nächstes Jahr kommen die Zwillinge in die Schule. Bis dahin musst du klare Verhältnisse schaffen.

4. BOWNESS-ON-WINDERMERE

Cathy kann nicht abstreiten, dass ihr die Gespräche mit dem Psychologen, der Tom zuliebe Termine verschoben hat, um Zeit für sie zu haben, guttun.
Dazu kommt natürlich auch die Krankschreibung für vier Wochen, von Tom unterschrieben, die sie nach Nairobi geschickt hat. Michael muss schon dort sein, ohne sich bei ihr gemeldet zu haben, ohne vorbeigekommen zu sein, wie er versprochen hat. Das tut weh und sie schiebt diese Tatsache ganz weit in den hintersten Winkel ihres Gedächtnisses und denkt höchstens ein paar Mal am Tag daran.

Diana und George zeigen Wana und ihr die herrlichen Seen, von denen jeder einen anderen Reiz hat, und sie besteigen zahlreiche Höhen, von denen sie weit ins Land sehen können. Cathy hält problemlos mit. Sie fühlt sich wohl.
George, obwohl er keine der Sprachen spricht, die Wana versteht, verständigt sich mit ihm mit Händen und Füßen und beide spielen stundenlang mit den Spielzeugautos, die George von seinem Dachboden geholt und mitgebracht hat. Bei Wanderungen nimmt er den Kleinen auch mal Huckepack oder lässt ihn auf

seinen Schultern reiten. Wana liebt George, aber in das kalte Wasser der Seen geht er trotzdem nicht. Da kann ihm George versprechen, was er will. Das Größte ist für ihn, wenn ihn George auf seinem Fahrrad mit nimmt. Beide genießen die Radtouren und auch ein bisschen Regen tut ihrer Begeisterung keinen Abbruch. George kauft Wana eine Kinderangel und dieser beweist eine große Geduld, obwohl nie ein Fisch anbeißt. Wana erzählt George alles Mögliche auf Kisuaheli und George antwortet auf Englisch. Cathy und Diana müssen sich oft ein Lächeln verbeißen, zu amüsant sind die beiden.

Manchmal kann Diana ihre sorgenvollen Gedanken nicht unterdrücken: „Was wird nur aus ihm werden? Meinst du wirklich, du kannst seine Familie ausfindig machen? Was ist, wenn sie schrecklich ist? Außerdem herrscht in Somalia Krieg."

„Diana, stell' dir doch nicht so viele Fragen. Er ist am Leben. Ich bin hundertprozentig sicher, wenn er zum Zeitpunkt ihres Todes bei seiner Mama gewesen wäre, wäre er jetzt auch tot. Dass seine Mutter dieses Gefühl hatte, ihn fernzuhalten, hat ihm das Leben gerettet."

Cathys Hände umklammern die Armlehnen des Holzstuhls, bis die Fingerknöchel weiß werden. Sie zittert.

„Oh, Dear. Entschuldige, dass ich davon anfing."

Sie rückt näher und legt Cathy ihren Arm um die Schulter und hält sie fest, bis diese aufhört zu zittern.

Am darauffolgenden Samstag trifft sie sich mit Tom. Sie fahren bis Coniston Water mit dem Auto. Allein die malerische Lage des Pferdehofs, das Gewieher der Tiere und der vertraute Geruch machen sie schon glücklich. Sie hate Äpfel dabei, die sie an die Pferde verfüttert. Der geruhsame Ritt in das lange Tal, das Schnauben der Tiere und die Sonne rufen bei ihr Übermut hervor und sie galoppiert los. Tom ist ein exzellenter Reiter und lässt sich nicht abzuschütteln. Sie haben zusammen gelacht, an einem kleinen See ein Picknick abgehalten und die Pferde weiden lassen. Sie erinnert sich gerne daran, aber beim Abschied sagt sie ernst: „Tom, bitte verliebe dich nicht in mich. Ich muss nach Kenia zurück. Ich bin wieder gesund und mein Job wartet!"

Diana steht mit anderen Frauen vor dem Kindergarten. Sie gönnt Cathy die Freiheit und hofft, dass sie bei dem Ausflug mit Tom ein bisschen ihr Herzeleid vergessen kann. Sie versteht nicht, warum sich Cathy und Michael, die einander doch von Herzen lieben, gegenseitig so viel Kummer machen. Sie ist sicher, dass Michael genauso leidet. Obwohl, richtig gut kennt sie ihn nicht. Er muss wichtige Gründe haben zu schweigen, aber... Naja, sie ist auch einmal jung und hitzköpfig gewesen. Sie kann nur hoffen, dass beide beim Zusammentreffen erkennen, dass Liebe sie verbindet.

Da öffnet sich die Kindergartentür und als einer der Ersten stürmt Wana heraus, rast auf sie zu und ruft: „Grandma, meine Grandma!"

Sie fängt das aufgeregte Kind auf und nimmt es auf den Arm. „Nini kinaendelea Wana wangu? - Was ist los Wana?" Da sieht sie die anderen Kinder, die sie und Wana interessiert beobachten und versteht. „Du bist mein Lieblingsenkel, Wana, ich freue mich so, dass du da bist!"

Wana wirft den anderen Kindern einen triumphierenden Blick zu!

Cathy gefällt, wie Diana und George miteinander umgehen. So liebevoll, so fröhlich, so lebendig. Bei den Ausflügen erinnern sich beide so vieler Geschichten über ihre Heimat, dass sie sich oft ins Wort fallen und ihre Stimmen im Bemühen, sich durchzusetzen, immer lauter werden. Dann brechen sie meist zur selben Zeit ab, lachen und küssen sich. Wana und sie lachen mit. Sie sind eine richtig fröhliche Truppe. Beim Castlerigg Stone Circle allerdings ist es keine Geschichte der heldenreichen Vergangenheit, sondern ein Ereignis, das in ein paar Tagen stattfinden soll.

„Wir werden nächsten Freitag heiraten, weil Ihr dann noch da seid. Wir wären glücklich, wenn du und Tom unsere Trauzeugen wäret."

„Und ich", fragt Wana ganz enttäuscht, er weiß zwar nicht, was Trauzeugen sind, aber er hat verstanden, dass die Erwachsenen etwas ohne ihn machen wollen.

„Warum darf ich nicht auch Tauzeuge sein?"

Cathy lacht: „Du darfst Blumenkind sein, das ist etwas ganz Wichtiges, mein Schatz:" Den restlichen Tag singt Wana vor sich hin: „Ich bin Bumenkind, ein Bumenkind bin ich, jaja, das bin ich!"

Am Tag der Trauung scheint nach einigen Regentagen erstmals wieder die Sonne. Diana sieht wunderhübsch in ihrem beigen Kostüm aus. Über den Hut mit Tüll und künstlichen Blumen muss Cathy im Innersten lächeln, aber Diana hat ihr erklärt „ohne Hut geht das hier nicht!" Sie und George wirken überglücklich.

Auch Cathy und Wana haben sich elegant gekleidet. Cathy hat sich für ein meergrünes Seidenkleid mit passendem Haarschmuck entschieden. Wana trägt eine weiße Hose und einen meergrünen Blazer mit einer kleinen Krawatte. Tom hat sie darauf aufmerksam gemacht, dass bei englischen Hochzeiten Eleganz angesagt ist. Er, als Mann trägt aber nur einen schwarzen Anzug! Das findet Cathy unfair.

Andererseits tut es ihr gut durch die ganzen Vorbereitungen von ihrem Herzschmerz abgelenkt zu sein. Nur die grünen Stöckelschuhe bereiten ihr Probleme.
„Diana, kann ich nicht flache grüne Sandalen tragen? Ich bin auf Absätzen noch sehr unsicher unterwegs und nach einer halben Stunde bekomme ich Schmerzen."
„Natürlich Cathy. Ich finde die ganze Kleiderordnung ein bisschen übertrieben, aber ich möchte die Dorfbewohner auch nicht vor den Kopf stoßen. Das Kleid ist zauberhaft. Schade, dass Michael nicht hier ist. Er versäumt einen wunderbaren Tag mit einer wunderbaren Frau."
Wana trägt ein Körbchen nicht mit Rosen, sondern mit Weizenkörnern. Das Symbol für Glück in England. George wartet mit dem Pfarrer und Tom vor dem Altar. Kevin, Georges Sohn wird Diana zum Altar führen. Er holt sie mit dem blumengeschmückten Auto Zuhause ab. Vor der Kirche wirft Cathy noch einen prüfenden Blick auf den Hut und nickt zufrieden.
„Los Wana. Du gehst als Erster. Dann Diana und Kevin!" Sie betreten die Schwelle der Kirche, Wana vor sich. Der sieht die vielen fremden Leute, deren Gesichter sich ihm alle zudrehen und steht stocksteif. Und steht und steht...

„Kuja Wana – komm, Wana", sagt Diana und hält ihm ihre Hand hin. Zu dritt gehen sie durch die Kirche zum Altar. Cathy folgt aufatmend.

Beim Hinausgehen ist Wana nicht mehr schüchtern. Eifrig streut er Weizenkörner auf den Boden, über den das frischgebackene Ehepaar schreitet.

Tom lächelt: „Eigentlich hätte er Diana und George damit bewerfen sollen, außerhalb der Kirche!"

„Oh je, das wusste ich nicht. Ich dachte die Körner würden anstelle der Rosenblätter genommen. Meine Schwester hat mir das Blumenstreuen erklärt."

Cathy kommt es vor, als sei ganz Bowness-on-Windermere bei der anschließenden Feier anwesend und es wird viel gelacht und getanzt.

Nur am Rande gibt es eine kleine Tragödie. Cathy hat Wana erklärt, dass sie in zwei Tagen mit dem Flugzeug nach Kenia fliegen würden. Wana hat sich schrecklich aufgeregt und losgebrüllt: „Nein, nein. Wana will bleiben. Will bei Grandma und George bleiben. Bitte."

Cathy wirkt hilflos. „Es wird dir in Nairobi gefallen. Dort gibt es auch einen Kindergarten und die Kinder sprechen alle Suaheli oder Englisch. Du kannst doch schon gut Englisch sprechen."

„Nein, Wana will nicht Englisch sprechen. Wana will nicht Flugzeug. Wana will hier sein."

Laut weinend bahnt er sich einen Weg zu Diana und wirft sich in ihre Arme „Nataka kukaa na Grandma. - Ich will bei Oma bleiben."
Diana nimmt ihn hoch und setzt sich mit ihm abseits.
„Liebling, du kannst doch Cathy nicht allein lassen."
„Cathy auch hier."
„Nein Wana, Cathy kann nicht hier bleiben. Cathy muss nach Hause. Sie hat ein Hotel am Meer. Da ist es wunderschön. Außerdem muss sie auch arbeiten. Sie lehrt Kinder die englische Sprache. Diese Kinder warten nun schon so lange auf Cathy. Sie kann sie nicht länger warten lassen. Du willst doch nicht ohne Cathy hierbleiben, oder?" Wana verstummt und schmiegt sich fest an sie. „Ich komme euch Weihnachten besuchen, ja? George bringt dir dann ein Segelboot mit. Was hältst du davon?"
„Ein rotes, wie das von Jimmy?"
„Ja", lächelt Diana, „ein rotes, genau wie das von Jimmy, versprochen! Und nun lauf zu Cathy und weine nicht mehr, ja? Das mit dem Boot ist unser Geheimnis!"

Cathy lehnt ganz entspannt im Heck des Segelbootes und beobachtet Tom, der gekonnt wendet.
„Das machst du wirklich gut, Tom!"
„Danke. Ein Kompliment von dir wiegt doppelt, da

doch Diana deine Lehrerin war. Sie war schon vor ihrem Afrikaaufenthalt hier als exzellente Seglerin bekannt. Inzwischen ist sie eine Berühmtheit."

„Das glaube ich. Sie ist auch eine gute Lehrerin. Tom", fährt sie fort, „ich möchte mich bei dir bedanken, für deine Freundlichkeit, für deine Hilfe und vor allem dafür, dass du für mich da warst. Das ist nicht selbstverständlich gewesen."

„Cathy, ich mag dich und ich hoffe, wir bleiben Freunde. Wenn ich dir ein bisschen die Last erleichtern konnte, dann macht mich das glücklich. Dein Erlebnis mit Wanas Mutter in Mallorca und die Geschichte mit Michael sind nicht leicht zu verkraften. Dazu noch deine körperlichen Verletzungen. Ich ziehe meinen Hut, wie du damit umgehst! – Wenn dein Michael nicht eine sehr gute Erklärung für sein Verhalten hat, dann schreib mir. – Ich komme und rede ein sehr ernstes Wort mit ihm!"

„Das würdest du wirklich machen? Ich glaube fast, du meinst es ernst."

„Wann fliegt Ihr morgen ab? Leider kann ich euch nicht nach Manchester bringen ..."

„Danke, Tom. Das ist auch nicht nötig. Diana und George fliegen für eine Woche auf die Azoren und ihr Flugzeug startet 30 Minuten nach unserem Flieger. Wir fahren mit George's Auto zum Flughafen."

Lange bleiben Cathy und Tom noch am See. Er, weil er glücklich ist, solange sie bei ihm ist. Sie, weil es friedlich ist und sie ein klein wenig Angst vor der Zukunft, beziehungsweise vor dem Treffen mit Michael, hat.

5 NAIROBI

In Nairobi angekommen, teilt Cathy als erstes Suzie mit, dass sie in einer Woche wieder den Unterricht aufnehmen wird. Anschließend meldet sie Wana im Kindergarten an und erklärt, dass er zwar Suaheli, aber nur gebrochenes Englisch spreche. Deutsch gar nicht. Zuerst will die Kindergärtnerin auf die bestehende Anmeldefrist hinweisen, dann dämmert ihr, dass Cathy ja die zukünftige Frau des Direktors ist, und erklärt sich mit allem einverstanden.

„Am besten kommen Sie heute nachmittag mit ihm vorbei, dass wir ihn kennenlernen können, Miss Cathy."

Schon im Flugzeug hatte Wana die dunkelhäutigen Stewardessen angestaunt. Als auch der Polizist bei der Passkontrolle schwarz war, schaute er dreimal zurück.. Vier kleine schwarze Kinder spielten, während sie auf das Gepäck aus dem Flugzeug warteten, fangen. Wanas Augen waren ganz groß. Er konnte aber sein Erstaunen nicht in Worte fassen. Vor allem, dass er einfach verstand, was die meisten Leute sprachen, verwirrte ihn. Cathy erriet seine Gedanken.

„Das ist Afrika, Wana. Dieser Kontinent ist deine

Heimat. Deine Mama kam von hier. Von hier aus ist sie mit deinem Papa über das Meer nach Mallorca geflohen. Die meisten Menschen hier haben eine schwarze Hautfarbe."

Sie nimmt ein Taxi zu ihrer Wohnung. Anschließend müssen sie einkaufen, da ihr Kühlschrank leer ist. Wana entpuppt sich als leidenschaftlicher Einkäufer. Cathy hat alle Hände voll zu tun, unerwünschte Artikel wieder aus dem Einkaufskorb zu entfernen. Nach einer nervigen halben Stunde setzt sie ihn energisch in den Kindersitz des Einkaufswagens und gibt ihm ihre Sonnenbrille zum Halten. Das hindert ihn nicht mit dem Finger auf diverse Lebensmittel zu zeigen und lautstark zu verlangen, dass sie diese in den Korb legt. Als sie bei den Spielsachen vorbeikommen, fällt er ihr fast aus dem Kindersitz, da er erregt versucht, aufzustehen.

„Wana, ich glaube, einkaufen müssen wir noch üben."

Sie nimmt ihn aus dem Wagen und lässt ihn ein Bilderbuch aussuchen.

„Damit gehen wir zur Kasse, denn ohne Bezahlen gehört es uns noch nicht."

Sie erklärt ihm wie das Bezahlen funktioniert und die Verkäuferin ist so geduldig und hilfsbereit, dass er anschließend stolz sagt: „Wana kann einkaufen und bezahlen!"

Am Parkplatz freut sich Magoma, der noch zerlumpter aussieht, als vor ihrer Reise, dass seine Miss Cathy wieder da ist. Sie überreicht ihm eine große Tüte Lebensmittel und meint: „Magoma, ich habe dir doch zweihundert Kenia Schillinge dagelassen. Hast du davon Essen gekauft?"
Er schaut verlegen auf den Boden und seine Stimme ist leise: „Mama na kiu – Mama hatte Durst."

Mit einem mulmigen Gefühl betritt Cathy das Gelände der Deutschen Schule in Nairobi, Wana fest an der Hand haltend. „Hier in dem gelben Gebäude arbeite ich", erklärt sie ihm, auf das rechte Gebäude verweisend „und da hinten, der kleine Bungalow in Rot, ist der Kindergarten. Da gehen wir als Erstes hin." Sie muss den Kleinen ein bisschen ziehen, aber er merkt ihre Nervosität und bleibt stumm. Er bleibt auch die folgende Stunde schweigsam und hält sich eng an Cathy. Als die Kinder einen Kreis bilden und ein Lied singen, ergreift die Kindergärtnerin seine Hand und zieht den Widerstrebenden mit sich. Alle halten sich an den Händen und hüpfen nach ein paar Takten nach rechts, nach weiteren paar Takten hüpfen sie wieder nach links. Nach kurzem Zögern hat Wana das verstanden und hüpft ebenfalls nach rechts und links, wobei sich ein strahlendes Lächeln auf seinem Gesicht ausbreitet.

„Na, das sieht doch sehr positiv aus, Miss Cathy. Also bis nächsten Montag."

Suzie ist überrascht sie zu sehen. Neugierig blickt sie auf Wana, sagt aber nichts, außer: „Willkommen in der Schule, Miss Cathy. Wir waren alle entsetzt zu hören, was Ihnen angetan wurde. Gott sei Dank sind Sie jetzt wieder gesund. Mr. Schneider ist heute auf einer Tagung der ‚Kiamu Mentorship Initiative', aber das wissen Sie ja. Ich habe Ihre Post in Ihr Schließfach gelegt."

„Danke Suzie. Das hier ist Wana. Er gehört zu mir und wird ab Montag den Kindergarten hier in der Schule besuchen. Sag Hallo, Wana."

„Hallo, Miss Suzie", flüstert Wana schüchtern.

„Für den Rest der Woche fahre ich nach Shanzu, Suzie. Sie können mich dort erreichen, falls es nötig ist. Bis nächsten Montag."

Damit verlässt Cathy das Sekretariat. Michael war nicht da.

„Hör auf zu klopfen, du dummes Herz!"

Im Hotel gibt es ein großes Hallo. Die Boys umringen sie und alle wollen ihr die Hand schütteln. Sam hat sogar Tränen in den Augen: „So schön Sie wieder zu sehen, Miss Cathy."

„Ich freue mich auch sehr, endlich wieder zu Hause zu sein."

Alle schauen interessiert auf Wana, aber keiner sagt ein Wort. David kommt aus dem Büro geeilt und umarmt sie. „Ich darf doch? Wir freuen uns alle sehr, dich zu sehen. Willkommen daheim!" Dann setzt er hinzu: „Wer ist der junge Mann an deiner Seite? Michael ist doch nicht verzaubert worden?"

Cathy zuckt zusammen und stellt Wana vor. „Wir wollen erst einmal duschen und uns umziehen, dann zeige ich Wana die Anlage. Ich komme dann später zu dir in das Büro, David."

Sie führt Wana nicht nur durch das Hotel und den Garten, sondern macht gleichzeitig eine Inspektionsrunde. Das Hotel ‚Amani Beach Paradise' ist ein halbrundes dreistöckiges Gebäude. Der dritte Stock besteht aus einer großen Dachterrasse und den Privaträumen von Joe und Cathy, sowie einer kleinen Küche mit Nebenraum, dem Heim von Mokami, Joes Haushälterin. Der große Garten mit den Palmen und den blühenden Blumeninseln ist gut gepflegt. Die Pool-Landschaft wird eifrig benutzt. Eine Liege ist kaputt und steht verloren herum, des Weiteren ist eine Leiter in das Schwimmbecken rostig. Kleinigkeiten, die mühelos beseitigt werden können.

Ihre Angestellten sind alle freudig überrascht sie zu

sehen und als sie am Strand steht, atmet sie tief durch. Ihr Meer, ihr Riff. Diese Weite, dieser endlose blaue Himmel – das alles hat ihr gefehlt, sehr gefehlt!
„Wana hier sind wir Zuhause. Wir werden nicht das ganze Jahr hier wohnen, aber wir werden immer wieder hierher zurückkommen. Hier wirst du Freunde zum Spielen finden. David hat einen Jungen, der so alt ist wie du. Es wird dir hier gefallen.
„Wie heißt der Junge?"
„Hm, das weiß ich nicht, aber wir finden es heraus, ja?"

Beschwingten Schrittes, den widerstrebenden Wana an der Hand ziehend, der unbedingt am Wasser bleiben will, eilt sie zurück in ihr Appartement.
„David, kennst du ein vertrauenswürdiges Mädchen, das auf Wana aufpassen kann? Ich habe so viel zu tun und er sollte draußen in der Sonne sein und nicht hier im Zimmer."
Nach einer Stunde klopft es an der Tür und ein etwa vierzehnjähriges Mädchen in einem kurzen verwaschenen Kleidchen steht da und schaut sie etwas ängstlich an. Cathy lächelt beruhigend und hält der Kleinen die Hand hin. „Ich bin Cathy und wer bist du?"
„Marjani Mafunda Chacha."
„Bist du mit Mr. David verwandt?"
„Ja, ist Onkel", flüstert Marjani.

„Wie alt bist du?"
„Vierzehn, Miss."
„Du brauchst keine Angst haben. Ich möchte nur, dass du auf Wana aufpasst. Er ist erst seit ein paar Tagen in Kenia und spricht Suaheli, aber noch nicht gut Englisch. Du könntest zu ihm alles in Suaheli und auch in Englisch sagen. Aber jetzt lernt Ihr euch erst einmal kennen. Wana soll dir seine Spielsachen zeigen und später kannst du mit ihm in den Park gehen. Komm her Wana, und gib Marjani die Hand."
Aber Wana denkt gar nicht daran. Er klammert sich von hinten an Cathys Beine und ist durch nichts zu bewegen, hervorzukommen. So bleibt ihr nichts anderes übrig, als sich mit den beiden in die Ecke zu setzen, in der Wanas Koffer steht.
„Komm, mache ihn auf und zeige Marjani das tolle Feuerwehrauto, das dir George geschenkt hat."
Keine Reaktion. Da erst fällt ihr ein:
„Lakini Marjani anaongea Swahili, kama mama yako na Diana, mpenzi yangu. - Marjani spricht Suaheli, wie deine Mama und Diana, mein Schatz."
Ein erstes kleines Lächeln erscheint auf seinem Gesicht.„ Una ngozi huo kama mimi na Mama, Marjani. - Du hast dieselbe Haut wie Mama, Marjani."
„Ich bin Afrikanerin, wie du", sagt sie stolz.
„So ist es! Ich werde jetzt meinen Koffer auspacken. Ich

sehe, Ihr kommt gut zurecht!"
Damit steht sie auf. Als sie den Kleiderschrank öffnet, wirft sie die Tür sofort wieder zu und atmet schwer. Im Schrank hängen T-Shirts und Hosen von Michael. Das hat sie ganz vergessen gehabt.
„Ich muss zu Mr. David, Marjani. Wenn du gut aufpasst, könnt Ihr auch rausgehen, aber nicht an den Strand."
„Darf ich ihn mit zu mir nehmen?"
„Ich weiß nicht, gleich am ersten Tag? Nein. Lieber nicht, vielleicht wartest du noch ein paar Tage, ja?"

Damit verlässt sie fluchtartig den Raum. Es tut so weh. Hat Granny nicht gemeint, mit der Zeit würde es besser werden? Jetzt versteht sie Diana, die damals bis nach Afrika gelaufen ist und doch George nicht vergessen konnte.
Wie kann ich ihm nächsten Montag gegenüberstehen und nicht weinen, denkt sie in Panik. Ich kann das nicht. Ich will das nicht. Flucht ins Bett, Decke über den Kopf - und dann, Cathy? Einmal musst du wieder aufstehen. So viele Menschen haben oder hatten Liebeskummer und alle haben es überlebt und sind glücklich geworden. Daddy auch?
Zweifelnd zieht sie die Stirn kraus. Seine Arbeit hat ihm Freude gemacht und sie beide haben viele viele

glückliche Stunden zusammen verbracht. Aber kann sie sagen, dass Dad ein glücklicher Mensch gewesen ist? Nein, das kann sie nicht. Auch Diana war nicht glücklich gewesen. Zufrieden, unternehmungslustig, witzig, das ja. Das passt auch auf Dad. Aber glücklich? Glückliche Menschen haben so ein Strahlen in den Augen - besser ich schaue nicht in den Spiegel.

Draußen schlägt sie den Pfad zur Privatbucht ein. Der Strand ist menschenleer und ungepflegt. Sie starrt hinaus auf das Riff und sieht es doch nicht. Auf einmal schüttelt sie ein Weinkrampf. Seit Wochen ist sie zum ersten Mal ganz allein und auch wenn sie stundenlang hier bliebe, würde es niemand wagen, sie zu stören. Sie weint und weint. Um ihren Dad und um Michael! Sie ist allein, so schrecklich allein. Sie kommt sich ganz zerbrochen vor. Warum, fragt sie sich, warum? Daddy, du warst viel zu jung zum Sterben. Und Michael? Warum hat er mich verlassen, was habe ich denn getan? Daddy, ich liebe ihn doch so. Wie kann er einfach gehen, er hat mir doch versprochen bei mir zu bleiben, er hat gesagt, er liebt mich. Ich habe ihm geglaubt. Warum sollte ich ihm nicht glauben? Er schien so sicher zu wissen, was Liebe ist. Er sagte, du kannst mir vertrauen. Ich werde immer für dich da sein. Du hast den Schlüssel zu meinem Herzen. Sie greift an ihren Hals, aber die Kette mit dem kleinen goldenen Schlüssel ist nicht mehr da. Sie erinnert sich. So enttäuscht ist sie von ihm gewesen und ist es immer noch. Sie hat ihre Sachen durchgesehen und alles, was sie an Michael erinnert, in einen großen Briefumschlag gegeben und am Boden ihres Koffers versteckt. Es war ein kindischer Versuch, ihn aus ihrem Herzen zu reißen, denn sie kann jedes Stück, jedes Foto mit geschlossenen Augen beschreiben. Tränen erleichtern die Last nur vorübergehend, das weiß sie. Sie will noch einmal seine Umarmung spüren, das Gefühl von Geborgenheit und Vertrautheit empfinden. Sich einmal noch in seine Arme schmiegen. Sein zärtliches Lächeln auf ihrem Gesicht spüren. Seine Lippen auf ihren. Sein Körper an ihren gepresst. Seine Hand spüren, die ihr übers Haar streicht, seine Stimme hören, die sagt ich liebe dich, vertraue mir. Vertraue mir. Sie hat so lange gezweifelt, warum, weiß sie nicht zu erklären, aber letztendlich wurde ihr Zweifel besiegt und sie vertraute ihm. Und nun –ist er gegangen, ein grausames Schweigen hinterlassend. Und Dad ist auch nicht mehr da. Einmal noch mit ihm auf der Terrasse sitzen, seine Stimme hören und wissen, dass ihr in seiner Gegenwart nichts passieren kann.

Da segelt knapp über ihr ein Graureiher dahin. Sie blickt auf und bewundert seinen eleganten Flug, seine Schönheit. Ihr Blick nimmt mit einem Mal das Riff wahr und ihr erscheint, dass sie erwacht. Erwacht zu neuem Leben. Sie ist Dads Tochter. Sie lässt sich nicht von Liebeskummer zerbrechen. Sie hat genug gelitten. Dad sagt, man kann stolpern, man kann straucheln, aber dann fängt man sich wieder und steht fest auf den Beinen. „Danke, Dad", flüstert sie, „ich werde es schaffen, ich weiß, du bist bei mir." Erschöpft, aber mit neuem Mut steht sie auf.

Die Aussprache mit David ist nicht so schnell erledigt, wie sie erwartet hat. Es sind einige Unterschriften erforderlich und - ganz Daddys Tochter - liest sie langsam alles durch und stellt Fragen, wenn etwas unklar scheint, bevor sie unterschreibt.

Dann erzählt ihr David mit einem hoffnungsvollen Unterton, dass das nebenstehende Gelände zum Verkauf angeboten werden soll. Zumindest geht das Gerücht, denn der Besitzer, der alte Jim Stonor liegt im Krankenhaus von Mombasa und man sagt, er hätte keine Erben. Dein Vater ist doch mit ihm bekannt gewesen, nicht wahr?

„Na ja, sie haben hie und da zusammen Schach gespielt, aber befreundet waren sie nicht. Ich hatte immer ein bisschen Angst vor ihm. Er sah mich mit seinen blauen Augen so durchdringend an. Wir brauchen doch keinen zusätzlichen Grund und Boden, David."

„Wenn ich das sagen darf, Cathy, es ist ein relativ weitläufiges Grundstück und was wir hier nicht gebrauchen können, wäre eine kleine moderne Hotelanlage, eine Disco oder Ähnliches. Deshalb dachte ich, dass du vielleicht Mr. Stoner einen Besuch im Krankenhaus abstatten würdest..."
Nachdenklich sieht Cathy auf ihre Fußspitzen in den schicken Sandalen: „Ich verstehe, was du meinst David. Da hast du recht. Wie stehen denn unsere Finanzen? Könnten wir denn etwas erübrigen und ist genug Substanz für einen zusätzlichen Kredit da? Ohne dieses Wissen hätte ein Besuch keinen Zweck."
In der nächsten Stunde informieren sie sich über ihre finanzielle Lage, Grundstückspreise und Steuern.

Cathy erwacht am nächsten Morgen vom leisen Klappern von Geschirr. „Wer rumort denn da? Wana, spielst du mit den Töpfen?"
Gähnend steigt sie aus dem Bett und schaut in die Küche. Ihre Augen werden kugelrund vor Überraschung: „Mokami, jinsi gani ya kupata hapa? - Wie kommst du denn hierher?"
„Mit dem Bus, Miss Cathy!" Ein breites Lächeln liegt auf ihrem alten Gesicht. „Ich habe gestern erfahren, dass Sie wieder da sind. Da muss ich mich doch um sie kümmern!"

„Ach Mokami, das ist wirklich ganz lieb. Ich bleibe aber nur eine Woche, dann muss ich nach Nairobi in die Schule."

Sie umarmt Dads Haushälterin herzlich und muss die Zähne zusammenbeißen, um nicht vor Rührung in Tränen auszubrechen. Gott, was bin ich für eine Heulsuse geworden, denkt sie innerlich und freut sich unbändig. „Wana, komm, schau, wer da ist!"

Wana macht große Augen und umklammert sein Feuerwehrauto, das seit Neuestem wieder sein Bett mit ihm teilt. Aber diesmal weigert er sich nett zu sein, Mokami die Hand zu geben, und verkriecht sich wieder in sein Bett. Auf Mokamis fragenden Blick hin erklärt Cathy leise, dass seine Mama tot sei und sie versprochen habe, auf ihn aufzupassen.

„Und Mr. Michael? Was sagt Mr. Michael dazu?"

Cathy schweigt.

Später, als sie Wana Marjani übergeben hat, macht sie sich auf den Weg nach Mombasa. Ihr erster Besuch gilt Muriel, ihrer alten Schulfreundin, die mit einem afrikanischen Lehrer verheiratet ist. Sie lebt in einem mit Palmblättern gedeckten Bungalow, umgeben von einem blühenden Garten. Muriel freut sich sehr.

„Cathy, wie schön dich wieder zu sehen. Wie geht es dir?" Cathys Versicherung, dass es ihr gut ginge, lässt sie unkommentiert. Zu sehr strafen die dunklen Ringe unter den Augen und ihr trauriger Blick ihre Worte Lügen.

„Bleibst du länger?"

„Nur bis Sonntag. Am Montag muss ich wieder arbeiten." „Komm, setz dich. Ich habe von David gehört, dass du einen Mordanschlag überlebt hast. Was, um Himmels Willen, ist dir denn passiert? Du bist doch nach Salzburg geflogen, weil du da eine Schwester und eine Oma haben solltest. Mehr weiß ich nicht." Muriel hat ganz dunkle Augen vor Aufregung.

Cathy erklärt knapp, was ihr zugestoßen ist und dass sie das Kind mitgenommen hat. Sie mache sich große Sorgen, denn je mehr sie darüber nachdenke, desto unwahrscheinlicher fände sie es, dass Lliya ermordet wurde, weil sie ihrem ‚Besitzer' weggelaufen ist.

„Weißt du Muriel, sie war Somalierin und mit ihrem Mann auf der Flucht über das Mittelmeer, als dieser über Bord ging. In Somalia geschehen schreckliche Dinge und greifen jetzt auch auf unser Land über. Ich habe verschwiegen, dass Wana aus Somalia kommt, und möchte die Adoption so schnell wie möglich beantragen."

Hier bricht Cathy plötzlich ab, weil sie feststellt, dass sie nicht über Wanas spanischen Pass sprechen kann. Nicht einmal Muriel gegenüber. Ich weiß nicht, wie sie über solche Sachen denkt - also zu riskant! Kann ich mich unserem Anwalt anvertrauen? Lliya wollte, dass ihr Sohn ihre Familie kennenlernt. Wie soll ich die finden? Ach, wäre Dad noch bei mir! Er würde die Angelegenheit schnell und unkompliziert erledigen. Ich muss unserem Anwalt vertrauen! Punkt!

Dann fragt sie Muriel über Jim Stoner aus und was so über sein Haus geredet wird. Muriel erzählt, dass viele Leute aus Mombasa an dem Grundstück interessiert sind und, fährt sie lachend fort, sie geben sich im Krankenhaus die Klinke in die Hand. Mein Schwager arbeitet dort auf der Station als Arzt. Aber soviel ich weiß, lässt Mr. Stoner alle abblitzen.

„Hm, ich wollte ihn auch besuchen. Aber das muss ich wohl geschickter anfangen!"

Sie kehrt umgehend in ihr Hotel zurück. Inzwischen ist Zeit für das Mittagessen. Mokami hat natürlich eines von Cathys Lieblingsgerichten gekocht „biryani" - Risotto mit Huhn. Das rührt sie wieder sehr.

„Ich bin glücklich, dass du zurückgekommen bist, Mokami."

Wana erzählt ganz begeistert, dass Marjani viele Geschwister habe: Kigoma, Hamadi, Kimya, Bahati und stell dir vor, Cathy, ihre Schwester heißt Wanda, fast wie ich.

Zurück in Mombasa öffnet sie die Krankenzimmertür im Aga Khan Hospital ein bisschen zaghaft. Würde Mr.

Stoner sie freundlich empfangen? Als sie ihn im Bett liegen sieht, erkennt sie, dass er nicht mehr zu großen Emotionen fähig ist. Er wendet ihr fragend den Kopf zu. Offensichtlich erkennt er sie nicht.

„Ich bin's, Cathy, Jo Schleyers Tochter. Ich bin gekommen, um Ihnen das Schachspiel zu bringen, mit dem Sie immer mit meinem Dad gespielt haben. Er hat es Ihnen vermacht. Leider war ich bis jetzt durch persönliche Angelegenheiten verhindert."

Damit packt sie das Schachspiel aus und gibt es dem Kranken in die Hand. Ein Lächeln bildet sich auf seinem Gesicht. „Ach ja, Jo, ich erinnere mich und auch an Sie, obwohl ich dachte, Sie wären noch ein kleines Kind. So ein hübsches kleines Mädchen waren Sie. Ihr Dad war so stolz auf Sie! Wie geht es ihm?"

Er scheint ein bisschen verwirrt. Cathy weiß nicht, was sie sagen soll. Da fährt er fort: „Mein Haus? Was ist mit meinem Haus?"

„Ihr Haus ist wunderbar in Ordnung, Mr. Stoner. Es wartet auf Ihre Rückkehr."

„Ich glaube nicht, dass ich noch einmal dorthin komme. Nur noch einmal auf der Terrasse sitzen und dem Rauschen des Meeres lauschen. Ach ja..."

Er schlummerte ein.

Cathy fragt die Schwester nach Dr. Jelani. Sie weiß von Muriel, dass ihr Schwager heute Dienst hat. Als er nach einer halben Stunde Wartezeit kommt, fragt sie ihn nach der Möglichkeit, Mr. Stoner in seine Villa zu bringen. Es sei ein größter Wunsch. Im Prinzip, meint Dr. Jelani, spräche nichts dagegen, vorausgesetzt er werde gut betreut und täglich von einem Arzt behandelt. „Aber entscheiden muss das mein Chef, der Stationsarzt."

Dieser signalisiert sein Einverständnis, aber erst, wenn er mit Mr. Stoners betreuendem Arzt gesprochen habe. Cathy telefoniert von der Cafeteria mit David, der ihr den Namen und die Telefonnummer von Mary, Mr. Stoners Haushälterin gibt. Nach zwei Stunden, die sie zu einem Einkaufsbummel im Nyali Center benutzt, erhält sie grünes Licht für ihr Vorhaben und kehrt in das Krankenhaus zurück.

„Ich bringe Sie nach Hause Mr. Stoner." Mit diesen Worten betritt sie das Krankenzimmer. Zwei Krankenschwestern folgten ihr und kurz darauf zwei Sanitäter mit einer Rollliege.

„Wirklich nach Hause? Wirklich?"

Auf dem Weg zum Krankenwagen greift Mr. Stoner nach Cathys Hand: „Das werde ich Ihnen nie vergessen, Kind!"

Nach kurzer Fahrt erreichen sie das Anwesen in Shanzu.

Mary wartet mit Tränen in den Augen auf ihren Mr.

Jim: „Ich habe alles auf der Terrasse gerichtet und die Hühnersuppe kocht schon. Willkommen zu Hause."
Der Kranke kann die Augen nicht vom Meer lassen. Er atmet tief ein. Cathy bleibt noch ein paar Minuten, dann geht sie leise. Morgen wird sie wiederkommen.

Sie schaut jeden Tag bei Mr. Stoner vorbei und plaudert mit ihm über ihren Dad und die Vergangenheit. Als sie nach vier Tagen vorbeikommt, um sich zu verabschieden, da sie nach Nairobi muss, ist alles anders. Mary öffnet ihr weinend die Tür. Auf Cathys Frage, wie es Mr. Stoner heute ginge, schüttelt sie nur den Kopf.
„Er ist heute in der Nacht gestorben. Im Schlaf."
Auch Cathy kann ein Bedauern nicht unterdrücken. Wieder ein Mensch gegangen, der nicht nur Dad kannte, sondern auch mit ihrer Kindheit vertraut war. Eine Gelegenheit, über das Grundstück zu sprechen, hat sich auch nicht ergeben. Sie seufzt.
„Mary, ich kann nicht zur Beerdigung kommen. David wird mich vertreten. Ich muss am Montagmorgen in die Schule."

Während der Rückfahrt nach Nairobi kommt keine traurige oder ängstliche Stimmung auf. Das geht mit Wana im Auto einfach nicht.

„Du bist ein richtiges Plappermäulchen, meine Schatz!"
Sie lacht, als er ihr seine Erlebnisse, einen Fisch mit Händen zu fangen, mit Mimik und Gesten lebhaft schildert.
„Ich bin fast so gut wie Kimya", prahlt er.
„Das wette ich!"
Cathy ist froh so abgelenkt zu sein.

Aber da es kein Naturgesetz gibt, das die Zeit am Vergehen hindert, kommt unerbittlich der Montagmorgen. Nachdem sie Wana in den Kindergarten gebracht hat, betritt sie das Sekretariat und geht an ihr Postfach.
„Miss Cathy, Sie sollen zu Mr. Schneider kommen, aber das brauche ich Ihnen ja eigentlich nicht zu sagen."
Suzie wirft ihr einen forschenden Blick zu. Sie hört Flöhe husten.
„Danke Suzie, das wollte ich sowieso."
Damit verlässt sie das Sekretariat, um zwei Türen weiter zu klopfen.
„Herein."
Sie öffnet die Tür und tritt ein. Er sitzt hinter dem Schreibtisch und steht nicht auf. Sein Gesicht ist todernst: „Guten Morgen, Catherine. Sind Sie wieder voll einsatzfähig?"
„Ja."

„Die Kollegen und die Direktion freuen sich, dass Sie Ihre Verletzungen so gut überstanden haben. Ich wünsche Ihnen einen guten Start. Dieter, der Klassenlehrer der 4a hat Ihre Klasse in der Zwischenzeit betreut. Sie sollten sich mit ihm in Verbindung setzen. Guten Tag."
„Michael? Was ist passiert? Du hast mich schwer verletzt in Mallorca verlassen und", jetzt wird ihre Stimme anklagend, „dich nie mehr gemeldet. Einfach verlassen und dann Schweigen. Warum?"
„Catherine, wir wollen Arbeits- und Privatleben nicht miteinander mischen. Was Sie in Ihrer Freizeit machen, vor allem mit wem Sie sie verbringen, ist einzig und allein Ihre Sache."
„Was, zum Teufel meinst du? Hast du mir überhaupt zugehört? Ich habe gesagt, du hast mich im Stich gelassen. Ich hatte mit Müh und Not einen Mordversuch überlebt und du bist weggegangen. Ist es deine Tochter in Ven.. Vent..., ach verdammt, ist doch egal, wie das Nest heißt, offensichtlich ist es deine Tochter. Und mit ihr bist du jetzt glücklich, ja? Da brauchst die kleine Lehrerin aus deiner Schule nicht mehr. Mr. Schneider ist jetzt glücklicher Papa. Ha!"
„Catherine, mäßigen Sie sich." Er dreht sich zum Fenster, schweigt, dann dreht er sich wieder Cathy zu. „Es tut mir leid, wenn Sie das so sehen." Dann setzt er

sich wieder hinter seinen Schreibtisch. „Auf Wiedersehen!"

„Nein, nein und nochmals nein. Ich will eine Erklärung! Ich finde, ich habe eine verdient! So kannst du nicht mit mir umgehen. Sage endlich, was passiert ist. Was soll die Bemerkung mit Freizeit verbringen? Ich war bei Diana, die fast wie eine Mutter zu mir ist. Sie war sehr lieb zu mir und auch ihr George. Richtig liebevoll waren sie zu mir und Wana!"

„Den jungen Mann, den du im Café in Windermere geküsst hast, lange geküsst hast, hast du wohl schon wieder vergessen?"

„Tom? Meinst du Tom? Meinen Arzt? Das war kein Kuss, er hat mich getröstet, weil... Heißt das, du warst in Bowness, im Lake District? Hast nicht einmal Hallo gesagt? Wie alt bist du denn eigentlich?"

„Ich bin Ihnen keine Erklärung schuldig, Catherine!"

„Du,... du warst in Bowness-on-Windermere? Ich fasse es nicht. Ich habe so gewartet. Tag und Nacht gewartet. Du wolltest anrufen, du wolltest dich melden..."

Ihre Antwort ist nur ein Flüstern und dann, dann verliert sie trotz aller Bemühungen die Fassung. Ein Weinkrampf schüttelt sie. Er bleibt bewegungslos sitzen.

„Keine Krokodilstränen hier, Catherine."

Sie fängt sich wieder und geht auf ihn zu. „Michael, bitte, Dieser Tom ist ein guter Freund. Er hat mir ein paarmal seine Heimat gezeigt, das war alles. Warum glaubst du mir nicht? Ich habe dich noch nie, noch kein einziges Mal belogen. Ich lüge nicht. Hast du kein Vertrauen zu mir, glaubst du, ich sage ‚ich liebe dich' so leicht wie ‚ich habe Hunger', glaubst du das?"
Jetzt zeigt auch er Emotionen.
„Zweieinhalb Wochen nachdem ich dich zurückgelassen habe, nicht verlassen, küsst du schon den nächsten Mann. Ich war so in Vorfreude auf dich. Ich hätte dich so gebraucht, aber du hast gar nicht auf mich gewartet, das habe ich ja gesehen."
„Michael, jetzt komme doch zur Vernunft. Tom war mein Arzt. Er wohnt in Windermere. Wir haben uns zufällig getroffen. Und ja, ich fand ihn nett. Er hat so interessant erzählt und war so lustig. Vielleicht hat er mir zum Abschied einen Freundschaftskuss gegeben, aber daran kann ich mich gar nicht erinnern. Ich habe so dringend jemand gebraucht, der mich aufgemuntert hat."
„So harmlos wie du das darstellst, sah das nicht aus; und ich habe mich nicht gemeldet, weil ich mit dir persönlich sprechen wollte, nicht am Telefon. Ich hatte eine schlimme Zeit hinter mir. Ich wusste nicht mehr, was ich denken sollte und wollte dich nicht mit

meinen Problemen und meinen Stimmungen belasten. Ich habe Schuldgefühle dir gegenüber gehabt und bin so schnell es ging gekommen. - Ich bin schon einmal von einer Frau betrogen worden."

„Das ist es", denkt Cathy und mit zwei Schritten ist sie hinter dem Schreibtisch, setzt sich auf seinen Schoß und küsst ihn. Sein Mund bleibt spröde und kalt. Da kommt Cathys Zungenspitze und öffnet seine Lippen und dann, dann fängt auch er endlich Feuer. Sie küssen sich wie Verdurstende und vergessen völlig die Zeit. Michaels Lippen wandern über ihren Hals zu ihrem Busen. Cathy atmet schwer.

Mit dem Läuten des Telefons meldet sich der Alltag. Sie seufzen beide.

„Miss Schleyer ist schon unterwegs", sagt Michael ins Telefon.

Er küsst noch einmal Cathys rechte Brust, dann schließt er die Knöpfe der Bluse. „Die linke muss bis abends warten, mein Schatz."

Auf der Rückfahrt von Schule und Kindergarten versucht Cathy Wana auf die geänderte Situation vorzubereiten.

„Du bist doch schon groß und kannst ab heute im anderen Zimmer schlafen. Ich richte dir ein wunderschönes Matratzenlager. Dazu nehmen wir die Tigerbettwäsche, das wird toll, meinst du nicht?"

Wana bleibt unbeeindruckt und meint, er wolle bei ihr schlafen. „Auch mein Bett."

„Hm, na ja. Weißt du, heute Nacht wird Michael bei mir schlafen und du im anderen Zimmer."

Das versteht er gar nicht. „Nein, will bei dir schlafen. Wie immer", setzt er schlau hinzu.

„Ab heute wird es anders sein. Michael wird bei mir schlafen."

„Nein", brüllt Wana und beginnt herzerweichend zu schluchzen.

Cathy fährt an den Straßenrand, was ihr einiges Gehupe einbringt, und nimmt ihn hilflos in den Arm.

„Du bist doch bei mir, auch wenn du im anderen Zimmer...", Pädagogik hin oder her. „Ich kauf dir morgen das Piratenschiff, wenn du heute lieb bist und im anderen Zimmer..."

„Auch Kapitän und Schatztruhe?"

„Ja, auch den Kapitän und die Schatztruhe."

„Und Gold in der Schatztruhe!"

„Ja, auch Gold" stöhnt Cathy.

Es wird ein schöner Abend. Sie hat Essen kommen lassen. Michael ist nett zu Wana. Vor ihm können sie nicht viel reden. Beide spielen noch ein bisschen mit ihm und dann ist Bettzeit. Der Portier hat eine Matratze besorgt (natürlich überteuert, aber es waren mindestens zwei Zwischenhändler beteiligt). Cathy hat

zähneknirschend bezahlt. Sie hat die neue Bettwäsche genommen und Wana geht brav in sein Bett.
„Piraten...."

Beide lassen sich Zeit. Sie küssen einander und erforschen mit den Lippen den Körper des anderen, als ob dieser unerforschtes Neuland wäre. Mit der Zeit ist die Erregung nicht mehr zügelbar und sie erleben eine Ekstase wie noch nie. Als sie später aneinander gekuschelt daliegen, fängt Michael zögernd zu sprechen an.
„Ich bin nach Nizza geflogen, denn Ventimiglia liegt direkt hinter der italienischen Grenze und ist nur 40 Autominuten von Nizza entfernt. Du kannst dir vorstellen, wie aufgeregt ich war. Am nächsten Morgen wurde ich im Waisenhaus erwartet. Man hatte das Mädchen in das Büro der Vorsteherin geholt und ich stand da und starrte das Kind an. Ich wusste nicht, ob es meine Tochter ist. Gut, sie hielt den Kopf gesenkt und weinte. Amelie hatte früher so viel gelacht. Als man sie dazu brachte, mich anzusehen, erkannte sie mich nicht. Sie sah nur ängstlich aus. Und ich? Ich war unsicher. Sie sah Amelie ähnlich. Schwarze Haare, braune Augen. Amelie hatte braune Augen. Aber natürlich war sie größer als Amelie. Es sind ja 18 Monate vergangen seitdem. Ihr Gesichtchen ist schmal

und tiefbraun. Amelie war ein bisschen pummelig. Es konnte sein und es konnte nicht sein. Dann hat man mir die Fotos von vor eineinhalb Jahren gezeigt. Es waren schlechte Aufnahmen. Unscharf. Das Kind hatte Schrammen im ganzen Gesicht und ein Auge war blau und zugeschwollen. So hätte sie nicht einmal ihre Mutter erkannt. Ich wollte mit ihr sprechen, beugte mich hinunter, ich vergaß, dass sie nicht sprach, sie lief vor mir davon. An der Bürotür hielt man sie auf, und sie begann, laut zu weinen. Ich ging vor ihr auf die Knie und sagte ganz leise: Hab' doch keine Angst, Amelie. Ich bin doch dein Papa. Erinnerst du dich nicht?
Da wurde ihr Blick ganz starr und sie schwieg. Die Vorsteherin meinte, wenn sie diesen Blick hat, reagiert sie den ganzen Tag nicht mehr auf Ansprache.
Ich bin noch eine ganze Stunde bei Suor Annunziata geblieben. Ich war so aufgewühlt. So unsicher. Sie hat viel von Amelies fast zwei Jahren im Heim erzählt. Von ihrem Schweigen. Wie viel Mühe sie sich gegeben haben sie zum Sprechen zu bringen. Ich wollte wissen warum kein Psychologe zugezogen wurde, erntete aber nur ein Achselzucken und die Auskunft, dass sie einhundertfünfzig Waisen mit den unterschiedlichsten Befunden hätten und ein schmales Budget."
Am nächsten Tag, nach einer schlaflosen Nacht, kehrte

ich in das Waisenhaus zurück. Ich war zwischenzeitlich fast sicher, dass es meine Tochter ist. Aber sie mitzunehmen wurde mir nicht gestattet. Ich sagte energisch und bestimmt, was so gar nicht meiner Stimmung entsprach, ich wäre sicher, dass es mein Kind sei. Aber da es mich nicht erkannte, kamen sie auf die Idee, dass ein DNA-Test gemacht werden müsse. Oder ich könnte das Kind adoptieren. In dem Moment dachte ich, ich wäre in einem Irrenhaus. Ich wollte nicht ein Kind adoptieren. Ich wollte meine kleine Amelie. An einen DNA-Test hatte ich auch schon gedacht. Am späten Nachmittag suchte ich einen Anwalt auf, es scheint, als wären in Ventimiglia alle Anwälte total überlastet. Es hat ewig gedauert, bis mir die Rezeption einen Termin bei einem arrangieren konnte. Dazu brauchte ich auch noch einen Dolmetscher. Gott sei Dank war an Dolmetschern kein Mangel und dann erfuhr ich, dass ein DNA-Test beim Jugendgericht beantragt werden muss. Und das in Italien! Aber nach zwei Wochen hatte ich die Genehmigung. In der Zwischenzeit habe ich Amelie täglich besucht. Sie blieb immer abweisend. Ich habe keinen Draht zu ihr gefunden."

Er schweigt lange.

„Du verstehst vielleicht, dass ich dich nicht angerufen habe, obwohl - ich selbst verstehe mein Verhalten nicht. Scheint, als ob ich in einem anderen Leben war. Vielleicht ist das die Erklärung. Nachdem der DNA-Test genommen worden war, habe ich in Mallorca angerufen und Klaus hat mir deine Adresse in Bowness-on-Windermere gegeben. Von dort bin ich nach Nairobi zurückgeflogen. Ich wollte so viel Distanz wie möglich zwischen uns legen."

„Vielleicht hast du so überreagiert, weil du in einer Ausnahmesituation warst? Das scheint mir plausibel. Wann, um Himmels Willen, hast du denn endlich Gewissheit?"

„Sie sagten, es könne bis zu vier Wochen dauern, also in ein, zwei Wochen müsste ich es wissen." Seine Stimme klingt gequält.

„Ein schlimmer Zustand. Ungewissheit ist immer am schwersten zu ertragen. Sicher ist, dass das Kind seit eineinhalb Jahren in einer sozialen Isolation lebt und schwer traumatisiert ist. Denn es hört ja offensichtlich. Das würde, allein schon vom Zeitraum, für deine Tochter sprechen. Was wird mit dem Kind geschehen, wenn es tatsächlich Amelie ist? Und was wird sein, wenn es nicht Amelie ist? Hast du dir das schon überlegt?"

„Wenn es meine Tochter ist, dann hole ich sie natürlich sofort hierher, wenn nicht..." er verfällt in Schweigen.

„Komm, versuche zu schlafen."

Sie legt die Arme um ihn und langsam kommt er zur Ruhe. Mitten in der Nacht öffnet sich die Tür und Wana tappt in das Zimmer. Am Morgen, als sie aufwachen, sind sie zu dritt. Wana drängt zum Aufstehen, „denn wir müssen Piratenschiff kaufen."

„So haben wir nicht gewettet", protestiert Cathy, lässt sich aber von den beiden Männern überstimmen. Michael scheint Wanas Gegenwart nicht mehr zu stören.

6 STEINERNES MEER, KÖNIGSEE

Als Sebastian ein paar Tage später abends heimkommt, wird er von Tina lebhaft empfangen.

„Stell dir vor, meine Freundin Mara hat heute gefragt, ob wir mit ihnen am Wochenende die Überquerung des Steinernen Meeres machen. Die Wettervorhersage ist gut und wahrscheinlich ist es für dieses Jahr die letzte Gelegenheit, denn es kann in diesen Höhen bald Schnee fallen. Ich habe ja gesagt, wir machen mit. Wir haben die Tour von Jahr zu Jahr verschoben und ich weiß, du willst sie genauso gerne machen wie ich. Ich habe auch schon Anne gefragt, ob sie die Zwillinge nimmt und sie freut sich. Lena und Lisa übrigens auch. Du sagst ja gar nichts?"

„Du hast mir ja keine Gelegenheit dazu gegeben." Sebastian stellt seinen Aktenkoffer ab und geht in die Küche. Er kommt mit einer Flasche Bier wieder. „Lass mich erst einmal etwas trinken. Das ist sehr überraschend. Ich habe mich für Samstag mit Markus verabredet. Wir wollen mit den Rädern die Salzach entlang flussabwärts bis Braunau. Das kann ich wirklich nicht mehr absagen."

„Das kannst du wohl. Du bist doch nicht mit ihm verheiratet. Er soll sich jemand anderen suchen. Seit

Jahren wollte ich, wollten wir, diese Tour machen und nun ... Sebastian bitte. Ich freue mich schon so."
Sebastian wirft ihr einen nachdenklichen Blick zu. Es stimmt, er hat sie schon sehr lange nicht mehr so lebendig erlebt. Fast wie früher. Die Mutter seiner Kinder. Seine Ehefrau. Er runzelt nachdenklich die Stirn.
„Na gut, wenn es dich glücklich macht. Für die Radtour brauchen wir nicht so schönes Wetter."
Freudestrahlend wirft sich Tina in seine Arme und küsst ihn. Auch wie früher. Fast wie früher. Sollte sie innerlich wieder zu ihm zurückkommen? Soll er auf sie eingehen, oder ist es nur eine Laune und morgen ist sie wieder schweigsam? Wie sehr er inzwischen ihr Schweigen hasst. Er zuckt zusammen. Doch nicht hasst, Bastian. Das doch nicht. Es ist doch deine Tina. Zögernd umarmt er sie. Seine Lippen suchen ihre. Willig kommt sie ihm entgegen. Sollte sie wirklich wieder..., dann denkt er nichts mehr.
Am nächsten Morgen strahlt sie ihn an und dann nimmt sie die Hektik des Alltags gefangen.
„Ich will Zöpfe Mama, kannst du mir welche..."
„Zöpfe sind blöd!", spottet Lisa. „Ich will das rosa Kleid anziehen, Mama, ich will die doofe Hose nicht und... oh", dabei zieht sie einen großen Zettel aus dem Kindergartentäschchen, „das müssen wir heute

mitbringen."
„Ja", echot Lena, „das brauchen wir ganz dringend."
„Ich bin schon spät, Sebastian, kannst du? Sie brauchen eine Ananas, Birnen, und Rosinen."
„Ich mag keine Rosinen." „Wir kochen heute."

„Puh, Pause. Ich muss dringend etwas trinken."
„Ja, Pause." Mara nickt Tina zu und nimmt den Rucksack ab. Sie sind seit einer Stunde zu Fuß unterwegs. Die Strecke vom Bahnhof in Saalfelden zum Einstieg in den Wanderweg auf das Steinerne Meer haben sie im Taxi zurückgelegt. Die Hitze ist, solange sie im Waldbereich waren, erträglich gewesen, obwohl kein Windhauch zu spüren ist. Aber nun haben sie die Baumgrenze erreicht und die Sonne brennt auf den Westhang.
„Sebastian, Stefan, Pause, oder wollt Ihr vorgehen?"
„Trinkt was und kommt hierher. Hier haben wir einen ersten Blick auf die gesamte Bergwelt, kommt Mädels."
„Schaut, der Großglockner... da links die Schmittenhöhe..., noch weiter links der Hochkönig..., dort der Großvenediger..., das muss das Kitzsteinhorn sein!"
Sie überbieten sich beim Aufzählen der Berggipfel. Alle schauen und schauen auf das herrliche Bergpanorama, das sich ihnen darbietet. Tina richtet den Blick nach

oben. „Die Schönfeldspitze, - ist sie nicht herrlich? Aber ziemlich hoch. Links davon soll das Riemannshaus sein. Sieht noch weit aus. Auf geht's, packen wir's. Wenn man bedenkt", fährt sie fort, „Oma hat mir erzählt, dass ihre Mutter dieselbe Tour vor siebzig Jahren gemacht hat. Da waren die Züge noch langsam und sie mussten ab dem Saalfeldener Bahnhof zu Fuß gehen, von wegen Taxi, also Hut ab!"
Ziemlich schweigsam steigen sie weiter nach oben. Jeder hat mit sich selbst zu kämpfen. Ich hätte ein bisschen mehr Sport treiben sollen, dann ginge es mir mit dem steilen Weg besser. Neidvoll sieht Tina auf Sebastian, dem keine Anstrengung anzumerken ist. Liegt wohl an seinen Fahrradtouren. Wie es Lisa, Lena und Anne wohl geht? Oma ist ein Schatz, sogar Brötchen hat sie heute Morgen schon besorgt und uns zum Bahnhof gefahren. Bequemer geht es gar nicht. Allerdings wäre es besser gewesen, wir hätten den Bus genommen, denn beim Abschied klammerte sich Lena an mich und weinte und Lisa wollte partout mit. Sie sei schon groß und könne viele, ganz ganz viele Stunden gehen. Sebastian musste energisch werden, denn sie lief uns in die Bahnhofshalle nach. Erst sein „Lisa, das reicht. Es war ausgemacht, dass ihr bei Oma Anne bleibt. Und damit basta" hatte geholfen, aber auch bei Lisa saßen die Tränen locker.

Anne will mit den Mädchen in den Zoo und dann zu ihrer Freundin Rosie. Tina denkt an den schönen schattigen Garten mit den vielen Obstbäumen. Und an die Hängematte, die für Rosies Enkel zwischen zwei Bäumen gespannt ist. Dort wäre es jetzt auch nicht schlecht.

Uff, es ist doch schon September! Diese Hitze ist wirklich ungewöhnlich. Wieder ein Schluck, kurz durchatmen und weiter.
„Wartet, ich will ein Foto machen. Es soll heißen: Der Weg nach oben ist schwer! Müde genug schauen wir schon aus dafür!" Mara durchwühlt ihren Rucksack.
„Tolle Idee. Wen willst du fragen, ob er uns fotografiert?" Stefans Spott ist unüberhörbar, außerdem wirft er Sebastian einen herablassenden Blick zu, der wohl sagen soll „Frauen!"
„Mein technisch unbegabter Schatz", grinst Mara „schon mal was von Selbstauslöser gehört?"
Es gibt viel Gelächter, denn einmal rutscht der Fotoapparat von dem Stein, auf den ihn Mara postiert hat, dann stimmt der Ausschnitt nicht, dann wiederum hat Sebastian die Augen zu. Aber letztendlich ist jeder zufrieden mit seinem Aussehen.
„Aber jetzt Tempo, Herrschaften, um sieben Uhr geht die Sonne unter. Sie steht schon sehr tief und wie ich

erst jetzt merke, habe ich keine Taschenlampe dabei."

„Oje, ich auch nicht."

„Gut, dass ihr mich habt. Aber trotzdem will ich im Hellen ankommen. Morgen wird es heftig."

Das ist Sebastian. Auf ihn kann man sich verlassen.

Eine Stunde später endlich die erlösenden Worte: „Da, seht doch, da drüben, unterhalb des Felsens, nahe an der Kante, da ist das Riemannshaus."

Ihre Schritte werden schneller und es ist ein traumhafter Moment, als sie in ihren Zimmern die Bergschuhe ausziehen können. In der Stube, nach einer deftigen Brotzeit, kommt richtig Stimmung auf. Eine Gruppe aus Deutschland stimmt Wanderlieder an und viele singen mit. Die Tische werden zusammengeschoben und zum Bier werden auch einige Stamperl getrunken. Trotzdem wird es relativ bald ruhig, denn alle wollen frühmorgens weiter.

Um sieben Uhr, als die Sonne aufgeht, sind sie schon eine Stunde unterwegs. Sie bleiben stehen. Es ist ein unbeschreiblicher Anblick. Rundherum die Herrlichkeit der Berggipfel und langsam, ganz langsam steigt die rote Scheibe der Sonne über den Horizont. Ihre Strahlen umtanzen sie wie eine Krone.

Tina steht schweigend neben Sebastian. Langsam schiebt sie ihre Hand in seine, als sei der Moment allein unerträglich. „Wie herrlich. Unsere Heimat

Sebastian, ich..."

„Psst, Tina nicht jetzt, zerstöre nicht diesen magischen Moment. Wir werden sprechen, sicher, aber nicht jetzt." Anschließend, als die Sonne die Horizontlinie verlassen hat und weiter am Himmel emporsteigt, wandern die vier Freunde schweigsam durch die Felslandschaft. Diese Minuten werden sie nie mehr in ihrem Leben vergessen. Nach einer weiteren Stunde geht es langsam, aber unaufhaltsam abwärts. Als sie den grünen Funtensee in einer Mulde liegen sehen, sagt Mara verträumt: „Wie ein Märchensee!"

Erfrischend findet Tina die Pause am Ufer des Sees, als sie ihre Bergschuhe auszieht und die Füße in das eiskalte Wasser hält. Am Kärlingerhaus gönnen sie sich ein gut gekühltes Bier, aber lange können sie nicht rasten, denn das letzte Schiff von Sankt Bartholomä geht um siebzehn Uhr dreissig. Wenn sie es bis dahin nicht schaffen, sitzen sie dort bis zum nächsten Morgen fest.

Als sie endlich den steilen, schottrigen und rutschigen Sausteig hinter sich gelassen haben, wird es grüner und sie sehen ihr Ziel, den Königsee in seiner ganzen Länge unter ihnen liegen.

„Gott, ist das schön." Tina bleibt stehen. „Eine letzte Rast, was haltet Ihr davon?"

Er sieht nah aus, aber sie brauchen noch drei Stunden

bis zur Schiffsanlegestelle. Immer mal wieder sind Tina und Sebastian Hand in Hand gegangen und an einigen Stellen hat er Tina überflüssigerweise geholfen. Auf dem Schiff sitzen sie eng beisammen. Tina schaut tief in Gedanken versunken auf die grünen Fluten des tiefsten Sees der bayrischen Alpen. Auch Sebastian ist still. Dafür lachen und albern Mara und Stefan umso mehr.

„Nächstes Jahr gehen wir auf den Glockner."

Darüber sind sich alle vier einig. Als das Schiff in Königsee anlegt, sagt Mara erstaunt: „Diese Kinder schauen aus wie Lisa und Lena."

„Das sind Lisa und Lena."

Zwei Tage später, als die Zwillinge abends in ihren Betten liegen, setzen sich Tina und Sebastian vor den Kamin.

„Ich fange mal an, Tina. Unterbrich mich, wenn ich falsch liege. Nach deinem Mallorca Aufenthalt letztes Jahr kamst du verändert wieder. Ich dachte zuerst, lass sie, sie wird schon wieder hier ankommen. Aber das bist du nicht. Du warst meist in Gedanken, oder soll ich besser sagen, in Träumen versunken? Dein Beruf hat dich genervt, die Kinder haben dich genervt, ich habe dich wahrscheinlich auch genervt, obwohl du dies nicht erkennen ließest. Im Laufe des Jahres haben wir beide uns an diesen Zustand gewöhnt. Als wir diesen Sommer bei deinem Vater waren, warst du wie verwandelt. Eifrig bestrebt, aus der Villa wegzukommen, und zwar allein. Das lässt nur einen Schluss zu! Du hast vor einem Jahr einen anderen Mann kennengelernt. War es nicht so Tina? Und du hast ihn dieses Jahr wieder getroffen."

Tina schaut lange auf ihre Hände, die ruhig in ihrem Schoß liegen. „Ja, so war es. Es gibt nichts dazu zu sagen. Nichts dazu, dass es passiert ist, nichts dazu, dass es so lange gedauert hat, nichts dazu, dass ich diese Beziehung beendet habe."

Sie verstummt, dann hebt sie den Kopf und sieht ihn traurig an. „Bei unserer Hochzeit waren wir so überzeugt, dass uns so etwas nie passieren könnte. Ich habe dich sehr geliebt und Sebastian und ich habe dich immer noch sehr gerne. Es ist nicht mehr der Überschwang der ersten Liebe, aber eine tiefe Sympathie. Ich fühle mich in deiner Nähe zu Hause. Wir haben zwei liebe Mädchen, meistens jedenfalls. Ich empfinde uns immer noch als eine Familie. Ich weiß nicht, wie es dir geht. Ich muss sagen, dass mir Oma erzählt hat, dass sie dich mit einer anderen Frau gesehen hat. Händchen haltend."

„Ja. Es gibt eine andere Frau. Ich mag sie sehr. Mit ihr ist es so unbeschwert, aber das soll keine

Entschuldigung sein. Für Ehebruch gibt es keine Entschuldigung."

Tina fährt auf: „Du mit deiner erzkatholischen Erziehung. Das ist ja wohl eine antiquierte Einstellung."

„Nein Tina. Wir haben uns vor Gott die Treue geschworen. In guten und in bösen Tagen. Dass dieses Treugelöbnis in der heutigen Zeit nichts mehr gilt, tut nichts zur Sache. Es geht nicht darum, was andere denken und tun, sondern wir haben unser Tun zu

verantworten. Vor uns, Tina. Vor uns!"

Erregt steht er auf. Geht im Raum hin und her.

„Dass ich mich mit einer anderen Frau eingelassen habe, ist falsch gewesen, das weiß ich. Aber ich war so verletzt, so enttäuscht. Ich dachte, ich hätte ein Recht auf Rache. Aber Rache schlägt immer zurück und trifft denjenigen, der sie ausübt."

Er schweigt. Etwas quält ihn. Tina schweigt, was soll sie sagen?

„Tina, du sagst, du hast dich von dem Mann getrennt. Ich kann nicht dasselbe sagen. Diese Frau ist immer noch in meinen Gedanken und es tut mir weh, sie gehen zu lassen."

Unglücklich setzt er sich auf die Couch und vergräbt das Gesicht in den Händen. Tina rückt zu ihm und legt ihm die Hand auf die Schulter.

„Sebastian. Wir haben wohl beide etwas in unserer Ehe vermisst, sonst wäre das nicht passiert. Wir müssen einen Entschluss fassen. Entweder wir bleiben eine Familie oder wir trennen uns. Ich fühle mich an dieser Situation sehr schuldig und ich will dich wahrlich nicht unter Druck setzen, aber eine ‚marriage à trois' ist mit mir nicht drin!"

„Natürlich nicht. Dies wäre es für keinen von uns."

„Willst du ausziehen?"

Sebastian fährt auf: „Nein auf keinen Fall. Ich will meine Töchter aufwachsen sehen. Und zwar jeden Tag, nicht jedes zweite Wochenende."

Sie bleiben lange sitzen und schweigen. Irgendwann wird Tina müde. Sie zieht die Beine auf die Couch und ihr Kopf sinkt auf Sebastians Schoß. Ihre Augen schließen sich.

Zärtlich streichelt er ihr über die Haare. Du Dummkopf, Sebastian. Ihr seid eine Familie. Beide seid ihr ein bisschen in die Irre gegangen, aber nun seid ihr wieder daheim.

„Komm, Tina, komm in's Bett. Es ist ja alles wieder gut."

7. NAIROBI, DEUTSCHE SCHULE

Nach zehn Tagen lässt Michael Cathy um die Mittagszeit in sein Büro rufen. Er sitzt blass an seinem Schreibtisch und starrt auf einen mit Stempeln versehenen Brief.

„Ich hab es eilig. Wana ist gestürzt und ich muss gleich in den Kindergarten. Was gibt es denn so Eiliges?" Mit diesen Worten tritt Cathy ein. Ihr Blick fällt auf den Umschlag.

„Ist dies…?"

„Ja."

Sie setzt sich und ergreift seine Hand. „Mach ihn auf." Ihre Stimme klingt gepresst.

„Ich kann nicht. Mach du."

„Nein, Michael, er ist an dich adressiert. Du würdest dich immer daran erinnern, dass du nicht die Kraft hattest, ihn zu öffnen."

Er greift zum Brieföffner. Seine Hand zögert. Seine Augen suchen Cathys Blick. Sie lächelt ihm aufmunternd zu. Er entfaltet die Blätter und starrt lange auf den Text. Dann schüttelt ihn ein Weinkrampf. Cathy umarmt ihn. Er klammert sich an sie. Sie wirft verstohlen einen Blick auf das Schreiben.

Es ist natürlich in italienischer Sprache. Auch wenn sie kein Italienisch kann, erahnt sie doch den Inhalt. Oben steht Amelie Schneider, weiter unten dann der Satz ‚la ragazza e sua figlia.' Daneben liegt der Laborbericht, auf dem sie 99,8 % erkennt.

Langsam beruhigt er sich.

„Ich muss sofort nach Ventimiglia, meine Tochter! Meine kleine Amelie." Seine Augen beginnen zu strahlen und bald auch sein ganzes Gesicht. „Das müssen wir feiern. Ich lasse Suzie Sekt besorgen. Ruf das Kollegium zusammen. Alle, alle sollen es wissen. Meine Tochter lebt."

Ein Raunen geht durch den Raum, als Michael den Kollegen von der wundersamen Wiederfindung seiner Tochter berichtet. Dann eilt Suzie spontan auf ihn zu und umarmt ihn. Alle folgen. Cathy gibt Dieter, dem Lehrer der diesjährigen 4. Klasse einen Wink mit den Augen und sagt anschließend: „Bitte übersetze das ins Englische und Deutsche. Vielleicht steht noch mehr darin."

Auf dem Heimweg bringt sie Wana bei, dass er bald eine Schwester bekommen wird, allerdings kein Baby, sondern ein größeres Mädchen, so alt wie Sophie in Mallorca. Aber er findet das gar nicht gut.

„Mädchen sind doof", sagt er ganz ernst.

„Wer hat dir denn das beigebracht", lächelt Cathy, „warten wir doch einfach mal ab."

Zuhause dauert es eine ganze Weile, bis Michael kommt.

Er ist in seiner Wohnung gewesen und hat einen Koffer gepackt.

„Ich werde nur ein paar Tage weg sein. Du wirst mich in der Schule vertreten, bitte."

„Natürlich, aber du weißt, dass du einen Stellvertreter hast?"

Michael zuckt die Schultern. Cathy beschließt, die Sache diplomatisch zu lösen, indem sie morgen den Stellvertreter darüber informieren wird, dass er für ein paar Tage seines Amtes walten müsse. Sie wird im Hintergrund bleiben. Es ist nicht nötig, aus Gedankenlosigkeit Menschen zu kränken.

Nachdem Michael einen Flug am nächsten Morgen gebucht hat, schmieden sie Pläne, wie ihr zukünftiges Leben als Patchwork-Familie aussehen könnte. Nach einiger Zeit und vielen Diskussionen, die alle sehr vage bleiben, meint Cathy: „Wir müssen abwarten, wie sich Amelie hier eingewöhnt. Obwohl ich mir es äußerst schwierig vorstelle. Eigentlich müsste sie in die Schule, was meinst du? Aber wenn sie nicht spricht? Sie bräuchte zuallererst eine Therapie. Sie könnte vorerst vielleicht mit Wana in den Kindergarten, bis wir klar

sehen? Lassen wir sie erst einmal ankommen."
Diesmal schlafen sie zu dritt, des Debattierens müde, im Bett ein. Morgens bringen sie Michael zum Flughafen, nachdem Cathy in der Schule angerufen hat, dass sie später käme.
„Toi, toi, toi", wünscht Cathy und Wana kräht vergnügt „toy, toy, toy, many toy, Michael – Spiele, Spiele, viele Spiele, Michael."

Als Cathy den Portier bittet, noch eine Matratze und Bettzeug zu besorgen, wird ihr klar, dass die Zeiten in ihrem heimeligen Appartement bald unwiderruflich vorbei sein werden. Sie brauchen eine größere Wohnung. Oder sollen sie vielleicht in Michaels Wohnung umziehen?
Sie greift nach der Post und betrachtet interessiert den amtlichen Umschlag, der ihr nachgesandt wurde. Stimmt, David hat ihr ja telefonisch Bescheid gegeben! Sie liest den Absender genauer. Nachlassgericht Mombasa. Was wollen die denn von mir? Mit Dads Testament ist doch alles erledigt, oder? Dass nicht ich Jo Schleyers Tochter bin, sondern meine Schwester Tina, können die in Mombasa doch schwerlich erfahren haben - und was würde das ändern? Ich wurde mit Namen als Erbin genannt und das reicht. Ob biologische Tochter oder nicht. Immer diese

ausufernden Bürokratien hierzulande. Haben sie toll von den Engländern gelernt. Erstaunt liest sie das Schreiben. Darin wird sie aufgefordert, kommenden Freitag, um halb elf an der Testamentseröffnung von James Stoner teilzunehmen. „Ach herrje, der Zeitpunkt passt mir aber gar nicht. Was kann er mir schon vererbt haben? Doch nicht etwa das Schachspiel? Das muss ich aber mit Michael besprechen. Ich könnte um sieben Uhr den Flieger nach Mombasa nehmen. David müsste mir das Auto vom Hotel bringen, hoffentlich haben sie nicht gleichzeitig Gäste abzuholen! Wie auch immer, ich brauche ein Auto, notfalls miete ich eines. Eigentlich doch eine erfreuliche Angelegenheit. Ich nehme Wana mit und Michael kommt mit seiner Tochter am Nachmittag nach. Wir verbringen zwei Tage am Strand und am Sonntagabend fliegen wir zurück. Könnten wir öfter machen."

Drei Tage später kommt Michael, der einen desillusionierten Eindruck macht, ohne Amelie von Ventimiglia zurück. Zu Hause verstaut Cathy schnell die für die Kleine hergerichtete Matratze unter Wanas, sodass er jetzt ein Prinzenbett hat.
„Like the Princess and the Pea. - Wie die Prinzessin auf der Erbse!"
„Gutes Englisch, mein Schatz, aber eher ein kleiner

Prinz auf der Erbse, nicht wahr? Komm, bau ein bisschen Lego."

Sie kuschelt sich zu Michael auf ihr rotes Sofa und fragt leise: „Was ist denn schief gelaufen?"

„Ich war so glücklich, als ich das Heim betrat und auch die Leiterin freute sich mit mir und ließ Amelie holen. Man hatte ihr wohl gesagt, dass sie mit mir gehen müsse, denn sie klammerte sich weinend an Suor Annunziata. Sie regte sich so auf, dass ich ihr erst einmal versicherte, sie müsse nicht mit, wenn sie nicht wolle. Daraufhin beruhigte sie sich etwas, weinte aber in einer Tour vor sich hin. So wurde sie schließlich in ihr Zimmer zurückgebracht. Außerdem hatte sie natürlich keinen Pass, daran habe ich nicht gedacht. Obwohl, ich hätte daran denken müssen, schon das letzte Mal, als ich dort war. Ihr italienischer Ausweis vom Waisenhaus würde für die Ausreise reichen, habe ich angenommen, aber sie hatte überhaupt keinen! Nur eine Geburtsurkunde auf den Namen Gabriella. Ich wollte von hier, von Nairobi aus, die Botschaft verständigen. So musste ich nach Genua und habe in der dortigen Botschaft den Antrag gestellt. Der Angestellte meinte, es würde bestimmt vier Wochen dauern, denn die Angelegenheit müsse genauestens geprüft werden. Schließlich sei Amelie für tot erklärt worden. Ich bin am nächsten Tag noch einmal zurück

ins Heim und habe mich nur im Hintergrund des Zimmers aufgehalten, in dem Amelie spielte, und habe eine Psychologin engagiert, die sie behandeln soll. Trotzdem müsste jemand dort sein, der sie jeden Tag besucht, damit sie versteht, dass sie Familie hat. Aber du bist ja auch nicht abkömmlich. Ich habe an meine
Eltern gedacht…"
Hier bricht Michael erschöpft ab. Cathy richtet sich elektrisiert auf.
„Du hast Eltern? Nein, das meine ich nicht. Jeder hat Eltern. Deine Eltern leben noch? Du hast nie von ihnen gesprochen?"
„Da gibt es nicht viel zu sagen. Wir verstehen uns nicht gut. Meine Mutter sagte, als ich sie von der Trennung informierte, dass es ja abzusehen war. Mehr nicht. Sorge nur dafür, dass wir Amelie regelmäßig sehen können, hat sie noch hinzugesetzt. Mehr hat sie nicht interessiert. Aber zu Amelie war sie immer sehr nett."
Als er nach langem Zögern die Nummer seiner Eltern wählt, kommt ‚kein Anschluss unter dieser Nummer.' Sein Onkel informiert ihn, dass seine Eltern schon vor einem Jahr nach Spanien übersiedelt sind.
„Warte, ich gebe dir ihre Adresse."
Aber Michael schreibt sie gar nicht auf.
„Ich habe mich meine ganze Kinder- und Jugendzeit

nach einer Mutter gesehnt, aber das ist wohl auch nicht immer der Himmel auf Erden."

Michael zuckt mit der Schulter und Cathy beschließt, es auf sich beruhen zu lassen. Erst einmal.

Nachts schreckt sie hoch und ruft laut „Oma."

„Was ist denn jetzt los?" Michael öffnet ein Auge. „Hast du Albträume?"

„Nein, aber vielleicht würde meine Oma gerne vier Wochen in Ventimiglia verbringen. Sie liebt Italien. Sie verbringt jedes Jahr ein paar Wochen in ihrem Lieblingsland. Tina hat mir das erzählt."

„Das wäre ja fantastisch" und schon schläft Michael wieder ein.

Es wird viel mit Salzburg telefoniert in den nächsten Tagen und dann kommt die befreiende Nachricht, dass Anne im Waisenhaus mit Amelie zusammengetroffen ist und die Kleine hätte nicht geweint. Anne würde sie jeden Nachmittag besuchen. Dreimal die Woche ist Amelie jetzt mit einer Psychologin zusammen, die guten Mutes ist, ihre ‚Blockade', wie sie sie nennt, zu überwinden.

8. VENTIMIGLIA

Zwei Tage zuvor ist Anne am Bahnhof von Ventimiglia angekommen. Die Bahnfahrt ist durch das Umsteigen in Genua mit einem Aufenthalt von eineinhalb Stunden lang und anstrengend gewesen. So langes Sitzen ist nicht gut für ihren Rücken. Einmal hat sie versucht, sich die Beine zu vertreten und durch die Waggons zu gehen, aber das Rütteln hatte sie schnell von diesem Vorhaben Abstand nehmen lassen. Gott sei Dank ist zwei Waggons entfernt der Speisewagen gewesen. Ziemlich leer sogar. Der richtige Ort zum richtigen Zeitpunkt. Aufatmend hat sie eine Pause eingelegt, einen Kaffee getrunken und ist anschließend in ihr Abteil zurückgekehrt. Lieber ein bisschen Rückenschmerzen, als stürzen. Tja, das Alter!

Vom Bahnhof hat sie ein Taxi zur Villa Anna genommen. Ein kleines Frühstückshotel direkt am Meer. Als sie den Namen des Hotels im Internet gelesen hat, hat sie sich spontan dafür entschieden. Die Beurteilungen sind auch gut, nicht exzellent, aber sie braucht sowieso keinen Luxus. Die Namensgleichheit kann nur ein gutes Omen sein. Tina ist stolz auf sie: „Oma, du bist die einzige Frau in deinem Alter, die ich kenne, die so versiert mit dem Internet umgeht. Wenn ich da an Sebastians Mutter denke. Oder an seinen Vater ..." Den Rest des Satzes hat sie verschluckt.

Sie, Anne, hat nur gelächelt. Aber einen kleinen Stich hat ihr dieses „in deinem Alter" schon gegeben. Sie ist immer offen für Neuerungen. Schon immer gewesen. Das hat doch nichts mit dem Alter zu tun! Aber Tina wirkt nach so langer Zeit wieder glücklich und zufrieden. Das ist sicher nur eine Gedankenlosigkeit.

Bei strahlendem Sonnenschein ist sie nach dem freundlichen Empfang der jungen *Signorina* an der Rezeption die Treppen zum Strand hinuntergestiegen und lange Zeit dahingeschlendert. Immer wieder den Blick auf das Meer gerichtet und darüber philosophiert, warum diese Weite ihrer Seele so guttat. Ist es die schiere Größe, der gegenüber man sich so klein fühlt? Mit den Bergen ist es so, dass man, jedenfalls sie, sich immer klein und unbedeutend vorkam gegenüber der majestätischen Größe des Gebirges. Wie eine Ameise. Und am Gipfel ist die Welt der Menschen so weit weg. Weit weg die Probleme, die Eifersüchteleien, die Kränkungen und seelischen Verletzungen.

Eigentlich wollte sie Rosie dabeihaben, aber Rosie hat

abgelehnt. Das würde das Mädchen nur noch mehr verwirren, meint sie. Allein das Auftauchen einer Oma wäre schon Stress für die Kleine, der sie nur das Allerbeste wünsche, aber sie bleibe lieber zu Hause.

In einer kleinen Trattoria hat sie zu Abend gegessen. Bei einem Glas Wein ist sie noch am Tisch sitzen geblieben. Ein junges Pärchen hat gefragt, ob sie sich dazu setzen dürften. Anfangs hat die Unterhaltung auf Italienisch noch ganz gut geklappt, aber dann begannen die Müdigkeit und der Wein, ihre Wirkung zu zeigen, und sie wünschte den beiden noch einen schönen Abend.

Nach einem Erholungs- und Orientierungstag macht sie sich etwas nervös gegen zehn Uhr morgens auf den Weg zum Waisenhaus. Es liegt ziemlich hoch auf dem Hügel im Osten der Stadt, in der Mitte der Via degli Ulivi. Puh, die Steigung und die Hitze sind zu viel. Entweder ein Taxi oder... Da sieht sie direkt vor dem Waisenhaus eine Bushaltestelle. Na, wenn ich das gewusst hätte!

Sie muss eine Viertelstunde warten. Eine Zeit, die sie nutzt, die vielen Fotos an den Wänden zu betrachten. Dadurch ist ihr die Leiterin, als sie den Raum betritt, bereits etwas vertraut.

Anne stellt sich vor, wobei sie darauf hinweist, dass ihr

Italienisch lückenhaft sei. Aber sie hat sich umsonst Sorgen gemacht. Suor Annunziata, eine katholische Nonne, spricht sehr langsam und deutlich und sie verstehen sich hervorragend. Anschließend winkt sie Anne zu einem Fenster und weist in den Garten. „La bambina in abito rosa sull'altalena è Amelie. Abbiamo chiamato Gabriella. - Das Mädchen in dem rosa Kleid auf der Schaukel ist Amelie. Wir haben sie Gabriella genannt."

So bekommt Anne einen Eindruck der Schwierigkeiten, die sie erwarten. Gabriella, die jetzt Amelie heißt.

Als sie die Eingangshalle der Villa Anna durchquert, ruft sie die freundliche Rezeptionistin und erklärt ihr, dass ein Paket für sie angekommen ist. Sie wird es ihr sofort auf das Zimmer bringen lassen.

„Ich habe doch gar keinen Geburtstag", erklärt Anne dem Pagen, der sie sowieso nicht versteht, aber sehr wohl den Fünfeuroschein sieht, den Anne ihm zusteckt und zustimmend grinst.

„Ein Paket aus Deutschland? Den Absender kenne ich auch nicht! Wer schickt mir denn Sachen nach Italien? Naja, wenn ich es nicht aufmache, werde ich es nie erfahren." Also öffnet sie das Paket, was gar nicht so einfach ist, denn es ist gut mit Klebeband umwickelt.

„Dieses blöde Zeug. Früher hat man ein Paket mit

Spagatschnur zugebunden, die konnte man sogar aufknüpfen! Gut, dass hier niemand mein Fluchen hört." Dann macht sie große Augen, denn das Paket enthält eine blonde Puppe mit zwei langen Zöpfen, einen Teddybären, der schon heiß geliebt worden ist, so wie er aussieht. Puppenkleider, Puzzles, Kinderbücher, ein süßes Nachthemd und ein Fotoalbum. Vorsichtig öffnet sie das Album, dann versteht sie endlich.
„Wir freuen uns über die Geburt unserer Amelie"
Manuela und Michael Schneider,
Freiburg, 06.12.2006.
Im Fotoalbum entdeckt sie auch einen an sie adressierten Brief.

Freiberg, den 20..Oktober 2014
Liebe Frau Schuster,
unser Freund Michael Schneider, der zur Zeit in Nairobi lebt, hat uns gebeten, die Kartons, die er vor seiner Abreise auf unserem Dachboden deponierte, zu öffnen und nach Sachen seiner Tochter Amelie zu durchsuchen.
Wir hoffen, dass die paar Sachen, die wir gefunden haben, dem Kind helfen werden, sich zu erinnern.
Sobald es möglich wäre, würden wir auch gerne

das Mädchen mit unserer Tochter Janina besuchen, denn sie ist gleich alt mit Amelie und sie haben oft miteinander gespielt. Vielleicht wäre das ja auch eine Hilfe?
Wir sind überglücklich, dass sie die Tragödie überlebt hat, wenngleich es nicht erklärlich ist, wieso vor zwei Jahren kein Zusammenhang zwischen dem tödlichen Unfall und dem Auftauchen eines verletzten Mädchens erkannt wurde.
In Erwartung einer positiven Antwort,
verbleibe ich,
mit freundlichen Grüßen,
Ihre
Brigitte Waidmann

Am nächsten Nachmittag sitzt Anne mit Herzklopfen und der Puppe mit den blonden Zöpfen im Therapiezimmer, das sich im ersten Stock neben dem Arztzimmer befindet. Es ist fast leer. Nur ein paar Stühle sind im Raum verteilt. In einer Ecke steht ein Tisch. Darauf hat Anne auf Wunsch der Psychologin das Familienfoto mit Michael, Manuela und Amelie postiert. Die Psychologin sitzt in der entgegengesetzten Ecke und wird möglichst nicht eingreifen.

Amelie tritt ein, winkt ihrer Betreuerin zu und schließt die Tür. Da sie Anne schon kennt, geht sie auf sie zu.

„Guten Tag, Amelie", sagt Anne leise. Aber das Kind reagiert nicht. Es sieht nur die Puppe. Lange steht Amelie still und rührt sich kein bisschen.

„Willst du sie anfassen?"

Anne hält sich genau an den Text, den die Psychologin vorgegeben hat. Auch, dass sie mit dem Kind Deutsch spricht, gehört dazu. Denn die Sprache und die Gegenstände aus Amelies vorherigen Leben gehören zusammen. Vielleicht ist dies das entscheidende Bindeglied, das die Erinnerung wach ruft.

„Hier, nimm sie!"

Amelie nimmt sie vorsichtig in die Hände und schaut gedankenverloren in das Puppengesicht. Dann lächelt sie zum ersten Mal, seit Anne sie kennt, und drückt die Puppe an sich.

„Gehört sie dir? Weißt du, wie sie heißt?"

Ihre Lippen öffnen sich, doch kein Ton entweicht. Lange steht sie vor Anne, die Puppe an sich gedrückt, dann dreht sie sich um und setzt sich im Schneidersitz in die andere Zimmerecke auf den Fußboden und wiegt die Puppe.

Das meldete Anne abends nach Nairobi, wo es bei Michael große Freude auslöst. Cathy ist realistischer.

„Wir wissen nur, dass sie die Puppe mag. Ob sie sie als ihre eigene erkannt hat, aber nicht."

Am nächsten Tag bringt Anne ein Märchenbuch mit in das Therapiezimmer im Waisenhaus, aus dem sie eine Stunde laut vorliest. Der Text brennt sich in ihrem Gedächtnis ein und sie wird ihn für den Rest ihres Lebens nicht mehr vergessen. Amelie steht lange, die Puppe an sich gepresst, in der gegenüberliegenden Zimmerecke und hört zu.
„Es waren einmal drei kleine Kätzchen. Eines war weiß, eines schwarz und eines grau. Die sahen eines Tages eine Maus..."
Als die Zeit um ist, steht sie einen Meter von Anne entfernt, den Blick starr auf das Buch gerichtet.
„Hier nimm, es ist deines", sagt Anne freundlich und hält dem Kind das Buch hin. Zögernd und mit fragendem Blick greift es danach, dreht sich um und rennt in Windeseile aus dem Raum. Anne wendet sich anschließend an die Psychologin:
„Glauben Sie, dass sie sich erinnert?"
„Erinnern wäre zu viel, aber die Gegenstände sind ihr eindeutig vertraut. Ich denke, wir können sehr zufrieden sein und auch hoffnungsvoll."

Auf einer Bank an der Seepromenade sitzt Anne, denkt

an ihr Telefonat mit Nairobi und seufzt. So positiv wie die Psychologin und Michael sieht sie die Angelegenheit nicht, aber gut, sie ist auch keine Expertin. Nur, mit traumatisierten Kindern kennt sie sich aus.

Sie braucht nur an Tina zu denken, die vor dreiundzwanzig Jahren in Gemmrigheim wie eine Klette Tag und Nacht an ihr hing. Sie selbst stand nach Katharinas Verschwinden damals ebenfalls unter Schock und eigentlich verarbeitet habe ich ihn bis heute nicht. Psychologische Hilfe – daran habe ich damals gar nicht gedacht. Für Tina wäre es wichtig gewesen und für mich? Es hat keinen Sinn, um vergossene Milch zu weinen, Anne. Wir hätten beide Hilfe gebraucht.

Da Samstag und Sonntag keine Therapiesitzungen vorgesehen sind, bittet Anne, man möge ihr Amelie doch täglich für ein paar Stunden überlassen. Sie würde mit dem Kind ein bisschen Sightseeing machen, am Strand spazieren gehen oder Eis essen.

So kommt es, dass sie mit Amelie, die ein hässliches dunkelgrünes Kleid trägt, von der Villa zur Kathedrale Santa Maria Assunta hinaufsteigt, in der gerade ein Gottesdienst stattfindet. Amelie scheint dies alles vertraut. Sie kniet sich in eine Bank, bekreuzigt sich und schaut aufmerksam Richtung Altar.

Anne seufzt, sie selbst hat dies schon viele Jahre nicht mehr gemacht. Eigentlich seit Susannes Tod nicht mehr. Zu böse ist sie auf Gott gewesen, der ihr das einzige Kind genommen hat. Von ihrer Enkelin Katharina ganz zu schweigen. Aber - wenn es Amelie gefällt? Anschließend stellt sich die Kleine zu den brennenden Kerzen zu Füßen der Gottesmutter und schaut Anne flehentlich an.

„Willst du Maria eine Kerze stiften?"

Anne hat ganz gedankenlos Deutsch gesprochen. Aber Amelie nickt verlangend. Zitternd kramt Anne ein paar Münzen aus ihrer Tasche und denkt die ganze Zeit: Sie hat mich verstanden. Mein Gott, sie hat mich verstanden.

Am nächsten Montag fragt sie Suor Annunziata, ob sie Amelie nicht Kleider kaufen dürfe, aber diese lehnt ab. Sie könne gerne für das Waisenhaus spenden, aber wenn Amelie neue Kleider bekäme, wäre das unfair den anderen Kindern gegenüber und es würde Neid und Streitereien geben. Daraufhin beschließt Anne, nächsten Samstag mit Amelie einkaufen zu gehen und die neuen Kleider, bis sie nach Nairobi fliegen würden, bei ihr im Hotel zu deponieren. Denn das ist ihr klar, dass sie das Kind nie alleine in ein Flugzeug setzen und nach Salzburg zurückkehren würde.

Eine Woche später kommt plötzlich die Sensationsmeldung - Amelie hätte mit der Puppe gesprochen. Zwar nur ein Wort, aber es klang so ähnlich wie „itta." Anne wird von Suor Annunziata und der Psychologin fragend angeschaut und auf einmal fällt bei ihr der Groschen. „Vielleicht Britta. Ja, vielleicht ist der Name der Puppe Britta. Ich finde das heraus." Ein Anruf bei Brigitte Waidmann bestätigt den Verdacht. Amelies Puppe hat tatsächlich Britta geheißen.

Ein Logopäde wird hinzugezogen, der jeden Vormittag mit Amelie sprechen übt. Anne findet das kontraproduktiv, da der Logopäde mit Amelie Italienisch spricht und sie nachmittags Deutsch. Aber die Entscheidungen trifft Michael. Vielleicht ist das Wichtigste, dass sie überhaupt Laute bildet, egal in welcher Sprache.

Anne genießt die sonnigen Herbsttage an der italienischen Küste und Amelie hat sie sowieso schon fest in ihr Herz geschlossen. Hie und da telefoniert sie mit Tina und den Zwillingen, die ihre Oma vermissen. Aber in Salzburg ist Gott sei Dank wieder alles in Ordnung. Tina hat ihr versichert, sie braucht sich keine Sorgen zu machen und auch Sebastian sei wieder der Alte. Er kommt früher von der Arbeit, kümmerte sich um die Zwillinge, das Haus und den Garten. Am

Wochenende unternimmt er nur noch ganz selten Radtouren mit Markus, ansonsten ist Familie angesagt. Tina ist nicht ins Detail gegangen und sie hat auch nicht gefragt, welches denn die großen Schwierigkeiten waren, an denen die Familie fast zerbrochen ist. Sie muss und will gar nicht alles wissen. Eines Sonntags, als sie mit Amelie um das Amphitheater herumgeht, zeigt die Kleine auf eine Gélateria und sagt mit einer heiseren Stimme: „Oma, ich möchte ein Eis, bitte." Anne beißt sich auf die Lippen, um nicht in Tränen auszubrechen.
„Natürlich, mein Schatz. Ein ganz großes. Ich auch."
Den ganzen nächsten Vormittag sitzt Anne in dem kleinen Reisebüro in Ventimiglias Innenstadt und bringt die Agentin langsam, aber sicher zur Verzweiflung. Alle vorgeschlagenen Flugrouten werden von Anne kurzerhand abgelehnt.
„Ich bitte Sie, ich habe selbst einmal vor vielen, vielen Jahren für eine Luftfahrtgesellschaft gearbeitet, erzählen Sie mir keine Märchen. Die Ziffern neben der Verbindung zeigen die Reisezeit auf. Hier zum Beispiel dreißig. Das sind dreißig Stunden. So lange brauche ich höchstens, wenn ich den Erdball umrunden will. Es kommt nicht darauf an, den günstigsten Reisepreis zu ermitteln, sondern die schnellste Verbindung!"
Vor lauter Ärger hat Anne deutsch gesprochen.

„Reisezeit - tempo di viaggio, trenta ore", schaltet sie auf Italienisch um. „Sie werden doch einen Direktflug finden, von mir aus über Cairo, Tunis oder Addis Abeba. Aber eigentlich muss es so einen Flug auch von Rom geben. Das ist doch ein großes internationales Drehkreuz. Ich geh jetzt spazieren, in einer Stunde bin ich wieder da und bis dahin haben Sie einen Flug für uns gefunden."

Sie stürmt aus dem Reisebüro und geht in Richtung alte Stadtmauer. Nach zehn Minuten schüttelt sie über sich den Kopf: Anne, ach Anne. Wann lernst du denn endlich ein bisschen Gelassenheit? Die Kleine kann doch nichts dafür, dass sie sich nicht auskennt! Auf dem Rückweg kauft sie einen kleinen Blumenstrauß, den sie dem jungen Mädchen mit einer Entschuldigung übergibt. Die strahlt sie an.

„Ich habe einen Direktflug von Rom nach Nairobi für Sie, Signora. Jeden Mittwoch. Ab Genua um 19.20 Uhr und ab Rom um 23.40. Ankunft in Nairobi am folgenden Morgen um 08.15 Uhr.

Langsam fängt Anne an, von einer ganz großen Reise, die sie zusammen unternehmen werden, zu sprechen. Amelie hört aufmerksam zu.

„Wir fahren die erste Strecke mit der Eisenbahn. Die hast du doch schon oft gesehen, nicht? Dann, stell dir vor, dann besteigen wir ein Flugzeug, aber ein kleines

und in Rom, in der Ewigen Stadt, nehmen wir ein ganz großes. Mit dem fliegen wir nach Afrika, wo es Löwen und Giraffen gibt. Dort wartet dein Papa auf dich. Das wird ein großes Abenteuer!"
Bei der Erwähnung Roms hat Amelies Gesichtchen aufgeleuchtet. Offensichtlich hat sie schon viel davon gehört. Ihre Augen leuchten.
„Löwen, Giraffen! Schön! Aber Oma mit."
„Natürlich. Ich komme mit, mein Schatz!"

9. NAIROBI, RIVERSIDE DRIVE

Eine Woche später, es ist inzwischen November, stehen Cathy, Wana und Michael am Jomo Kenyatta Flughafen in Nairobi.
Wana hält ein kleines Päckchen in den Händen, das er Amelie überreichen soll. Er ist aufgeregt und trippelt von einem Bein auf das andere. Es ist zwar nur ein Mädchen - er hat eine Schwester! - Allerdings nur eine, nicht vier wie Marjani. Aber immerhin ist er nicht mehr das einzige Kind der Familie und wird angestarrt. Dass es mehr seine Hautfarbe ist, die nicht zu der seiner ‚Eltern' passt, als sein Ein-Kind-Sein, ist ihm nicht bewusst.

Als Amelie an Annes Hand durch die automatische Tür tritt, ist er tief enttäuscht. Das soll seine Schwester sein? Sie sieht doch gar nicht aus wie er. Nein, dieses Mädchen ist seine Schwester nicht. Er weigert sich, Hallo zu sagen, und das Päckchen gibt er auch nicht her. Das Puppenkleid wird er Wanda schenken! Die ist die richtige Schwester für ihn!
Michael ist in die Knie gegangen, um auf gleicher Augenhöhe wie Amelie zu sein, und sagt zärtlich:
„Herzlich willkommen, mein Kind. Ich bin dein Papa.

Ich freue mich so, dich zu sehen."
Auf psychologischen Rat hin umarmt er sie nicht. Sie müssen warten, bis sie Vertrauen zu Ihnen fasst. Es wird viel Geduld erfordern, hat die Psychologin in ihrem Abschlussbericht geschrieben.
Mühsam hält er seine Rührung unter Kontrolle.
„Kommt, lasst uns nach Hause fahren."
Anne und Amelie würden vorerst in Michaels Wohnung in der Riverside Drive übernachten. Sie benutzen sie kaum, da Cathys Appartement viel günstiger zur Schule liegt. Sie haben schon daran gedacht sie zu kündigen, sind jetzt aber froh sie zur Verfügung zu haben. Wana wird Amelie und Anne tagsüber besuchen. Cathy hat Marjani und Mokami nach Nairobi kommen lassen, um Anne die Betreuung der Kinder zu erleichtern. Sie warten in der Wohnung. In einigen Wochen beginnen die Weihnachtsferien und dann werden alle nach Shanzu übersiedeln.
Auf der Fahrt durch Nairobi ist Anne geschockt. Hochhäuser wohin sie schaut, vierspurige, nein sogar sechsspurige Autostraßen und, wie ihr vorkommt, Millionen von Autos und Menschen.
„Ich war doch vor, lasst mich rechnen, vor 45 Jahren hier. Es gab damals kaum asphaltierte Straßen, meist zog das Auto eine Staubwolke hinter sich her und das Hotel, eines der höchsten in Nairobi, hatte drei

Stockwerke. Mein Gott, welch eine Veränderung. Oder, sagen wir es so, bin ich alt geworden."
Amelie sitzt eng an Anne gedrückt und schaut interessiert auf die Millionenstadt. Plötzlich schreit sie angstvoll auf. Michael hat an einer Ampel angehalten und plötzlich ist ein vielleicht zehnjähriger schwarzer Junge aufgetaucht, der fordernd an die Seitenscheibe klopft. Er hält eine kleine Massai-Puppe auffordernd in der Hand und schaut Amelie hoffnungsvoll an. Auf ihrem Gesicht erscheint ein kleines Lächeln. Das erste, seit sie das Flugzeug verlassen hat. Anne tippt Cathy auffordernd auf die Schulter, worauf diese die Scheiben herunterlässt und eine Puppe kauft. Amelie nimmt sie freudig in Empfang und wendet sich Anne zu. Ein leises Schluchzen lässt sie herumfahren. Aus Wanas dunklen Kulleraugen tropfen Tränen und ein todtrauriger Blick trifft sie.
„Warum weinst du?"
Wana unterdrückt heldenhaft ein Schluchzen und schweigt. Er versteht kein Deutsch.
„Ist es, weil dir die Frau keine Puppe gekauft hat? Du brauchst nicht weinen."
Amelie schaut sie noch einmal an, dann drückt sie Wana die Puppe in die Hand.
Cathy zuckt zusammen. Michael schweigt. Anne öffnet den Mund, schließt ihn aber wieder.

„Ich bin Cathy, Amelie. Oma Anne ist auch meine Oma und Michael, dein Papa ist...", da weiß sie nicht weiter. Michael schaltet sich ein: „Cathy und ich werden heiraten und dann wird sie deine Mama."
Amelie schweigt, schmiegt sich an Anne und schaut aus dem Autofenster.

Mokami und Marjani stehen ganz eingeschüchtert in der Küche. Das Arrangement behagt ihnen gar nicht, aber für Cathy tun sie alles. Anne hat genauso gemischte Gefühle. Den ganzen Tag allein mit zwei kleinen Kindern in Nairobi, der Stadt mit der höchsten Kriminalitätsrate in Kenia, die ihr völlig fremd ist, gefällt ihr auch nicht.
„Mokami wird euch die ersten Tage begleiten. Am Ende der Straße ist ein kleiner Swimmingpool, den könnt ihr benutzen. Über die Straße ist der Arboretum Park mit wunderschönen großen Bäumen. Sogar einen Bambushain gibt es da. Auf den Wiesen können die Kinder spielen, aber gewöhnt euch erst einmal ein. Mokami kauft ein, kocht und macht den Haushalt und Marjani ist Wanas Spielkameradin aus Shanzu. Sie bringt Wana Englisch bei. Vielleicht kann Amelie davon profitieren? Und Granny", dabei fasst Cathy nach Annes Händen, „nochmals tausend, tausend Dank für deine Hilfe. Wir wüssten nicht, wie wir das

ohne dich hätten schaffen sollen, außer Amelie in die Schule bringen. So ist es bestimmt viel besser. Und, Granny?
Kannst du die paar Wochen bis Weihnachten überhaupt hierbleiben?"
„Ich bin im Moment ziemlich müde, ich habe im Flugzeug kaum geschlafen. Natürlich habe ich auch schon daran gedacht bis Weihnachten hier zu bleiben. Ich muss zugeben, es kommt mir sehr, sehr lange vor. Ich vermisse Salzburg, die Berge, sogar das Schmuddelwetter, aber dich habe ich dreiundzwanzig Jahre vermisst. Das ist unendlich lange. Selbstverständlich bleibe ich und helfe, wo ich kann."
Michael kommt herbei und versichert Anne ebenfalls seines Dankes. Dann verlassen alle außer Anne das Appartement, damit sie Schlaf nachholen kann. Das heißt, sie wollen die Wohnung verlassen, aber Amelie weigert sich, mit ihnen mitzugehen. Alles Zureden hilft nichts. Sie versteckt sich hinter dem Sofa. Cathy hat eine Idee. Sie drückt der Kleinen ihr Handy in die Hand.
„Schau, wenn du da und da drückst, läutet Omas Telefon und du kannst mit ihr sprechen. So kannst du mit uns gehen und sie doch immer erreichen."
Wana und Marjani hatten fasziniert zugesehen, wie Amelie die Tasten drückt und kurz danach Annes

Handy zu läuten beginnt. Wana will Amelie das Telefon aus der Hand nehmen, aber diese hält es ganz fest und schüttelt den Kopf. Wana zerrt fester dran. Da gibt ihm Amelie mit ihrer freien Hand einen Klaps. Er verzieht das Gesicht, als wolle er weinen, und geht hinter Cathy in Sicherheit, von wo er Amelie die Zunge herausstreckt, so weit es geht. Das hat er im Kindergarten gesehen und findet es toll. Aber Amelie beachtet ihn nicht. Endlich können sie die Wohnung verlassen. Michael nimmt seine Tochter an der Hand und diese wehrt sich nicht.

Sie schlendern durch die Appartementsiedlung, zeigen Amelie den Swimmingpool und überqueren die Straße in den Park. Marjani hat einen Ball dabei und auf einer der Wiesen fangen sie an, den Ball hin und her zu werfen. Die Stimmung steigt und bald spielten sie Abschießen, was viel Geschrei und Gelächter verursacht. Cathy und Michael überlassen den Ball den Kindern und setzen sich auf das Gras.
„Das ging doch ganz gut."
Michael nickt erleichtert.
Nach dem gemeinsamen Abendessen, für das Mokami ‚biryani – würzigem Reis mit Hühnerfleisch und chapati – Fladenbrot' zubereitet hat, schläft Amelie fast am Tisch ein. Cathy will sie ins Bett bringen, aber so

müde ist sie nun doch nicht.
„Nicht du. Geh weg. Oma ..., Oma!"
Ihre Stimme wird schrill.

Als Anne aus dem Schlafzimmer zurückkommt, steht eine Weinflasche auf dem Tisch. Wana und Marjani spielen ruhig in einer Ecke.
„Granny, bitte erzähle von Ventimiglia, von Salzburg. Wie geht es Tina? Geht es ihr besser? Hat sie den Schock überwunden, dass Dad ihr Vater ist?"
„Ich glaube nicht, dass es der Schock mit der Vaterschaft war, der sie so belastet hat. Ich vermute, nein, ich weiß, dass es große Probleme zwischen ihr und Bastian gab. Eigentlich fing es an, nachdem sie das erste Mal von Mallorca zurückkam. Bastian hatte ich einmal mit einer anderen Frau gesehen. Ich habe mit Mara, Tinas Freundin, einen Plan ausgeheckt. Entweder klappt es, haben wir uns gesagt, oder wenn nicht, ist nichts verloren, aber wir haben es dann wenigstens versucht.
Sie haben zu viert eine wunderschöne Bergtour gemacht, Tina liebt Berge und der letzte Teil des Weges wird mit dem Boot über den Königsee zurückgelegt. Einfach romantisch. Es scheint geklappt zu haben. Beide machen wieder einen zufriedenen Eindruck."

Cathy bezweifelt, dass eine bloße Wanderung, so schön sie auch gewesen sein mag, Beziehungsprobleme heilen kann. Ich werde Weihnachten mit ihr reden, nimmt sie sich vor. Anne erzählt dann noch lange von Ventimiglia. Michael hängt an ihren Lippen. Als Wana in der Ecke eingeschlafen ist, lassen Cathy und Michael Anne schweren Herzens allein in der Wohnung zurück.

„Mokami und Marjani schlafen im Wohnzimmer, Granny. Sie machen das alles ganz allein. Du brauchst dich nicht darum zu kümmern. Mokami holt Wana morgen früh bei uns ab und bringt ihn hierher. Anschließend macht sie Frühstück. Solltest du vorher etwas benötigen, oder frühstücken wollen, wird es Marjani besorgen. Marjani spricht, genau wie Mokami Englisch, Granny. Wir kommen so gegen sechzehn Uhr nach der Schule, zumindest ich, Michael vielleicht später. Und", fährt sie lächelnd fort, „pass auf, was du heute Nacht träumst. Man sagt, was man in der ersten Nacht an einem neuen Ort träumt, geht in Erfüllung!"

„Was ich vor fünfundvierzig Jahren geträumt habe, weiß ich nicht mehr! Sonst hätte ich diesen Spruch jetzt bestätigen oder widerlegen können! Aber ich werde Amelie fragen, was sie geträumt hat."

Am nächsten Morgen bringt Wana eine große Tasche Malpapier und Buntstifte mit und nachdem Marjani mit dem Aufräumen fertig ist, darf auch sie malen. Sie ist ganz aufgeregt, denn so viele Buntstifte und so große Papierblätter hat sie noch nie gesehen. Anfangs sind ihre Zeichnungen ganz klein in eine Ecke gekritzelt, dann werden sie langsam größer, allerdings nicht so groß wie Wanas.

Dieser malt mit Wachsmalkreiden und Eifer große Kreise auf das Papier, das manchmal sogar zu klein ist. In dem Fall malt er einfach auf dem Tisch weiter. Seine Lieblingsfarben sind rot und blau und... schwarz!

Die Mädchen kichern, aber Anne erklärt ihnen, er würde Gefühle malen.

Amelies Zeichnungen sind Bilder vom Meer, Kirchen und vielen Kindern. Lauter Strichmännchen malt sie in ihre Landschaft, dabei murmelt sie Namen vor sich hin. Anne beugt sich interessiert darüber.

„Wer ist das? Chi è? Who's that?"

Sie erklärt Marjani und Wana auf Englisch, dass Amelie ihre Freunde und Freundinnen aus dem Heim male.

„Aber die schauen alle gleich aus."

„Sie haben alle verschiedene Namen", übersetzt Anne.

Amelie murmelt: „Giuseppe, Andrea, Louisa, Gaia, Mario, Marco, Chiara, Rebecca..."

„Da fehlen noch Wana und Marjani."

Aber Amelie schüttelt den Kopf.

Abends liest Michael seiner Tochter deutsche Geschichten vor. Marjani hilft Mokami in der Küche. Cathy und Anne haben sich in das andere Zimmer zurückgezogen, um ungestört zu plaudern. Wana sieht sich diese Aufteilung an und trottet zu seiner Spielzeugtasche und holt ein Buch heraus. Es ist „Peter Rabbit", das ihm Diana geschenkt hat. Damit setzt er sich in einen Sessel, zieht die Beine an und schlägt das Buch auf. Dass es verkehrt herum ist, stört ihn nicht. Dann liest er mit lauter Stimme „sein" Buch vor. Nach kurzer Zeit hört Michael zu lesen auf, und schaut erstaunt auf Wana. Er ruft Cathy, die in der geöffneten Türe gebannt stehen bleibt. Wana liest und liest. Mindestens zwanzig Seiten fehlerfrei in Englisch, obwohl er noch nicht lesen kann und so gut Englisch auch nicht. „Welch eine Gedächtnisleistung!"
„Er ist erst dreieinhalb Jahre alt, meint der Zahnarzt!"
„Er ist ein Genie!"

Am Wochenende unternehmen sie eine Safaritour durch den Nairobi Nationalpark und die Kinder sehen erstmals im Leben lebende Giraffen und sogar einen einzelnen Löwen. Da sie vor allem von den Giraffen fasziniert sind, besuchen Cathy und Michael mit ihnen und Anne am darauffolgenden Wochenende das Langatta Giraffe Center, das westlich des Nairobi

National Parks liegt. Auf einem Turm stehend, können sie den Giraffen in die Augen schauen.

„Darf ich sie füttern? Die anderen machen das auch!"

Natürlich kauft Michael drei Heubüschel, obwohl er die Kinder aufmerksam macht, dass es unwahrscheinlich ist, dass die Giraffen noch Hunger hätten. Zu viele Futtergaben werden ihnen schon präsentiert. Aber keiner hört auf ihn. Drei Giraffen strecken die Köpfe auf die Turmplattform und kauen genüsslich Heu. Wana ist der Kleinste. Da nimmt ihn Amelie an der Hand und bahnt sich mit ihm einen Weg ganz nach vorne.

Ängstlich hält er einer Giraffe sein Heubündel entgegen und als er die rauhe Zunge spürt, lässt er es vor Schreck los und es fällt auf den Turmboden. Amelie bückt sich,

hebt es auf und drückt es ihm wieder in die Hand.

„Du kannst das, Wana!"

Er nickt, denn er versteht den Sinn ihrer Worte.

Cathy hat es beobachtet. Kann sie hoffen, den Panzer, um Amelies Seele, zu knacken?

Michael versucht mit Geschichten von früher, Amelies Erinnerungen zu aktivieren, ist aber nicht erfolgreich damit. Sie hat sich zwar offensichtlich daran gewöhnt, dass sie nun mit Oma Anne zusammen wohnt und

Cathy und Michael am späten Nachmittag vorbeikommen. Sie scheint kein Heimweh nach Italien und dem Waisenhaus zu haben. Aber sie spricht nach wie vor kaum. Der einzige Mensch, außer Anne, ist Wana, dem sie interessiert und liebevoll entgegenkommt. Michael und Cathy begegnet sie ruhig und weitgehend emotionslos. Sie lauscht auch geduldig Michaels Geschichten, allerdings ohne Reaktion.

„Sie hat nächsten Sonntag Geburtstag. Ich habe Angst vor dem Tag", gesteht er Cathy. „Ich habe so herrliche Erinnerungen an ihre vorigen Geburtstage! Wie sie mich freudestrahlend umarmte, wie viel Spaß wir zusammen hatten. Sie liebte ihre Mutter sehr. Ich kann immer noch keine Ähnlichkeit mit der heutigen Amelie erkennen."
Cathy und Anne beschließen, einen deutschen Kuchen
zu backen. Cathy besorgt Kerzen. Michaels Aufgabe ist das Besorgen des Geschenkes. Er ist hilflos.
„Ich kann nicht erkennen, dass sie sich für irgendetwas interessiert. Außer für Giraffen. Ich kann ihr doch keine Giraffe schenken!"
„Warum nicht?"
„Ein Stofftier? Meine Tochter wird acht Jahre alt!"

„Michael! Es kommt nur darauf an, dass sie sich freut. Jetzt geh los und kaufe die größte Giraffe, die du finden kannst." Cathy besorgt noch Giraffen-Aufkleber und ein Giraffen-Poster für Amelies Zimmer in Shanzu. An ihrem Geburtstag starrt Amelie auf die brennenden Kerzen, dann dreht sie sich um und läuft weg. Laut weinend wirft sie sich auf ihr Bett. „Mama, Mama."
Michael eilt ihr nach, zieht sie in seine Arme und wiegt sie. „Mama ist im Himmel. Sie liebt dich und es tut ihr so leid, dass sie nicht hier sein kann."
Er streichelt über ihre Haare.
„Amelie, ich bin doch dein Papa. Ich hab dich so lieb. Und wir sind wieder zusammen. Ich habe dich schrecklich vermisst in den letzten zwei Jahren."
„Das stimmt nicht. Du hast mich allein gelassen. Ich war ganz allein. Suor Annunziata hat gesagt, dass mich niemand vermisst."
„Man hat mir gesagt, dass du tot bist. Mama war beim Unfall gestorben. Wie konnte ich wissen, dass du lebst?
Es tut mir so leid, mein Schatz. So viele Tränen, so viel
Kummer, die nicht nötig gewesen wären."
Amelie verstummt. Ihr Gesichtsausdruck wechselt von Verzweiflung zu... ja wozu? Zu dem Gesicht, dass er inzwischen kennt. Ruhig, unbeteiligt, ohne Emotionen.

„Amelie, glaube mir doch. Ich liebe dich und ich habe dich sehr vermisst."
Aber sie reagiert nicht mehr. Sie steht auf und geht ins Wohnzimmer zurück. Niedergeschlagen folgt er ihr.
Wana, dem schon wieder Tränen in den großen dunklen Kulleraugen hängen, jammert: „Ich will auch Geburtstag, auch Geschenke, auch Giraffe."
„Du musst leider noch ein bisschen warten. Du hast erst am 12. Juni Geburtstag."
Sie, oder ist es Pablo gewesen, der einfach den 12. Juni eingetragen hat? Wie wichtig ist es eigentlich, den Tag seiner Geburt zu kennen?

Anne ist überrascht, als sie das Sheldrick Wildlife Trust Elefantenwaisenhaus betreten. Die Kinder sind aufgeregt und begeistert. Achtzig Elefantenbabys, deren Mütter von Wilderern erschossen wurden, bekommen hier eine Chance, zu überleben. Die Dunkelziffer liegt sicher viel höher. Denn wenn die Elefantenbabys nicht in kürzester Zeit gefunden werden, verdursten sie oder werden Beute von Raubtieren. Ihre einzige Rettung ist das Waisenhaus. Es liegt im westlichen Teil des Nairobi Nationalparks. Das Giraffe Centre ist nicht weit entfernt. Die Besucher erleben, wie die kleinen Elefanten mit Flaschenmilch gefüttert werden. Einige halten sich die Flasche ganz geschickt mit dem Rüssel und trinken selbstständig, andere brauchen einen Pfleger dazu. Die gefüllten Flaschen werden mit Schubkarren herbeigebracht, was die Kinder fasziniert. Anschließend gehen die Pfleger mit den Elefanten spazieren. Michael fotografiert ununterbrochen. Es ist nicht zu unterscheiden, was ihn mehr fasziniert – die Gesichter der Kinder oder die Elefanten. Man kann die Tiere bis zum Schlammbad begleiten. Sie suhlen sich mit Begeisterung darin.

„Igitt", ist Amelies Kommentar, während Wana am liebsten unter dem Zaun durchkriechen würde, um sich ebenfalls hineinzustürzen. Er lacht über das ganze Gesicht.

Anne beschließt spontan eine Spende abzugeben und marschiert in das Office, das am heutigen Sonntag nur mit einer Person besetzt ist. Miss Sarah informiert Anne, dass nicht nur eine neutrale Spende, sondern auch eine Patenschaft für ein bestimmtes Elefantenbaby möglich sei. Anne ruft Amelie herbei. Der Rest der Familie folgt. Miss Sarah hat schon die Liste der verfügbaren Babys auf den Tisch gelegt und Amelie bekommt rote Backen vor Aufregung. Bei Wana kündigen sich schon wieder Tränen an, sodass Cathy eingreift.

„Granny, es können sich doch Amelie und Wana ein Baby teilen, meinst du nicht?"

Anne nimmt Wana auf den Arm.

„Natürlich ist es auch dein Baby. Es ist groß genug für euch zwei, nicht?"

Lächelnd küsst sie ihn und Wana nickt glücklich.

Nach langen, langen Diskussionen entscheiden sie sich für ENKIKWE, ein elfmonatiges Elefantenmädchen. Die Ranger entdeckten sie in der Nähe des Dorfes Enkikwe im Masai Mara Gebiet. Am zuvorliegenden Tag war sie zusammen mit ihrer Mutter und ihrem vielleicht siebenjährigen Bruder von Einheimischen in der Nähe gesehen worden. Am darauffolgenden Tag war ihre Mutter unbegreiflicherweise tot. Es gab keine äußere Verletzung. Sie musste etwas Giftiges gefressen haben. Enkikwes Bruder kümmerte sich rührend um sie, aber ohne Muttermilch konnte sie in dem Alter nicht überleben, sodass sich die Ranger entschlossen, sie in das Waisenhaus zu bringen. Dort fand sie nach einigen Tagen Eingewöhnungszeit Spielkameraden, die ihr halfen, ihr schweres Schicksal zu verkraften.

„Ich habe auch Spielkameraden gehabt, aber nicht alle waren nett." So Amelie.

Es gibt viel zu sehen in Nairobi, viel zu unternehmen und doch, Amelie sehnt sich nach dem Meer, kann es aber nicht ausdrücken. Anne genießt die Gegenwart ihrer Katharina, aber der Lärm und die vielen

Menschen lassen sie immer öfter an ihr stilles Haus in Salzburg denken.

Mokami und Marjani wollen nur nach Hause.

Cathy beschäftigt sich viel mit Überlegungen, welche Weihnachtsgeschenke sie besorgen soll. Bis jetzt hat sie immer nur zwei Geschenke gebraucht. Eins für Diana und eines für ihren Dad. Jetzt auf einmal sieben! Worüber würde sich Granny freuen? Oder George? Geschenke für die Kinder und Michael, sowie Diana sind einfach. Aber schon bei Tina ist sie unsicher? Und Sebastian? Bücher?

Normalerweise kauft sie im Westgate-Centre ein, aber nach dem grausamen Überfall mit den vielen Morden im September ist sie nicht mehr dort gewesen. Sie ist vollkommen einverstanden mit den Operationen des kenianischen Militärs in Somalia gegen die islamischen Milizen von Al-Shabaab.

Diese hatten Angriffe und Übergriffe im Norden Kenias und in der Küstenregion von Lamu, das gar nicht so weit weg von Shanzu ist, verübt. Als Racheakt auf dieses Eingreifen des kenianischen Militärs wiederum unternahm die Al-Shabaab den Angriff auf das Westgate-Einkaufszentrum in Nairobi und traf den Nerv Kenias.

Es gibt viele Einkaufszentren in Nairobi. Man muss sein Glück nicht herausfordern. Obwohl die Vernunft ihr sagt, dass nie zweimal derselbe Ort für einen Überfall ausgesucht wird. Trotzdem ändert sie und viele ihrer Freunde und Bekannten ihr Einkaufsverhalten. Sie sucht lieber Boutiquen und kleinere Geschäfte auf.

In den Slums gab es damals Übergriffe auf somalische Menschen, die zum Teil schon lange in Kenia lebten. Hass erzeugt Hass, das wurde damit wieder einmal bewiesen. Martin Luther King Jr. hat einmal gesagt:

> „Darkness cannot drive out darkness, only light can do that. Hate cannot drive out hate, only love can do that –
> Dunkelheit kann keine Dunkelheit vertreiben, nur Licht kann das. Hass kann nicht Hass vertreiben, nur Liebe kann das."

Das ist weise und wahr, aber wenn Michael erschossen worden wäre, ich glaube, ich würde auch hassen. Allerdings würde ich meinen Hass nicht an unschuldigen Menschen auslassen, nur weil sie die gleiche Nationalität wie die Täter haben, oder Cathy? Gott sei Dank hat es uns nicht getroffen.

10. SHANZU, WEIHNACHTEN

Drei Wochen später steht Cathy wieder in einer Flughafen-Ankunftshalle, und zwar des Mombasa Moi-International-Airports, diesmal allerdings allein. Sie wartet auf ihre Schwester Tina. Bereits einen Tag vorher sind Diana und George angekommen. George hatte ein besonderes Geschenk für Wana dabei. Ein rotes Segelboot. Wanas Augen sind ganz groß und rund geworden.
„Danke George", sagte Cathy, da Wana nur stumm dastand. Amelie hatte auch ein Boot bekommen. Ein gelbes.
„Komm Wana, wir lassen sie schwimmen."
Aber Wana hing an Diana wie eine Klette. Amelie hörte nur noch „Grandma" hier und „Grandma" da. Als Wana sie an der Hand und in Richtung seines Zimmers zog ohne Amelie auch nur zu beachten, biss sie sich auf die Lippen. Wer war diese Frau? Sie kann sie gar nicht leiden.
Den Rest des Abends bliebt Amelie unauffindbar.

„Karibu sana", ruft Cathy laut, um die Reiseagentur-Agenten zu übertönen, „willkommen in Kenia."
Prüfend schaut sie in Tinas Gesicht, das zwar müde,

aber fröhlich wirkt.

„Ich freue mich so, dass ihr endlich da seid."

Lena und Lisa wirken total eingeschüchtert, sagen kein einziges Wort und wollen Tinas Hände nicht loslassen.

„Lasst mich doch um Himmels Willen meine Schwester in den Arm nehmen! Gott, welche Hitze, meine Liebe. Wir freuen uns auch, hier zu sein. In Salzburg liegt der Schnee einen halben Meter hoch! Wie geht es euch denn allen?"

Als Cathy vor dem Haus vorfährt, wundert sich Tina. „Das ist dein Hotel? Das sieht aber gar nicht wie ein Hotel aus." Sie bekommt keine Antwort.

„Ich bringe euch zu eurem Zimmer. Wir haben für die Zwillinge zwei Betten dazugestellt. Ich hoffe, ihr seid nicht zu beengt."

Tina hat gar nicht richtig zugehört. Ihr Blick ist beim Betreten des Zimmers auf den Balkon gefallen. Sie öffnet die Tür, atmet tief ein und aus. Sebastian und die Zwillinge sind ihr gefolgt.

„Mein Gott, welch ein Ausblick!"

„Mama, das Meer!"

„Mama, können wir dahin?"

Sebastian dreht sich um und sagt: „Danke Cathy, dass wir herkommen durften. Danke."

„Das ist doch selbstverständlich. In einer halben

Stunde vor der Terrasse, ja?"

„Mama, da ist Oma Anne."

„Oma Anne, Oma Anne", rufen die Zwillinge, und versuchen auf die Balustrade zu klettern.

„Am besten kommt ihr zwei gleich mit mir nach unten, da könnt ihr eure Oma begrüßen."

„Wer ist das Mädchen bei Oma? Ist es Amelie", will Tina wissen.

„Ja", Cathys Gesicht verliert für kurze Zeit das Lächeln. „Ja, sie freut sich, euch kennenzulernen."

Tina ist das Minenspiel aufgefallen. Oh je, das sieht nach Problemen aus.

„Mädels, ihr bleibt erst einmal hier und wechselt die verschwitzte Kleidung."

Auf der Terrasse ist der Tisch für elf Personen gedeckt. Die Zwillinge umarmen Anne stürmisch und begrüßen Diana und George höflich.

„Meine Mama spricht auch Englisch. Wir nicht", informiert Lisa gleich die beiden.

„Gosh, isn't she cute? I like her. - Mein Gott, ist sie süß. Ich mag sie."

Wana steht Lisa und Lena unsicher gegenüber. Er erinnert sich nur vage an sie, aber Lisa ergreift gleich die Initiative. Sie hat vergessen, dass Wana nicht deutsch spricht. In Mallorca hatte Sofia immer übersetzt.

„Kannst du schwimmen? Weil, ich kann schon viele Meter schwimmen. Lena kann noch nicht so weit..."

„Doch, ich kann genau so weit wie du", kontert Lena.

„Wana spricht nicht deutsch", erklingt eine heisere Stimme. „Er versteht euch nicht."

„Wer bist du?"

„Ich bin Amelie." Das Mädchen zögert, „Amelie Schneider. Vor kurzem hieß ich noch Gabriella."

Lena und Lisa staunen. Da fällt sogar Lisa nichts mehr ein. „Du hast zwei Namen? Wie sollen wir dich nennen?"

„Hier nennen mich alle Amelie."

„Bist du schon lange hier?"

„Erst ein paar Tage. Mit Oma Anne habe ich ein paar Wochen in Nairobi gewohnt."

„Mit Oma Anne? Aber sie ist unsere Oma! Sie ist Mamas Oma." „Ist Tante Cathy deine Mama?"

„Nein. Kuja Wana. Das ist Suaheli und heißt komm."

Sie nimmt Wana an der Hand und geht mit ihm davon. Die Zwillinge laufen zu Tina und bestürmen sie, an den Strand gehen zu dürfen. Aber ohne Aufsicht wird es ihnen nicht erlaubt. Sie müssen sich noch ein bisschen gedulden.

Die Erwachsenen versammeln sich bei den Stühlen unter den Palmen. Auf der Terrasse ist es noch zu heiß

.Ein Tisch mit Gläsern, Getränken und Obst steht daneben. Die Zwillinge können sich schwer entscheiden, aber letztendlich wählt Lisa Mango- und Lena Ananassaft. Sie bekommen Eiswürfeln hinein, die klirren. Das gefällt ihnen.

Als Amelie und Wana wieder auftauchen, schlägt Tina ein Ballspiel vor. Wana nickt begeistert, nachdem ihm Amelie das übersetzt hat, und läuft los den Ball zu holen. Marjani kommt auch dazu. Cathy nickte ihr lächelnd zu, formt ein „Danke" mit ihren Lippen und wendet sich entspannt ihren Gästen zu.

„Ich werde euch die Geschichte des Hauses erzählen, denn es ist natürlich nicht mein Hotel, wie Tina gleich erkannte."

Damals, als Michael so desillusioniert von Ventimiglia zurückkam, tat es Cathy leid, ihn zwei Tage später wieder verlassen zu müssen. Nur nach längerem Zögern stimmte er zu, am Freitagnachmittag mit Wana nach Mombasa nachzukommen.

„Zwei Tage am Strand tun dir auch gut", schmeichelte sie. „Natürlich ist es ein bisschen verrückt, wegen der Erbschaft eines alten Schachspiels so weit zu reisen, aber wir könnten die Zeit für uns gebrauchen, meinst du nicht?" Sie schmiegte sich an ihn und küsste ihn zärtlich. „Ja, vielleicht hilft es mir. Du wolltest mir ja surfen beibringen."

„Das natürlich auch. Ich rufe gleich an, dass Marjani sich schon am Freitagnachmittag um Wana kümmern soll."

Als sie aus der automatischen Tür der Ankunftshalle trat, die den Passagier- von den öffentlichen Bereichen trennt, erkannte sie David, der ihr zuwinkte. Er war mit seinem Auto gekommen, um Cathy nach Mombasa zum Gericht und anschließend zum Hotel zu bringen. In zwanzig Minuten wurde eine Gruppe Touristen aus England erwartet, somit der Hotelbus benötigt.
Der Verkehr war höllisch. Sie bewunderte David für seine Ruhe und Gleichmütigkeit. Gut, sie hatte letzte Nacht kaum geschlafen, dafür war es eine außergewöhnliche Nacht gewesen. Sie würde den Schlaf heute Nachmittag nachholen. Michael konnte es nicht. Der arme Mann. Als sie zu guter Letzt kurz vor dem Law Court noch in einen richtigen Stau gerieten, wurde sogar David nervös. Vor Gericht zu spät kommen, ist mehr als peinlich. Aber sie schafften es haarscharf. Cathy sprang aus dem fast noch fahrenden Wagen und rannte die Außentreppen hoch. Atemlos öffnete sie die Tür zu dem bezeichneten Raum und stand stocksteif. Der Judge lächelte maliziös und meinte: „Perfektes Timing, Miss Schleyer. Sie sind doch Miss Schleyer?"
„Ja. Mein Name ist Catherine Schleyer. Bin ich zu spät?"
Dem Richter und seiner Sekretärin gegenüber saß Mary, Mr. Joner's Haushälterin und zwei Männer, die Cathy nicht kannte. Einer war wohl Mr. Stoners Anwalt. Sie waren die einzigen Personen außer ihr im Raum.
„Nein, nein. Wie ich schon sagte, Sie sind ganz pünktlich. Ihren Pass bitte."
Nachdem die Sekretärin jeden Eintrag, so schien es Cathy, aus ihrem Pass in ein Formular übertragen hatte, kam der Judge zur Sache.

„Testamentseröffnung von James Stoner, zuletzt wohnhaft in Shanzu, 376, Malindi Road, gestorben Oktober, 7th, 2014 ebenda.

Der Verstorbene hat zwei Tage vor seinem Ableben in Anwesenheit eines Notars, Mr. John Juma, sein Testament geändert. Dies lautet nun: Ich vermache meinen gesamten Besitz der Tochter meines Freundes Jo Schleyer, Miss Catherine Schleyer. Ich bin der Ansicht, dass sie dieses Land liebt und das Anwesen im Hinterland zum Wohle Kenias und seiner Bürger verwenden wird. Des Weiteren vermache ich meiner Haushälterin Mary Mghoi 80 000 und dem Gärtner 20 000. Kenia Schillinge. Mr. Juma wird diese Summen auszahlen."

Cathy war total perplex.

„Wieso hinterlässt er mir sein Haus? Ich kannte ihn doch gar nicht gut."

Der Richter reichte Cathy die Hand. „Sie werden sich schnell daran gewöhnen. Er hat Ihnen viel mehr hinterlassen als sein Haus. Mr. Juma wird sie gerne darüber informieren."

Damit verließ er den Raum. Für ihn war die Angelegenheit erledigt. Für Cathy sollte erst alles beginnen.

„Mr. Juma, ich möchte, und ich hoffe Sie verstehen das, noch meinen beziehungsweise den Anwalt meines Vaters zuziehen. Ich bin nur das Wochenende über hier in Mombasa. Falls mein Anwalt Zeit hat, könnten Sie heute Abend ins Hotel kommen?"

„Aber sicher, Miss Schleyer."

Sie tauschten Visitenkarten aus und nach einer Viertelstunde befand sich Cathy wieder auf dem Weg nach draußen. Da kam ihr David entgegengeeilt. Er hatte so lang nach einem Parkplatz suchen müssen, eigentlich hatte er auch jetzt keinen Parkplatz gefunden. Er hatte das Auto in eine Einfahrt gestellt und wenn er Glück haben würde, stünde es später noch da. Er schien enttäuscht, Cathy schon wieder beim Hinausgehen zu treffen, und zog fragend die Augenbrauen hoch.

„Ich brauche einen Drink, David. Einen großen, kalten und starken!"

Da wagte er ein leichtes Hoffen.

Auf der Terrasse des Mombasa Clubs schaute sie ihn an und meinte: „David, du weißt doch viel mehr von dem Volksgemurmel hier. Weißt du, oder hast du eine Ahnung, was der Richter gemeint hat, mit, er hat Ihnen mehr hinterlassen als das Haus?"

David setzte sich elektrisiert auf: „Heißt das, dass du das Haus geerbt hast und das ganze Grundstück?"

„Ich glaube schon, zumindest will der Rechtsanwalt heute Abend vorbeikommen, wir müssen Mr. Kalela anrufen." Dabei schaute sie lächelnd auf das Meer und nahm einen großen Schluck Spidu. Seit einiger Zeit ihr Lieblingsdrink, der aus Sekt, Limonade und einem Blatt Minze gemixt und mit jeder Menge Eiswürfe serviert wird. Sie war mit ihren Gedanken offensichtlich ganz woanders. Unschlüssig wartete David ein paar Minuten, dann zog er sein Handy aus der Jackentasche und entfernte sich ein wenig vom Tisch, ohne dass Cathy es auch nur bemerkt hätte.

Zurückkommend sagte er vorsichtig: „Cathy, Mr. Kalela kommt um 18 Uhr. Ich muss los, ich habe einen Termin mit dem Getränkelieferanten."

Sie ging langsam am Strand Richtung Norden, vorbei an Dads und ihrer Privatbucht, bis sie am Strand des *Blue Sea House* anlangte. Sie lächelte. Schon als Kind fand sie den Namen des Hauses fantasielos. Blaues-Meer-Haus. Ihr wären viel schönere Namen eingefallen. Sie ging durch den großflächigen Garten, der im englischen Landhausstil angelegt war, außer natürlich, dass statt der Eichen, Buchen und sonstigen europäischen Laubbäume, die verschiedensten Palmen wuchsen. Ein Hauch von Verlassenheit lag über dem Gelände. Es war ein großes rechteckiges, zweistöckiges, verputztes Steinhaus, inmitten von Blumenrabatten. Vom Meer kommend führten zwei halbrunde Treppen auf die große leere mit Palmblättern überdachte Terrasse. Das Haus war abgeschlossen. Sie drehte sich um. Der Blick über die freie Rasenfläche bis zu dem tieferliegenden Strand war atemberaubend. Sogar der nördliche Teil ihres Riffs war zu sehen. Sie atmete tief ein. Sie war eindeutig ein Glückskind. War es zu früh, sich zu freuen?

Auf dem Weg zum Moi-Airport kam sie an dem kleinen Bamburi-Flughafen für Privatflugzeuge vorbei. Das wäre doch viel praktischer, fast direkt neben dem Hotel, naja nicht fast direkt - sie blickte auf die Autouhr, 5 Minuten Fahrt. Das wäre doch viel besser, als quer durch Mombasa zum großen Flughafen zu fahren, oder? Mir würde es Spaß machen, fliegen zu lernen. Warum kam ich nicht früher auf die Idee? Daddy wäre bestimmt auch dafür gewesen. Oder doch nicht? Stattdessen haben sie für die Strecke Mombasa – Nairobi immer das Auto genommen. Wieso eigentlich? Oder irrte sie sich? Hatte Dad eine Abneigung gegen Flugzeuge? Sie wusste es nicht. Das finde ich traurig. Soll ich Diana fragen? Cathy, beeile dich lieber, sonst müssen Michael und Wana auf dich warten!

Marjani stand schon vor dem Hotel. Auf ein Kopfnicken Cathys hin zog sie mit Wana lachend davon. Cathy berichtete das morgendliche Ereignis Wort für Wort Michael, der den Kopf schüttelte.

„Das klingt ja wie ein Märchen. Bist du sicher, dass du das richtig verstanden hast?"

„Also Mr. Grauauge, ich bin doch nicht dumm, oder?"

Cathy umarmte ihn von hinten und zog ihn auf das Sofa.

Sie küssten sich.

Michael zog eine kleine Schachtel aus seiner Hosentasche und meinte zögernd: „Cathy, das ist jetzt wirklich dumm. Du könntest auf falsche Gedanken kommen. Jetzt, wo du eine sehr reiche Frau bist! Ich... ich will dich schon so lange fragen, was hältst du…, oder meinst du, es ist noch zu früh…? Cathy, Liebling, willst du meine Frau werden?"

Cathy lächelte strahlend: „Natürlich will ich."

Mr. Kalela und Mr. Juma beugten sich über die Papiere und sprachen miteinander in ihrem Juristenenglisch. Nach einer Stunde stand Mr. Kalela auf und sagte: „Ich werde das noch eingehend prüfen. Auf jeden Fall schon einmal herzlichen Glückwunsch, Miss Cathy. Wenn Sie bitte hier unterschreiben wollen?"

Damit legte er eine Dokumentenseite vor sie und reichte ihr seinen Stift. Cathy schüttelte den Kopf. „Dad hat gesagt, unterschreibe nie etwas, was du nicht genau studiert hast."

Daraufhin erklärte ihr Mr. Kalela die Bedingungen, dass sie das Privathaus von Mr. Stoner, sowie das dazugehörende Grundstück privat nutzen könne. Das gelte aber nicht für das 3,4 acre große Grundstück westlich des Kibokoni Lake. Das solle für das Wohl Kenias und seiner Bürger genutzt werden. Welche Art diese Nutzung sei, überlasse er Cathy. Überwältigt unterschrieb sie. Michael rechnete im Kopf um, der englischen Maßeinheiten nicht so kundig wie Cathy. 30000 m²! Ach du meine Güte. Sie ist Großgrundbesitzerin. Mr. Juma übergab Cathy die Schlüssel des Hauses und beide Anwälte verabschiedeten sich.

„Ja, meine Lieben, so war das. So richtig daran gewöhnt haben wir uns noch nicht. Aber wir haben große Pläne."
Mokami erscheint auf der Terrasse und schlägt den Gong.
„Essen fertig, Miss Cathy"!
Sie hat sich selbst übertroffen und wird von allen gelobt, was sie mit einem glücklichen Grinsen quittiert. Es wird eine lange Nacht unter den Sternen am Strand des Indischen Ozeans.

Für Weihnachten haben sie eine kleine Fichte aus dem Westen Kenias, die schon in Nairobi gekauft wurde, mit ein paar Kerzen geschmückt. Am Nachmittag davor haben Tina und Cathy mit den Kindern Spiralen aus Goldpapier als Baumschmuck ausgeschnitten.
Wana wusste gar nicht, was Weihnachten ist, und Cathy hat schon in Nairobi ein Bilderbuch in

englischer Sprache für ihn besorgt, das von den Kindern begeistert studiert wird. Groß ist die Sorge, als sie feststellen, dass das Haus keinen Kamin hat.

„Wie kann Santa Claus dann die Geschenke von der Kutsche in das Haus bringen?"

Aber Cathy versichert ihnen, dass das Christuskind, begleitet von Engeln, von Haus zu Haus fliegen und die Geschenke unter den Baum legen wird. Beim Hinausfliegen läutet dann einer der Engel die Weihnachtsglocke. Deshalb darf sich auch niemand im Wohnzimmer aufhalten, denn sonst kommt das Christkind mit seinen Engeln nicht hinein.

„Aber in Wanas Buch steht, dass …"

„Na ja, wisst ihr, das ist ein englisches Buch und in England ist das so. Aber wir sind hier doch in Kenia und…"

„Dann hättest du ihm ein kenianisches Buch kaufen müssen." Amelies Stimme klingt verächtlich. Cathy zuckt zusammen.

Dieses kenianische Weihnachten bringt Diana in Zugzwang und sie benötigt die Hilfe von George, Sebastian und Michael damit ihre Geschenke ganz geheim unter den Baum gelegt werden können.

Auf Mr. Stoners Klavier, das im Esszimmer steht, spielt Tina Weihnachtslieder und bei ‚Stille Nacht, Heilige Nacht' singen alle mit, jeder in seiner Sprache.

Dann erklingt endlich die Glocke.

„Das Christkind", „das Christkind", rufen die Zwillinge und wollen losstürzen.

„Langsam, langsam. Alle zusammen. Gebt Amelie und Wana die Hand."

Die Kinder stehen beim Anblick des Baumes mucksmäuschenstill und schauen ihn mit großen leuchtenden Augen an. Die goldenen Spiralen bewegen sich in der Wärme und strahlen im Kerzenschein. Nach einigen andächtigen Minuten, beginnt Anne die Weihnachtsgeschichte vorzulesen. Ihre Stimme klingt belegt. Sie denkt an die zwanzig Jahre, die sie mit Tina allein verbracht hat. Nachdem sich alle „Frohe Weihnachten" oder „Merry Christmas" gewünscht haben, dürfen endlich die Geschenke ausgepackt werden. Dianas Geschenke stechen allein schon von ihrer Größe hervor. Jedes Kind sowie Michael, erhalten ein Surfbrett mit einem Gutschein für einen Privatkurs. Natürlich von Diana.

„Ich hoffe, du hilfst mir Cathy."

„Ja, aber erst morgen Nachmittag. Vormittags besuchen wir den Weihnachtsgottesdienst." Um Amelies Erziehung der letzten zwei Jahre Tribut zu zollen, ist dies beschlossen worden. „Ihr müsst verstehen, sie hat diese Zeit in Italien bei Klosterschwestern gelebt", meint Cathy, Diana und

George erklären zu müssen.

Wana hat von Diana ihre alte Sammlung der Beatrix Potter Bücher geschenkt bekommen. Er hält den ganzen Bücherstapel an seine Brust gepresst und ist nur glücklich. Diana lächelt ihn an. Da lässt er die Bücher fallen, stürmt auf sie zu, klettert auf ihren Schoß und legt die Ärmchen um ihren Hals. „Thank you, Grandma!"

Amelie und Wana haben von Anne zwei Fotobücher ihres Besuches im Elefanten-Waisenhaus bekommen. Neugierig schauen ihnen die Zwillinge über die Schultern.

„Wieso wisst Ihr, wie der kleine Elefant heißt?"

„Weil er uns gehört. Oma Anne hat ihn uns geschenkt. Wir können ihn immer besuchen, wenn wir in Nairobi sind. Wenn er erwachsen ist, darf er in die Steppe zu seiner Herde zurück. Seine Mama ist nämlich tot. Aber er hat einen Bruder. Ich habe jetzt auch einen Bruder!"

Brüder interessieren die Zwillinge nicht. Sie haben jede Menge Cousins und nicht jeder ist nett zu ihnen.

„Wann hat euch Oma Anne den Elefanten geschenkt?" Lisa will es genau wissen.

„An meinem Geburtstag. Im Elefantenwaisenhaus."

Michaels Geschenk für Wana, ein Flugzeug, das man fern steuern kann, wird von den anwesenden Herren sofort mit Beschlag belegt. Sogar George engagiert sich.

Der allgemeine Tenor lautet: „Wir wollen dir nur zeigen, wie das funktioniert."

Das stört Wana gar nicht. Er ist ein freundlicher kleiner Kerl. Auch mit Amelie als Schwester hat er Freundschaft geschlossen. Als Kigoma Amelies heisere Stimme nachäffte, ist er mit Fäusten auf ihn losgegangen, obwohl dieser einen Kopf größer ist.

Beim anschließenden Festessen, das Cathy komplett aus dem Hotel bringen lässt, denn Mokami ist in ihrer Kirche und das dauert immer Stunden, steht Michael auf und hält eine kleine Rede. Am Ende verkündet er eine Überraschung, die gar keine ist, aber freudig beklatscht wird.

„Herzlichen Glückwunsch, Cathy." „Herzlichen Glückwunsch, Michael". Cathys neuer Ring glitzert und beide strahlen vor Glück. Amelie ist im Hintergrund verschwunden, aber Wana ist begeistert: „Ich bin wieder Bumenkind, ja? Wie bei Grandma und George?"

„Natürlich. Zusammen mit Amelie und den Zwillingen."

Am nächsten Tag versammeln sich alle am Strand zu ihrer ersten Surfstunde. Für Tina, Sebastian und George werden Surfbretter vom Hotel herübergebracht. Anne verzichtet freiwillig. Sie hat ihre Kamera dabei und sich eine bequeme Liege an den Strand bringen lassen. Wana steht am Rand des Wassers, bis ihm das Zusehen zu langweilig ist. Er weiß, dass er nicht allein ins Meer darf.

„Granny please - Oma bitte!"

So legt Anne ihre Kamera beiseite und nimmt Wanas Schwimmreifen in die Hand. Sie halten großen Abstand zu den Surfern. Man weiß ja nie wohin sie fallen!

Bei diesen gibt es viel Gelächter, aber auch Gestöhne, wenn sie zum wiederholten Male vom Brett rutschen. George gibt nach einiger Zeit auf und grinst mitleidig bei den vergeblichen Versuchen, das schwere Segel aus dem Wasser zu ziehen. Er fotografiert begeistert mit Annes Kamera. Jeder der Surfer hat anschließend mindestens einmal Meerwasser geschluckt, aber Diana war voll des Lobes über ihre talentierten Schüler.

„Ja, das finde ich auch. Vor allem Amelie hat sich sehr gut angestellt", fügt Cathy hinzu. Das beschert ihr das erste Lächeln des Kindes ein.

Georges Bilder werden abends sehr gelobt und die Stunde wird nochmals mit viel Lachen rekapituliert.

Lisa und Lena stellen sich Hand in Hand vor Anne und schweigen.

„Was ist denn los, meine Hübschen?"

Die Zwillinge drucksen herum.

„Jetzt raus mit der Sprache, Mädels. Was habt ihr auf dem Herzen?"

„Wir", fängt Lena an und Lisa ergänzt „wollen auch einen kleinen Elefanten. Genauso einen wie Amelie und Wana."

„Da drückt euch der Schuh?"

Anne nimmt beide Mädchen auf den Schoß. Je ein Kind auf ein Bein. Übung hat sie genug.

„Mama hat euch doch sicher Amelies Geschichte erzählt, nicht wahr? Sie war anfangs sehr traurig in Nairobi. Ich dachte, das würde ihr helfen, sich nicht so allein zu fühlen. Wana und sie können das Elefantenkind auch an den Wochenenden besuchen. Was wollt ihr mit einem Elefantenbaby, von dem ihr nur Fotos seht?"

„Hm, wir...". „Wir könnten ihm Bilder schicken und Fotos von uns."

„Ein Kompromissvorschlag, Mädels. Wenn ihr Ostern

immer noch ein Elefantenbaby in Nairobi haben wollt, schenke ich euch eines. Obwohl – vielleicht könnten wir auch im Zoo von Hellbrunn fragen, ob es dort Tiere zu adoptieren gibt. Das ist nicht weit. Vielleicht einen kleinen Esel?"

„Oder einen Löwen, Oma?"

„Nein, keinen Löwen. Da habe ich Angst. Die haben auch Meerschweinchen in Hellbrunn oder einen Pinguin?"
„Das könnt ihr euch ja noch überlegen!"
„Ich möchte einen Adler!"
„Adler kann man nicht streicheln."
„Ein Schweinchen?"
„Ja. Ein kleines Schweinchen für dich und eines für mich."
Anne antwortete ganz pragmatisch. „Schauen wir mal."

Am nächsten Morgen machen sie einen Ausflug zum Haller Park, einem großen Park auf dem Weg nach Mombasa, in dem man Giraffen, Flusspferde, Krokodile und Riesenschildkröten bewundern kann.
Tina meint anschließend zu Cathy, dass sie das alles für interessant und sehenswert halte - aber am Schönsten sei es in der Hotelanlage. Die großen Palmen, die bis zum Strand wachsen und die gemütliche, mit Palmblättern gedeckte Snackbar. Das wird nur noch vom *Blue Sea House* getoppt. Das ist ein Traum. Wieso die kleine Bucht mit der zwei Meter hohen Klippe menschenleer ist, will sie noch wissen.
„Das ist Daddys und meine Bucht. Wir hatten immer so viele Leute um uns rum, dass wir am Strand allein sein wollten. Aber nun, da wir Mr. Stoners Haus

haben, werden wir sie für die Hotelgäste freigeben. Ich muss auch Dads Appartement ausräumen und natürlich meines. Willst du mir dabei helfen? Du würdest erkennen, dass Dad ein Mensch war, der auch gute Seiten hatte. Wir könnten dort auch ungestört miteinander reden. Granny hat mir da einiges erzählt. Willst du?"

„Ich glaube, ja. Eigentlich weiß ich, dass ich mich mit dem Gedanken an meinen leiblichen Vater auseinandersetzen sollte. Aber heute noch nicht. Vielleicht morgen?"

„Wann immer du so weit bist, Schwesterherz."

Am nächsten Tag besuchen die beiden Schwestern mit ihren Familien den Marine Park bei Mombasa. Sie fahren mit einem Glasbodenboot hinaus zu einem Riffabschnitt. Die Kinder liegen am Boden des Bootes und starren in die Tiefe.

„Hast du den gelben Fisch gesehen."

„Mama, der Fisch hat aber eine lange Nase!"

„Ist das schön."

„Kann ich mit den Fischen schwimmen?" Das ist Amelie.

„Bist du schon mal mit Flossen und Schnorchel geschwommen?"

„Nein, was ist ein Schnorchel?"

„Ein Schnorchel ist ein Rohr, durch das du atmest, um unter Wasser bleiben zu können. Ich kann dir das gerne zeigen. Wenn du damit umgehen kannst, können wir hinaus zu unserem Riff fahren. Dort haben wir nicht ganz so viele Fische wie hier, aber auch noch eine Menge. Es ist wunderschön. Möchtest du das?"
Amelie beißt sich auf die Lippen und starrt durch den Boden in das türkisfarbene Wasser mit seinen bunten elegant dahingleitenden Bewohnern. Dann schaut sie auf und sagt entschlossen. „Ich will am Riff schwimmen."

Sebastian erkundigt sich eifrig, ob in Cathys Hotel auch Hochseeangeln angeboten würde. Cathy schüttelt den Kopf und meint, dass sie nicht hundertprozentig informiert sei. „Lass uns Diana fragen."
Bei der Frage spitzt Diana die Ohren, überlegt kurz. Dann nickt sie: „Ich muss noch die Einzelheiten mit Abdullah besprechen, aber wir nehmen das sofort in das Programm auf. Gib mir noch zwei Tage Zeit, dann sind wir so weit."
Am nächsten Tag legen sie einen Ruhetag ein. Cathy verschwindet Richtung Hotel. Nach einer Stunde, in der sie am Strand hin und her getigert ist, folgt ihr

Tina. Mit Herzklopfen steht sie schließlich vor einer Tür. Der Page klopft und öffnet sie.

Cathy sitzt am Schreibtisch, der mit einem großen Stapel Papier bedeckt ist. Sie weint. Tina eilt zu ihr und nimmt sie in den Arm.

„Er wird immer dein Dad bleiben, Cathy. Nun weine nicht mehr. Wir haben uns doch wieder gefunden. Du bist nicht allein. Wir lassen uns nie mehr los. Bestimmt nicht."

„Dad hat Tagebuch geführt. Hier hat er gerade die erste Zeit in Kenia beschrieben, wie verstört ich war und welch große Gewissensbisse er hatte. Er hat überlegt, mich zurückzubringen, aber dann hat er es doch nicht gemacht!"

„Mama war zu dem Zeitpunkt schon tot und Klaus verschollen. Wir wären beide bei Oma aufgewachsen. Das wäre zwar schön gewesen, aber Cathy, so war es nicht. Lass die Vergangenheit. Sind das die Tagebuch-Aufzeichnungen?" Sie zeigt auf den Papierhaufen auf dem Schreibtisch. Cathy nickt.

„Gut. Ich packe sie in diesen Karton. Darauf schreiben wir Tagebuch von Jo Schleyer und stellen es drüben im Sea House auf den Dachboden."

„Ja", schnieft Cathy und hilft mit, die Papiere in den Karton zu stopfen. „Was war eigentlich dein Problem, von dem Granny sprach? Mit Sebastian?"

„Du weißt davon? Oma ist eine Plaudertasche!"

„Naja, sie war so erleichtert, dass ihr euch nach der Wanderung wieder so gut verstanden habt."

„Davon weißt du auch? Ich musste eine Entscheidung treffen und ich habe eine getroffen."

„Das hört sich ernst an. Bist du glücklich damit?"

„Ich bin zufrieden."

„Tina, jetzt erzähl schon. Ich bin deine Schwester. Deine Zwillingsschwester!"

Tina setzt sich auf den Boden, zieht die Beine an das Kinn und umschließt die Knie mit ihren Händen. Ihr Blick verliert sich im Irgendwo, ohne etwas wahrzunehmen. Dann erzählt sie. Lange. Zwischendrin fließen Tränen. Cathy hört schweigend zu, erschüttert von dem Schmerz in Tinas Stimme. Aber dann wird der Ton fester, bestimmter. So ist es eben. Cathy setzt sich ihr gegenüber, berührt ihre Hände.

„Wir haben uns. Für immer. Du kannst jederzeit zu mir kommen. Ich bin immer für dich da. Komm mit."

Sie nimmt ein Boot ohne Abdullah zu fragen und fährt mit Tina hinaus auf das Meer, bis das Land nur noch ein Strich am Horizont ist. Beide Schwestern schweigen. Nach langer Zeit räuspert sich Tina.

„Danke, Cathy. Hier ist es so friedlich und still. Ich gehe gerne in die Berge. Je höher, je lieber. Erst wenn ich hoch oben auf einem Gipfel stehe und mich um mich drehen kann und nichts meinen Blick bremst, dann verlieren meine Probleme an Bedeutung und ich fühle mich frei und glücklich. Das ist so ähnlich wie hier. Ich fühle mich dort genau wie jetzt hier als kleiner unbedeutender Teil des Universums. Nur vom Berggipfel muss man wieder hinunter in die Menschenwelt und hier müssen wir wieder an Land. Aber – ich bin so froh dich gefunden zu haben. Ich liebe dich."

Cathy lächelte: „Ich liebe dich auch, Schwesterherz. Wer von uns beiden ist denn nun die ältere? Du oder ich? Wir müssen Granny fragen! Und", fährt sie fort, „wenn du so eine begeisterte Bergsteigerin bist, könnten wir vielleicht einmal den Mount Kenia besteigen."

„Ja, das wäre ein tolles Unterfangen, allerdings habe ich gehört, dass es eine extrem schwere Tour ist."

„Ja, ohne Führer geht gar nichts. Außerdem sind die Gipfel, er hat drei, oft in Wolken. Ich habe schon zweimal im Mount Kenia National Park als Touristenführerin gejobbt. Die Flora und Fauna ist atemberaubend. Aber auf keinem der drei Gipfel bin ich je gewesen. Diesen Plan behalten wir ganz fest in unserem Kalender, ja?"

Tina, von Cathys Begeisterung angesteckt, nickt bestätigend.

Diana begleitet die Männer beim Hochseeangeln. Sie will genau wissen, was ihre Segel- und Surfschule als neueste Attraktion anbieten wird. Ein Tagesausflug soll dafür reichen. Die Küstengebiete Kenias sind für ihren Reichtum an Fischen bekannt. Der intensive Schutz der Korallenriff-Gebiete durch streng überwachte Marine-Parks hat sich für die Natur offensichtlich bezahlt gemacht.

Morgens um sechs Uhr fahren sie mit dem Hotelbus zum SeaPoint, dem Abfahrtshafen. Die Mannschaft besteht aus dem Bootsführer und einem Helfer. Das Angelgebiet ist nach fünf Kilometer und einem üppigen Frühstück schnell erreicht. Sebastian, Michael und George erhalten einen Einführungskurs in die Praktiken des Hochseeangelns. Am Einfachsten ist das Pilken. Dabei wird die Angel mit dem Köder vom Heck des Bootes ausgeworfen. Bei den weiteren Erklärungen hören die eifrigen Angler fast nicht mehr zu. Alle drei werfen nacheinander die Angel aus. Diana fotografiert. Nach einiger Zeit, als die Angeln eingeholt und ein paarmal wieder ausgeworfen wurden, ohne dass ein Fisch angebissen hätte, stecken sie die Angeln in die vorgesehenen Halterungen. Der Kapitän zeigt ihnen Fotos der Fische, die in diesen Gewässern herumschwimmen. Die begehrteste Beute ist der schwarze oder der gestreifte Marlin, die bis zu dreieinhalb Meter lang und 600 Kilogramm schwer sein können. Sie sind die zweitschnellsten Fische der Welt. Der schnellste Fisch der Welt ist der Segelfisch mit einer Spitzengeschwindigkeit bis zu 110 kmh! Er schießt bei der Jagd nach Beutefischen gelegentlich aus dem Wasser. Die Angler sagen ‚der Fisch tanzt'. Kaum hat er dies ausgesprochen, deutet der Kapitän Richtung Osten: „Schaut da!"

„Faszinierend", murmelt Diana und wechselt zur Filmkamera.

Gleichzeitig zuckt eine Angel. Da keiner der Drei Angelerfahrung hat, überlassen sie sie dem Kapitän. Als der Fisch nach schweißtreibender Arbeit an Bord ist, staunen alle ob seiner farbenprächtigen Schönheit. Es ist eine Goldmakrele. Diana verlangt vom Kapitän, diesen herrlichen Fisch dem Meer zurückzugeben, aber der Kapitän meint: „Sorry Madam, geht nicht. Leider. Ist zu sehr verletzt. Aber guter Fisch. Schmeckt gut." Er wird unter Deck in ein Kühlfach gelegt.

Sie fahren weiter auf das Meer hinaus. Die Angeln sind alle, mit Ködern versehen, auf beiden Seiten und am Heck ausgeworfen.

„Was ist dort am Horizont?"

Ein Schwarm Möwen fliegt aufgeregt kreuz und quer und stößt immer wieder auf die Meeresoberfläche hinab.

„Thunfische treiben Kleinfische zusammen!"

Sebastian ruft aufgeregt: „Seht, Haie."

Sie beobachten, wie sich ein großer Hai an der Wasseroberfläche und in unmittelbarer Nähe des Bootes an den, durch Thunfische zusammen getriebenen Kleinfischen labt.

Kurz vor Ende der Fahrt zeigt sich ein schwarzer Marlin mehrmals in ganzer Größe. Er hat einen Köder geschluckt und der Kapitän, ein sehr erfahrener Angler, sagt mit einem breiten Lächeln: „Guter Tag heute. Schöne Beute!" Er versucht, ihn an Bord zu hieven. Kurz vorm Boot entscheidet sich der Fisch noch zu einem weiteren Fluchtversuch. Es wird nur ein komplett verbogener Wirbel ans Boot zurückgekurbelt. Der Marlin ist entkommen.

Die gefangenen Fische verkauft Diana an das Hotel.

„Aber Darling", meint George erstaunt, „warum denn verkaufen?"

„Geschäft ist Geschäft und Freundschaft ist Freundschaft", kontert Diana und lacht. Der Koch freut sich.

Am nächsten Tag setzen sich David, Cathy und Diana im Büro zusammen, die Homepage muss um den neuen Programmpunkt erweitert werden.

Cathy macht den Vorschlag, mit einer 50/50 Beteiligung eine kleine Hochseejacht zu kaufen und sich den Gewinn zu teilen. So Tagesausflüge werden bestimmt von den Touristen gerne angenommen. Für mehrtägige Touren können wir sie ja weiterhin an SeaPoint vermitteln."

Diana überlegt: „Lass uns Angebote einholen. Wir bräuchten ja auch die Leute dafür. Einen Kapitän, mit dem entsprechenden Patent und einen Fischer, der den Leuten beibringt, wie sie einen Fisch an Bord holen können. Und das Anschließende: einkühlen und was auch immer, brr." Sie schüttelt sich.

David wartet ab und Cathy meint abschließend, er solle sich schon mal um eine kleine Jacht umschauen, muss ja nicht neu sein. Außerdem wären auch Fahrten nur für Fotografen möglich.

„Erkundige dich auch, wann und wie man an einen Jachtführerschein kommt."

Nach einer traumhaften Silvesternacht unter blinkenden Sternen, sitzen die Erwachsenen etwas wehmütig um den Terrassentisch. Diana und George werden als erste abreisen, schon um sechs Uhr früh am nächsten Morgen. Diana wird alle sechs Monate wiederkommen. Wie das Hochseeangeln gezeigt hat, ist es besser, wenn sie regelmäßig nach dem Rechten in ihrer Surfschule schaut. Ihre Angelegenheiten sind vielleicht doch nicht in den besten Händen. David ist mit dem Hotel völlig ausgelastet und Abdullah nicht innovativ genug.

„Aber Cathy, Darling, Abdullah soll uns zum Flughafen bringen. Es ist nicht nötig, dass du oder Michael aufsteht. Ich hasse sowieso Abschiede am Flughafen!" Cathy nickt dankbar. Sie ist keine Frühaufsteherin. Nett, dass Diana daran denkt. In der Sylvesternacht ist das Thema der Hochzeit lange diskutiert worden. Wann? Wo? Wie? Jeder hat andere Vorstellungen.

„Salzburg, St. Peter, das wäre der richtige Rahmen", schlägt Tina vor. „Sebastian und ich könnten Trauzeugen sein. Diana und George würden bestimmt auch kommen, nicht wahr?"

„Oh ja, Frühling in Salzburg! Ein Konzert mit Mozartmelodien!" Diana ist begeistert. „Ich, das heißt, wir waren noch nie in Salzburg."

Cathy findet eine Trauung am Strand traumhaft. Michael ist für Nairobi. Ein Gang aufs Standesamt, reicht das nicht? Cathy schluckt. Tina, Anne und Diana protestieren lautstark. „Also wirklich, Michael!"

Anne steuert die Bemerkung bei, dass bei einer Hochzeit in Salzburg, doch auch Michaels Freunde aus dem Schwarzwald und vielleicht auch seine Eltern kommen könnten.

Da ertönt ein Schuss.

Am Strand wird aus Leibeskräften geschrien. Ein Motorboot startet. Kurz darauf ein zweites.

„Die Kinder…"

„Das ist Abdullah mit meiner Sira", ruft Diana aufgeregt, „ich erkenne doch mein Boot!"

Cathy ist bereits losgerast, Michael, Sebastian, Tina und Diana stürzen hinterher.

Anne bemüht sich, so schnell sie kann, den Strand zu erreichen. George ist bei ihr geblieben.

„Please, Anne, please stay away. It could be dangerous! - Bitte, Anne, bleiben Sie weg. Es kann gefährlich sein!"

Aber Anne hört nicht. Sie nestelt in ihrer Kleidertasche nach ihrem Asthmaspray und im Dahineilen inhaliert sie tief. „Alles Übung, George!"

Dann bleiben sie erstarrt stehen.

Am Strand herrscht ein wildes Durcheinander. Kinder liegen am Boden im Sand oder haben sich hinter Palmen geflüchtet. Vom Hotelgelände eilen mehrere Sicherheitsleute und David herbei. Alle starren gebannt auf das Meer.

Das Boot mit Abdullah rast Richtung Horizont, wenige Meter davor ein anderes Motorboot, mit mehreren Personen an Bord. In ihrer Mitte ein strampelndes Kind. Das Boot schlägt einen Haken, denn Abdullah ist gefährlich nahe gekommen. Die Personen purzeln durcheinander. Yaris, sein Kollege, ist mit einem zweiten Boot zur Verfolgung gestartet, wieder einmal mit Volldampf über das Riff. Diesmal ist Diana aber voll einverstanden mit seiner Streckenführung. Vom ersten Boot ist offensichtlich jemand ins Wasser gefallen. Wo ist das Kind?

Cathy hat die Kinder am Strand mit Blicken gestreift, Wana ist nicht unter ihnen. Sie kneift die Augen zusammen. Ist das Kind, das sie strampeln sah, Wana? Wo ist es?

Abdullah manövriert sein Boot zwischen die Personen, einem Mann und einem Kind im Wasser, und dem ersten Boot. Da zischt eine Gewehrkugel an ihm vorbei, er wirft sich auf den Boden des Bootes, und sie trifft den Mann, der daraufhin das Kind loslässt. Das Boot mit dem Schützen an Bord entfernt sich rasant in nördliche Richtung.

Abdullah hechtet ins Wasser und taucht. Er kann Wana gerade noch an seinem T-Shirt erwischen, aber das Kind gibt kein Lebenszeichen mehr von sich. Yaris hat inzwischen Abdullahs Boot erreicht und seines daran festgemacht. Sofort hilft er Abdullah an Bord. Gott sei Dank hat Diana immer dafür gesorgt, dass ihre Mitarbeiter in Erster Hilfe und Wasserrettung ausgebildet sind. Yaris packt Wanas Beine und hält sie hoch, damit das Wasser aus seinem Mund fließen kann, was es auch mit einem Schwall tut. Dann beginnt er mit der Mund-zu-Mund-Beatmung. Das Kind kommt zu sich und weint.

„Utulivu kidogo moja. Tuko karibu katika Miss Cathy. - Ruhig mein Kleiner. Gleich sind wir bei Miss Cathy."
Yaris versucht, den angeschossenen Mann zu bergen, aber dieser ist schon weit abgetrieben.
Am Strand hat David die Polizei und den Notarzt alarmiert. Der Strand ist mit Hotelgästen bevölkert, die das Geschehen interessiert beobachten. Aufgeregt wendet er sich an Cathy.
„Wer zum Teufel ist Wana? Warum Wana, Cathy? Warum einen kleinen Waisenjungen entführen?"
Cathy zuckt hilflos mit den Schultern, die Augen auf das Boot fixiert, das ihr ihren Ziehsohn zurückbringt. Der Notarzt untersucht ihn kurz und schlägt vor, ihn ins Krankenhaus zu bringen, damit ein kompletter Gesund-heits Check durchgeführt werden könne.
„Wie lange war er bewusstlos?"

Nach der ärztlichen Untersuchung im Krankenhaus, die keinen Befund ergibt, bringt Michael die geschockte Cathy und einen verschreckten Wana zurück in die Villa.
Diana informiert sie, dass David noch fünf Sicherheitskräfte für das Hotel eingestellt hat. Drei

seiner besten Leute hat er für die Bewachung der Villa bestimmt, alles langjährige Mitarbeiter.

„Hier ist Wana sicher, so sicher, wie man in dieser, unseren, Welt sicher sein kann", fügt sie hinzu.

Amelie setzt sich zu Cathy und Wana. Sie zupft Cathy am T-Shirt und flüstert: „Ich kann nichts dafür, Cathy. Es ging so schnell. Die Männer sprangen aus dem Boot und liefen auf uns zu. Sie hatten Gewehre, alle hatten Gewehre und einer hat geschossen. Ich habe so schreckliche Angst gehabt und habe die Augen geschlossen und mich auf den Boden geworfen. So habe ich gar nicht gesehen, dass sie Wana gepackt haben. Weil, weil…, dann hätte ich Wana festgehalten. Bestimmt. Ich hätte ihn nie losgelassen." Sie bricht in Tränen aus.

„Um Himmels Willen, Amelie, Liebes, dich auf den Boden zu werfen, war genau richtig. Du hättest dich nur in Gefahr gebracht."

Cathy zieht Amelie auf ihren Schoß und nach ein paar zögernden Sekunden legt diese ihr die Arme um den Hals und lässt ihren Tränen freien Lauf. Wana, der an Cathy gelehnt dasitzt, berührt sie mit seiner Hand am Oberarm und sagt: „Nicht weinen, Amy. Wana wieder da." Dann fängt auch er, der bis jetzt noch keinen Ton von sich gegeben hat, an, sich in Tränen aufzulösen. Lena und Lisa schließen sich an. Tina und Sebastian

nehmen ihre Mädchen in den Arm und rücken näher an Cathy heran. Michael steht sich hilflos fühlend da und streichelt Amelies und Wanas Kopf. Anne, Diana und George sitzen tief in Gedanken da. Sie schweigen.
Leise verebbt das Weinen. Es klopft an der Tür.
Zwei Polizisten betreten das Zimmer.
„Miss Schleyer, wir haben gehört, Sie sind wieder da. Wir haben ein paar Fragen."
Cathy steht auf. Amelie setzt sich neben Wana und nimmt ihn auf ihren Schoß und flüstert mit ihm. Wana schließt seine Augen und legt seine Ärmchen um
Amelies Hals. „Danke Amelie."
Die erste Frage der Polizei an Cathy ist: „Wer ist Wana? Kibwana Faarax K'Naan? Ein spanischer Pass. Ein somalischer Name. Sie sind nicht seine Mutter. Wie kommt es, dass er bei Ihnen lebt?"
„Seine Mutter hat ihn mir übergeben, bevor sie einen Unfall hatte", sagt Cathy leise und denkt verzweifelt, warum habe ich die Adoption nicht so schnell wie möglich vorangetrieben? Wegen genau dieser Fragen? Die habe ich jetzt trotzdem auf dem Tisch!
„Officer", mischt sich Michael ein, indem er seinen Namen, seinen Beruf und die Tatsache anführt, dass er letzte Woche mit Miss Amira Mohamed Jibril, der kenianischen Ministerin, mittaggegessen hat. Dass

noch 200 weitere Personen anwesend waren, erwähnt er nicht. „Officer, es geht nicht darum, warum das Kind bei uns wohnt, sondern wer es entführen wollte und warum. Die Adoption wird in Kürze vollzogen sein."

„Sicher, wir gehen der Sache nach. Natürlich erlaubt der kenianische Staat nicht, dass ausländische Kinder hier entführt werden. Wir melden uns." Damit verschwinden die Beamten.

„War es das? Kann es sein, dass das alles war? Wie kommt es, dass ich das Gefühl habe, dass wir die hier nie wieder sehen werden?", fragt Cathy verzweifelt. „Somalier sind nicht beliebt in Kenia, aber er ist doch noch so klein."

Den Toten birgt die Polizei am nächsten Tag weiter unten am Strand. Spielende Kinder haben ihn gefunden. Er hat keine Papiere bei sich.

Am nächsten Morgen spielen die Kinder ganz ruhig im Haus. Sie haben Strandverbot. Ohne Begleitung von Erwachsenen dürfen sie sich nicht mehr auf dem Gelände bewegen. Lena und Lisa haben sich am vorangehenden Abend geweigert, in ihren Betten zu schlafen und sich die ganze Nacht an ihre Eltern geschmiegt. Natürlich stellen auch sie ununterbrochen Fragen, um zu versuchen, das Unverständliche zu verstehen. Aber Tina und Sebastian finden die

Angelegenheit genauso rätselhaft wie ihre Töchter. Amelie lässt Wana keine Minute aus den Augen. Sie folgt ihm sogar auf die Toilette. Wana hat nichts dagegen. Auch er scheint keinen Schritt mehr, ohne Amelie machen zu wollen.
Diana und George sind abgereist. Sie waren ganz bedrückt wegen der Vorkommnisse und fühlten sich machtlos, nicht helfen zu können. „Wenn Ihr etwas erfahrt, sagt bitte gleich Bescheid. Wir sind in Gedanken bei euch."

Anne spricht aus, was sie alle denken.
„Der Schlüssel sind seine Eltern, wer waren sie? Wer war seine Mutter? Und sein Vater? Von ihm wissen wir nur, dass er im Mittelmeer ertrunken ist und von ihr nur, dass sie Somalierin war und Lliya Faarax Indhobuur K'Naan hieß."
„Sie hatte eine Cousine in Palma de Mallorca, das hat sie mir erzählt, nannte aber keinen Namen, keine Adresse. Ein bisschen wenig, nicht?"
Anne nickt. „Die Ministerin, die du gestern der Polizei gegenüber erwähnt hast, Michael, ist somalischer Abstammung. Es ist ein Artikel über sie in der heutigen Zeitung. Ob sie vielleicht helfen kann?"
„Ja, es ist erstaunlich, dass sie so eine große Karriere gemacht hat, denn, wie Cathy schon sagte, Somalier

sind nicht erwünscht in Kenia. Aber ich möchte diese Verbindung im Moment nicht in Anspruch nehmen. Ich sehe auch keine Möglichkeit, wie sie im Moment helfen könnte. In Somalia tobt seit 30 Jahren Krieg und Kenia möchte auf keinen Fall hineingezogen werden. Sie wollen kein Angriffsziel für die IS-Terrorgruppe schaffen. Die Hilfslieferungen für Somalia gingen ja alle über den internationalen Flughafen von Nairobi und es gab schon Anschläge von Fundamentalisten in Kenia, sogar in Nairobi. Ich denke, wir sollten uns auf unser Problem beschränken und einen Detektiv einschalten!"

Cathy geht hinüber in das Hotel. Sie will mit David sprechen, überlegt es sich aber kurz vorher noch anders und betritt das Appartement ihres Vaters.
Innerhalb kürzester Zeit findet sie über Google heraus,
dass es einen Musiker K'Naan gibt, der in Kanada lebt, aber in Mogadischu geboren war. Seine Familie gehört zum Hawiye Clan. Sollte Lliya auch zu dem Clan gehören? Dann aber liest sie etwas, das sie stutzen lässt. Die Somalier sprechen Somali, eine Sprache, die dem arabischen Sprachraum angehört. Lliya aber sprach mit ihrem Sohn Suaheli. Da hat sie sich nicht getäuscht. Dadurch fiel sie ihr ja damals am Strand von

Alcúdia auf. Auch sie hat mit ihr in dieser Sprache gesprochen. Sie geht jede Wette ein, dass Lliyas Muttersprache Suaheli ist. Sie hat auch erwähnt, dass sie Somali spricht, das schon, also hatte sie die Gelegenheit eine Schule zu besuchen? Somali ist ja die offizielle Sprache in Somalia und wird von allen Clans gesprochen. Oder ist Lliya gar keine Somalierin? Sie hat davon gesprochen, Wana ihren Eltern vorzustellen, er sollte ihre Familie kennenlernen. Hat sie auch von ihrem Land gesprochen? Cathy erinnert sich nicht mehr. Oder lebte sie außerhalb Somalias, zum Beispiel in einem kenianischen Flüchtlingscamp? Unsinn, Mütter sprechen immer mit ihren Kindern in ihrer eigenen Sprache. Lliya hat mit Wana Suaheli gesprochen. War sie gar keine Somalierin, aber lebte in Somalia? Was war dann mit ihrem Vater? Würde zum Beispiel ein Kenianer nach Somalia auswandern? Nie und nimmer. Dort herrscht seit über dreissig Jahren Bürgerkrieg und die Hungerbilder des Jahres 2011 hat sie noch im Kopf. Von dort flüchten die Menschen eher und das haben Wanas Eltern auch getan. Glück hatte es ihnen nicht gebracht. Sein Vater war über Bord gegangen und ertrunken. Unfall? Oder auch da bereits Mord? Ein kleiner Schubs und ein Mensch, der nicht schwimmen kann, hat keine Chance zu überleben.

Das glaube ich nun doch nicht. Wenn man ihn ermorden wollte, hätte man jemand auf das Boot schleusen müssen. Außerdem hätte man Lliya mit über Bord geworfen. Ein Unfall. Sicher!
Dann Lliyas Zwangsprostitution. Die Kusine mit den Mördern verbündet? Unwahrscheinlich. Warum so lange warten? Eher, dass sie dadurch unauffindbar war. Auch die Polizei in Palma sagte, dieses Viertel sei ein Sumpf. Der einzige Fingerzeig ist Lliyas Suaheli-Sprache.

11. ZURÜCK IN NAIROBI

So schnell wie möglich hat sie nach der Rückkehr von der Küste Kontakt zu einem Fachanwalt für Adoptionsverfahren aufgenommen. Mr. Kalela hat ihn ihr empfohlen und den Kontakt hergestellt. „Sie werden zufrieden sein Miss Cathy. Er ist der Beste!"
Mag sein, aber seine Auskunft ist ziemlich deprimierend. Eine notariell bestätigte Zustimmung der Familie des Kindes ist unerlässlich. Ein mündlicher Wunsch der Mutter ist keine Grundlage für eine Adoption. Sollte seine Familie nicht existieren, würde das Jugendamt sofort die Vormundschaft von Wana übernehmen. Cathy könne einen Antrag auf Pflegschaft stellen, aber als unverheiratete Frau sei es nicht gerade wahrscheinlich, dass sie diese für das Kind bekommen würde. Auch ihre Hautfarbe sei eher hinderlich. Das Vormundschaftsgericht gibt afrikanische Kinder fast ausschließlich in afrikanische Familien. Er würde natürlich alles in seiner Macht stehende daransetzen, damit das Kind in Cathys Obhut

bleiben könne. Wenn sie verheiratet wäre, würde das ihre Chancen verbessern, aber Garantie gäbe es keine.
Sein Vorschlag lautet: „Suchen Sie Wanas Familie und holen Sie sich deren Einwilligung."
Woraufhin sich Cathy ihm anvertraut.
„Wissen Sie über die somalische Tragödie Bescheid?"
„Ich erinnere mich an die Hungerkatastrophe 2011 und dass seit ewigen Zeiten Krieg herrscht und vor der Küste somalische Piraten Schiffe aufbringen und horrende Summen erpressen. Und, soviel ich weiß, hat sogar die Organisation ‚Ärzte ohne Grenzen' vor kurzem Somalia den Rücken gekehrt."
Daraufhin hält er ihr einen kleinen Vortrag über die Geschichte Somalias, das ja in der Kolonialzeit in Englisch- und Italienisch-Somaliland aufgeteilt war. Es gelang nie, diese beiden Teile wieder vollständig miteinander zu integrieren, und 1991 hat sich die ehemalige britische Kolonie als „Somaliland" abgespalten, wurde aber international nie anerkannt. Es war der 1988 beginnende Bürgerkrieg im Norden Somalias, der den Staatszerfall verursachte. Präsident war damals Mohamed Siad Barre. US- und UN-Truppen versuchten das Land zu stabi-lisieren, aber durch ihr konfrontatives Vorgehen eskalierte die Lage zusätzlich. Das segmentäre, dezentrale Clan-System der somalischen Gesellschaft konnte nicht zu einem zentralistischen Staatswesen umgebaut werden. Im Frühjahr 1993 sah es

kurzfristig rosiger aus, denn die internationalen Bemühungen wurden durch parallele Friedensgespräche in Addis Abeba diplomatisch ergänzt. Aber eine Entwaffnung der Warlords unterblieb. Außerdem wurde die UN nach der Tötung von 23 pakistanischen Blauhelmen am 5. Juni 1993 selbst zur Kriegspartei, als sie auf Druck der USA zur Verfolgung des Warlords General Aidid übergingen. Im Oktober 1993 kamen dann amerikanische Soldaten ums Leben, ihre Leichen wurden durch die Straßen von Mogadischu geschleift. Die Fernsehbilder gingen um die Welt und wurden insbesondere in den USA immer wieder gezeigt, was zu einem raschen Umschwung der öffentlichen Meinung führte. Die USA, und in der Folge auch die anderen Staaten, bereiteten daraufhin einen ‚geordneten Rückzug' vor. Im März 1995 verließ die UN-Mission das Land und überließ Somalia seinem Schicksal.

Die sozioökonomische Grundeinheit des somalischen Volkes bilden Kernfamilien, die in der Nähe von Wasserstellen ihre Weidelager errichten. Die traditionelle Selbstorganisation dieser herrschaftsfreien Gesellschaften ist nicht-hierarchisch und erfolgt in dezentralen Einheiten. Zentrales Bezugssystem sind die Verwandtschaftsbeziehungen, die patrilinear geordnet sind. Derartige Familienverbände ordnen sich zu Clans, die im kollektiven Gedächtnis eine Kontinuität von bis zu dreissig Generationen aufweisen.

Das Siedlungsgebiet der Somalier umfasste ja immer schon außer Britisch- und Italienisch-Somaliland auch das westliche Ogaden, das heute zu Äthiopien gehört und Djibouti, das ehemalige Französisch-Somaliland.
Das südlichste Siedlungsgebiet befand und befindet sich hier bei uns in Nordkenia.
Die Somalier haben diese Teilung nie akzeptiert. Der Anspruch der Republik Somalia auf einen einheitlichen Staat für alle somalischen Ethnien, führte sogar dazu, dass sie die OAU-Charta mit ihrem Grundsatz der Unveränderbarkeit kolonialer Grenzziehungen nicht unterschrieb.
Außerdem schlug sich der ‚Pansomalismus' in der Staatsflagge nieder: Ein fünfzackiger Stern steht dort als Sinnbild für die Einheit des somalischen Volkes.
„Sicher eine traurige Geschichte, die aber noch schlimmer wird, denn Al-Shabaab, die militante islamische Terrorgruppe, hat nicht nur die Kontrolle in Südsomalia übernommen, sondern überfällt auch kenianisches Gebiet. Wie soll ich da Wanas Familie finden? Reisen nach Somalia sind doch gar nicht möglich."
„Versuchen Sie es in Eastleigh, das fast nur von Somaliern bewohnt wird, oder in den Flüchtlingslagern, z. B. in Dadaab. Aber fahren Sie um

Himmels Willen nicht allein dahin. Muss es wirklich eine Adoption sein?"
In Cathys Kopf rotieren die Gedanken. Warum nicht alles so weiterlaufen lassen, ohne Adoption?
Wana besitzt einen spanischen Pass. Diesen kann man alle zehn Jahre bei der spanischen Botschaft verlängern. Das wird zwar Probleme geben, weil er als Tourist ein- aber nicht wieder ausgereist ist, aber erst in knapp zehn Jahren.

Wir könnten ein Aufenthaltsvisum für Kenia beantragen. – Ja, natürlich. Das ist die Lösung. Zumindest im Moment. Mit einer Aufenthaltsgenehmigung lebt er hier völlig legal. Kann reisen wann und wohin er will. Warum habe ich das nicht gesehen? Ich war so verbohrt, seine Familie finden zu müssen, beziehungsweise gehört er so selbstverständlich zu uns, dass ich an die nächstliegende Lösung nicht gedacht habe. - Und jetzt weiß ich auch wieder warum - den Antrag muss sein Erziehungsberechtigter einreichen und unterschreiben. Erziehungsberechtigt bin ich nicht. Michaels Vorschlag, ihn ins Waisenhaus von Palma zu bringen und dort die Adoption zu beantragen, wäre viel erfolgversprechender als hier - ich bin wie immer zu impulsiv. Aber für Wana wäre das Waisenhaus in Palma schrecklich gewesen.

Der Wunsch seiner Mutter war, ihn zu ihrer Familie zu bringen. Das darf ich nicht vergessen. Das ist das Wichtigste. Dass ich ihn schon so gerne habe wie ein eigenes Kind, zählt nicht. Lliya hat drei Jahre nichts von ihrer Familie gehört, vielleicht sind alle längst tot. In Somalia sterben so viele Menschen.

Pfui Cathy, so darfst du nicht denken. Wana hat ein Recht auf seine Herkunftsfamilie. Seufzend ruft sie diverse Hilfsorganisationen an, um herauszufinden, wer ihr helfen könnte.

„Morgen habe ich endlich einen Termin bei HELP THE WORLD, deren Mitarbeiter vor allem in Eastleigh tätig sind."

Michael schaut Cathy verständnislos an. Er ist gerade mit einem Schreiben des Auswärtigen Amtes beschäftigt. Seine Stirn liegt in Runzeln, offensichtlich ist er in Gedanken weit weg von Nairobi.

„Willst du sozial tätig werden? Im Slum?"

Nach der versuchten Entführung haben sie auf Cathys Wunsch die Villa am Meer verlassen, sobald ihr Besuch abgereist war.

Der Abschied Amelies von Anne war herzzerreißend. Sie wollte ihre Oma gar nicht loslassen. Anne war sehr gerührt, aber sie tröstete sie mit dem nächsten Wiedersehen in Salzburg. Michael hatte seine ‚große' Tochter auf den Arm genommen und Wana hatte immer wieder gesagt „nicht weinen, Amy", während auch ihm die Tränen über die Wangen liefen. Zwischen den beiden Kindern hat sich eine tiefe Zuneigung entwickelt, was aber nicht heißt, dass sie über Spielsachen nicht in lauten Streit ausbrechen können. Am ersten Schultag Amelies haben sie das Schulgelände Hand in Hand betreten. Sie und Wana bekommen nachmittags Englisch Nachhilfe und von Wana lernt sie ein paar Brocken Suaheli. Manchmal müssen Michael und Cathy schmunzeln über das Sprachen-Wirrwarr in ihrer kleinen Familie. Wana redet oft in Suaheli auf Amelie ein, die in deutsch zurückfragt, worauf sich beide mit der englischen Sprache abmühen. Aber es wird erstaunlich schnell besser.

Ziemlich nervös macht sich Cathy am nächsten Tag, ihrem freien Mittwoch, auf nach Eastleigh. Wo soll sie parken, damit Teile ihres Autos nicht auf irgendeinem Schrottplatz zum Verkauf angeboten würden? Sie ist in einem Café in der Eastleigh First Avenue /Ecke Twelfth

Street verabredet. Erleichtert stellt sie fest, dass mehrere, auch neuere Autos vor dem Café parken. Die Straße ist nicht asphaltiert, aber es scheint Gott sei Dank die Sonne. Sie hat recherchiert. Eastleigh hat sieben Slumgebiete, die meisten liegen im Süden des Stadtviertels und nur eines im Norden, am Rande der Moi Air Base. Seit der gescheiterten UN-Mission 1999 sind vor allem Somalier in dieses Viertel gekommen, das sich zu dem am schnellsten wachsenden Stadtviertel Nairobis ausgewachsen hat. Nach dem Vorbild Mogadischus ist es zu einem pulsierenden Händlerviertel geworden. Es sollen Mitglieder aller Clans hier siedeln. Von Wohnen konnte man bei den Slumbewohnern nicht sprechen. Die fehlende Infrastruktur ist es, die das Leben dort so gefährlich macht. Kaum Trinkwasser-Zapfstellen, keine oder kaum Latrinen und wenn, dann nicht an eine Kanalisation angeschlossen, keine Müllabfuhr. Die Fäkalien werden meist in Plastiktüten im Nairobi River entsorgt.

Hassan, ihr Gesprächspartner bei HELP THE WORLD, erkennt sie sofort und springt auf.

„Hello Miss Schleyer, Sie sind mit dem Auto gekommen, nicht wahr? Welches ist Ihres?"

„Hello Mister Hassan. Ich habe hier vorne in der ersten Reihe geparkt, das rote mit dem schwarzen Dach. Warum?"

„Wir wollen nicht, dass Ihnen oder Ihrem Wagen etwas passiert."

Er winkt einem jungen Mann, der sich gleich zu dem Wagen auf den Weg macht und demonstrativ davor stehenbleibt.

„Setzen Sie sich bitte, Miss Schleyer. Womit kann ich Ihnen helfen? Sie suchen hier jemand?"

„Nicht direkt. Ich weiß nicht, ob die Familie hierher geflüchtet ist, oder ob sie noch in Somalia lebt. Ich habe im Urlaub auf der Insel Mallorca eine junge Frau kennen-gelernt, die mich bat, nach ihrer Familie zu forschen. Sie hat drei Jahre nichts mehr von ihr gehört."

„Wie hieß die junge Frau?"

„Lliya Faarax Indhobuur K'Naan."

„Hat sie Ihnen mitgeteilt, wo ihre Eltern leben?"

„Nein. Sie musste plötzlich weg und wir sind ebenfalls abgereist. Ich habe nur ihre Adresse und ihr versprochen, mich zu melden."

Sie findet ihre Geschichte sehr dürftig. Wer würde wegen einer Zufallsbekanntschaft im Urlaub, die auch noch ein wichtiges Detail unerwähnt lässt, nämlich den Wohnort, so eine Fahrt auf sich nehmen? Aber

Hassan zuckt nicht mit der Wimper. Sie hat schließlich erkennen lassen, dass sie im Erfolgsfall eine schöne Summe spenden würde.

„Das Einzige, was mir noch einfällt, ist, dass sie von ihrer Familie und nicht der ihres Mannes sprach."

„Oh je, Miss Schleyer. Ich glaube, ich muss sie enttäuschen. Die Clans und dadurch auch die Namen sind patrilinear und wenn sie Ihnen den Namen ihres Vaters nicht genannt hat, ist leider nichts zu machen. Denn der genannte Name wird der ihres Mannes gewesen sein. Patrilinear heißt, wie Sie sicher wissen, die Übertragung und Vererbung von Eigentum sowie des Familiennamens ausschließlich über die männliche Linie von Vätern an Söhne."

„Sie sprach Suaheli, was sehr ungewöhnlich für eine Somalierin ist."

„Das könnte ein Fingerzeig sein. Suaheli wird in Somalia nur von den Bantus und den Bajuni gesprochen. War sie eine Bantu?"

„Nein, ganz sicher nicht. Wer sind die Bajuni? Ein Clan oder ein Sub-Clan? Ich habe im Internet einen kanadischen Sänger namens K'Naan gefunden, der dem Hawiye-Clan angehört und in Mogadischu geboren wurde. Könnte sie mit denen verwandt sein?"

„Die Bajuni sind Fischer und leben an der südsomalischen Küste und auf den Kismaayo vorgelagerten Inseln. Sie sind eine Minderheit und wie andere Minderheiten sind sie grausam verfolgt und diskriminiert worden. Es heißt, fast alle sind geflohen, als man sie enteignet hat. Verständlich, wenn man einem Fischer sein Boot wegnimmt, kann er nicht existieren. Außerdem kontrollieren die Al-Shabaab Milizen dieses Gebiet. Unwahrscheinlich, dass ein Mitglied des Hawiye-Clans, der ein sehr angesehener Clan ist, eine Tochter eines Fischers heiratet. Fast unmöglich!"

„Nun, ich habe mir das nicht so schwierig vorgestellt. Vielleicht könnten Sie feststellen, ob jemand seine Tochter nach Europa geschickt hat?"

Sie findet ihre Frage mehr als naiv. Wie soll man unter Hunderttausenden von Menschen eine bestimmte Familie finden? Aber Geld hat eine Macht hier im Viertel. Na ja, eigentlich überall. Wie kann sie überprüfen, ob, falls es überhaupt ein Ergebnis gibt, dieses richtig ist? Um hier wegzukommen, würde jeder, würde sogar ich lügen.

„Ja, sicher, das kann ich probieren. Aber versprechen kann ich Ihnen nichts und, ich muss mich wiederholen, es ist mehr als unwahrscheinlich. Das ist wie die Suche nach der berühmten Nadel im Heuhaufen! Aber, da Sie doch Ihre Adresse haben,

warum fragen Sie sie nicht schriftlich nach dem Namen ihres Vaters und dem Wohnort?"
„Ach, daran habe ich noch gar nicht gedacht", lügt Cathy, „das mache ich, aber vielleicht finden Sie ja inzwischen eine Spur."

Abends zieht Cathy Wana auf ihren Schoß und liest ihm das zweite Buch vor, das Diana ihm geschenkt hat, ‚Tom Kitten' von Beatrix Potter. Als sie sich zum wiederholten Male verspricht, sagt Wana:
„Nicht lesen. Cathy traurig?"
„Ja, Cathy traurig."
„Komm malen."
Er holt Papier und Stifte und sie setzen sich an den großen Esstisch. Wana malt Wasser. Wasser, das nicht hellblau, sondern dunkelblau ist. Und ein schwarzes Ungeheuer mit aufgesperrtem Maul.
„Krokodil."
Mein Gott, da braucht man keine Psychologin sein. Das Bild spricht für sich.
„Liebling. Krokodile leben nicht im Meer. Du brauchst keine Angst haben. Abdullah, Michael und ich passen auf. Das verspreche ich dir. Dir wird nichts passieren."
Hoffentlich, denkt sie!

In acht Wochen ist Ostern. Amelie freut sich schon sehr, ihre Oma in Salzburg wieder zu sehen. Sie selbst würde Granny und Tina - wie es ihr wohl geht - auch gerne besuchen. Aber Wana kann nicht reisen. Sein Aufenthaltsstatus ist mehr als fraglich. Schuld ist ihre Art, sich über Bestimmungen hinwegzusetzen. Habe ich wohl von Dad! Kriminelle Energie, zwar nicht geerbt, aber gelernt! Das erwies sich diesmal aber als Bumerang. Sollen sie Wana hierlassen? Wohin mit ihm? Ihn in Davids Großfamilie verstecken? Das würde nur ein nicht zu verantwortungsfähiges Risiko für David darstellen. Das geht gar nicht.

Dazu muss sie zugeben, dass die Hochzeit in ihrer Gedankenwelt eine sehr untergeordnete Stellung einnimmt. Nicht, dass sie Michael nicht heiraten will. Natürlich will sie, aber sie leben doch sowieso schon glücklich zusammen. Trotzdem googelt sie und stellt fest, dass es keine unüberwindlichen Vorschriften gibt. Michael und sie bräuchten ein Ehefähigkeitszeugnis, was immer das ist, sie von Kenia, er von Deutschland, Geburtsurkunden, Pässe, Nachweis akademischer Grade und Meldebestätigungen. Sie stutzt, Meldeamt, Hotel? Heißt das, sie bräuchten eine Meldebestätigung von Salzburg? Vielleicht könnte sich Tina vor Ort nochmals erkundigen? Vor allem der Termin wäre wichtig. Cathy zog ihren Kalender zurate. Sie hätten nur eine knappe Woche Zeit. Wären nicht die Sommerferien besser geeignet?

Das Problem aber, das in ihrem Kopf rotiert, ist Wana. Wem kann sie vertrauen? Wenn sie einen Detektiv mit der Suche nach Wanas Wurzeln beauftragt, gibt sie damit, und sie gibt sich keiner Illusion hin, seinen Aufenthaltsort bekannt. Ist das nicht zu gefährlich, so lange sie nicht wissen, von welcher Seite die Gefahr kommt? Aber wer immer Wana entführen wollte, wusste doch schon, dass er in ihrer Obhut ist. Warum die brutale Entführung? Der Mord an Lliya und die Erschießung des Mannes, der Wana vor dem Ertrinken gerettet hat? Die Familie seines Vaters? Aber warum nicht zu ihr kommen und das Kind beanspruchen? Sie würde ihn gehen lassen, natürlich mit großem Bedauern, aber sie würde ihn doch nicht seiner Familie vorenthalten. Es war doch der Wunsch seiner Mutter gewesen, ihn nach Hause zu bringen. Wo immer das ist. Das kann es auch nicht sein. Seufzend erklärt sie dies Michael. Trotz aller Bedenken beschließen sie, einen Detektiv zu beauftragen.
So lernen sie Ahmed kennen, einen Somalier, der schon zwanzig Jahre in Nairobi lebt und dem, wie er sagt, nichts Menschliches fremd ist. Er schreibt nichts auf. Cathy schaut ihn zweifelnd an. Da lacht er: „Keine

Angst, Miss Cathy, in dem Slum, in dem ich aufgewachsen bin, gab es kein Schreibpapier. Ich habe ein sehr gutes Gedächtnis. Ich melde mich bei Ihnen."
„Haben Sie irgendeine Idee, warum man den Kleinen entführen wollte?"
„Es deutet alles auf eine Fehde zwischen zwei Clans hin, aber warten wir ab, bitte."
Jetzt ist Cathy noch ängstlicher. Als sie in der Stadt unterwegs sind und ein Wagen mit quietschenden Reifen an einer Ampel anhält, zuckt sie zusammen. Michael, der sie diesmal begleitet, legt den Arm um sie und sagt: „Du brauchst dringend eine Auszeit. Lass uns mit den Kindern in den Semesterferien eine Safari unternehmen. Ich wollte immer schon in das Masai Mara Gebiet."
„Das ist eine gute Idee, mein Lieber. Danke."
Letztendlich entscheiden sie sich aber für den größten Nationalpark Kenias, den Tsavo Ost, denn die große Tierwanderung, für die Masai Mara berühmt ist, findet im Herbst statt. Außerdem ist die Fahrt in den Tsavo Ost Nationalpark nicht so weit.
„Dort gibt es ein fantastisches Camp zum Übernachten.
Nämlich Zelte, aber luxuriös", fügt sie nach Michaels misstrauischem Blick hinzu „und abends Lagerfeuer. Dazu der Sternenhimmel. Du, ihr - werdet begeistert

sein! Und viele Tiere, große Löwenrudel, Giraffen, Flusspferde und ... und... Ich war mal mit Dad da."
Cathys Augen strahlen und ihr Grübchen in der rechten Wange erscheint nach langer Zeit wieder einmal.
„Für dein Lächeln tue ich alles."
Alle Mitglieder der kleinen Patchworkfamilie genießen diesen Abenteuer-Urlaub. Amelie hat sich von ihrem Taschengeld eine billige Kamera gekauft und knipst mit Begeisterung. Abends zeigt sie ihre Fotos.
„Schau Papa, da bist du und dahinter das Nashorn. Du siehst ängstlich aus!"
„Nein, mir ist nur ein Sandkorn in das Auge gekommen."
„Du Schwindler. Das glaube ich nicht." Lachend lehnt sie sich an ihren Papa und legt den Kopf auf seine Brust. „Schau, da bist du noch einmal, und da die Löwen. So viele."
Michael wagt nicht, sich zu rühren. Zum ersten Mal kommt ihm Amelie freiwillig nahe. Sie scheint völlig unbeschwert. Welch kostbarer Moment.
Wana hat noch ein Problem mit der deutschen Sprache: „Was ist Schwindler?"
Obwohl am Ende der Woche die Regenzeit einsetzt, bedeutet das keine Schmälerung der Freude. Im

Gegenteil. Die Kinder finden es herrlich. Sie stehen mit ausgebreiteten Armen im heftigen Regen, der meist um die Mittagszeit einsetzt, und springen anschließend mit Begeisterung in den Pfützen herum. Cathy und Michael lachen, wenngleich sie lieber Schutz unter einem Zeltdach oder, wenn sie unterwegs sind, im Auto suchen. Nach kurzer Zeit scheint wieder die Sonne und die Luft ist klar und frisch. Eine ganz eigene Atmosphäre!

David meldet sich, dass er die vier Zimmer im ersten Stock des *Blue Sea House* habe ausräumen und nach Cathys Wünschen streichen lassen. Es habe leider so lange gedauert, da er, während der Hochsaison niemand entbehren konnte. Wie soll es nun weitergehen? Cathy ist ein bisschen genervt.
„Ich habe ihm doch gesagt, dass er mein und Dads Appartement ausräumen und die Möbel in die Villa bringen soll. Unsere Appartements sollten bereits im neuen Katalog zum Vermieten angepriesen werden. Es ist dasselbe wie mit Dianas Surfschule. Wenn man nicht vor Ort ist, naja, mehr will ich nicht sagen!"
Von Mr. Kalela, dem Anwalt, war eine Anfrage da, ob sie schon wisse, was sie mit dem Grundstück am Kibokoni Lake anfangen wolle. Er würde jemand

kennen, der sehr interessiert wäre, das Land zu erwerben.

„Das glaubst du nicht, Michael", empört sich Cathy, „er hat mir noch selbst erklärt, dass ich das Land zum Wohl Kenias nutzen muss und jetzt will er mich überreden, es zu verkaufen. Für eine dicke Provision wahrscheinlich! Das ist gar nicht gut. Das heißt, falls wir je irgendwann verkaufen wollen, könnten wir nur an seinen Bekannten verkaufen. Ansonsten würde er sicher auf die Testamentsklausel pochen!"

„Vielleicht siehst du das ein bisschen zu emotional. Kann es nicht sein, dass er dir nur helfen will und erklärt, dass er als Anwalt einem Verkauf zustimmen würde?"

„Ich denke nicht, dass ich da falsch liege. Müsste nicht Mr. Stoners Anwalt so einen Verkauf überwachen, oder das Erbschaftsgericht? Auf keinen Fall mein Anwalt."

Hassan von HELP THE WORLD hat sich noch nicht gemeldet, genauso wenig wie Ahmed, der Detektiv.

Tina und Anne sind enttäuscht, dass die Hochzeit erst in den Sommerferien stattfinden wird, das heißt, dass sie Cathy nicht früher zu Gesicht bekommen.

Gott sei Dank gibt es das Internet und Skype, obwohl Anne, die Internetkennerin, keine Freundin des Bildtelefonierens ist. Der Ton ist ihr meist zu schlecht und verzögert. Sie mailt lieber. Aber Tina und Cathy wollen sich auch sehen und verabreden sich mindestens einmal die Woche zum Skypen.

Am nächsten Nachmittag, als Cathy, Michael und Wana von der Schule zurückkommen, hat der Portier eine interessante Neuigkeit für sie. Mr. Baker von der Barclays Bank Kenia würde nach England zurückkehren.

„Tolle Neuigkeit", murmelt Michael, „wen interessiert das schon?"

Cathy wird lebhaft. „Uns natürlich. Und wann, Mr. Nkomo?"

„Soviel ich weiß, bereits in vier Wochen. Er hat es mir heute gesagt."

„Vielen Dank." Cathy steckte ihm ein bisschen Geld zu.

„Könntest du mir erklären, warum dir diese Nachricht Geld wert ist", fragt Michael im Aufzug.

„Nun, Mr. Grauauge! Bakers haben die Wohnung in der obersten Etage mit einem wunderbaren Blick und fünf Zimmern gemietet. Ein Luxus hier in Nairobi."

In der Wohnung streift sie kurz die Schuhe ab, wirft ihre Handtasche auf den Esstisch und stürzt ans Telefon. Nach zehn Minuten lässt sie das Telefon stöhnend auf die Couch fallen. Sie wirkt unsicher.

„Der Preis?"

„Das ist Wucher. So viel hat Mr. Baker nie und nimmer bezahlt. Gut, er hat fünf Jahre hier gewohnt und das ist lang für Nairobi."

Nachts diskutieren sie noch lange. Sie müssen eine Grundsatzentscheidung treffen. Sie haben eine Villa am Meer, ein Hotel, das Cathy beaufsichtigen sollte, zwei Wohnungen in Nairobi, von denen sie nur eine nutzen. Das war die eine Seite. Die andere Seite besteht aus ihren Jobs. Beide lieben ihre Arbeit und, wenn sie ganz ganz ehrlich sind, auch die Großstadt. Und sie haben, ein sehr wichtiger Punkt, ein Kindergarten- und ein schulpflich-tiges Kind. Die beste Erziehung erhalten ihre Kinder in ihrer Schule, davon sind sie hundertprozentig überzeugt. Sie könnten nach Mombasa ziehen, Michael bliebe die Woche über in Nairobi – eine Wochenendehe, und Cathy würde beide Kinder selbst unterrichten. Gar nicht ideal. Weder das eine noch das andere. Kinder brauchen Kinder für das soziale Lernen und als Freunde. Also blieb als Wohnort nur Nairobi. Wenn sie in Michaels Wohnung zögen, hätten sie ein Schlafzimmer mehr, aber der Weg in die Schule würde morgens mindestens eine Stunde länger dauern. Wäre das ok? Michael und Cathy seufzen, zwar unterschiedlich laut, aber sie seufzen gemeinsam. Sie sind beide keine Frühaufsteher.

Michael fällt eine Entscheidung. Er würde Suzie beauftragen eine Vierzimmerwohnung in der Nähe der Schule zu finden. So wie er sie inzwischen kennengelernt hat, würde sie das schier Unmögliche schaffen.

„Du hältst auch viel von ihr! Unser Ex-Direktor auch. Ich fand immer, sie wäre eine Fehlbesetzung."

„Nein, meine Liebe, da irrst du dich gewaltig. Sie hat eine etwas nervige Art, aber sie ist die perfekte ..."

„Ja", fragt Cathy drohend.

„Die perfekte Sekretärin, meine eifersüchtige Hübsche. Schön, wenn deine Augen so funkeln."

Nach einer Woche sind Cathy und Michael mit Ahmed, dem Detektiv, unterwegs zu Hassan, dem Mitarbeiter von HELP THE WORLD. Er erwartet sie an der Calvary Temple Church in der Ol Debi Road. Zwei Mitarbeiter seiner Hilfsorganisation sind auch noch dabei. Einer bleibt bei den Autos zurück. Sie wenden sich dem Kiambui Slum zu. Kiambu kommt von ‚mbiumbiu', einem Swahili Ausdruck für ‚auf der Flucht sein'. Sie haben sich vorab informiert. In Kiambui hat man zuletzt mehr und bessere Wasserzapfstellen und Latrinen errichtet. Auch wird der Müll vom Rand des Slums von der Müllabfuhr abgeholt. Sie folgen Hassan schweigend. Nach einer halben Stunde, Cathy ist sich

nicht sicher, ob sie ohne Hilfe wieder aus dem Weggewirr hinausfinden würde, obwohl sie über einen ausgezeichneten Orientierungssinn verfügt, klopft Hassan an einen Türpfosten. Sie betreten den Raum, denn mehr ist es nicht. An einer Wand liegen ein paar aufgestapelte Matratzen und in einer Ecke befinden sich eine Plastikschüssel und eine gemauerte Feuerstelle. An der Wand hängen ein paar Küchenutensilien und ein großes Stück Spiegel. Unzählige Menschen, so kommt es Michael vor, sitzen auf der Erde. Den Ankommenden wird Platz auf den Matratzen angeboten. Nachdem sich ihre Augen an die Dunkelheit gewöhnt haben, stellt Michael fest, dass es nur sechs Personen sind, die da vor ihnen sitzen.
Hassan stellt sie vor. Herrn Mohamed Daahir Samatar und seine Frau Tebeiga, sowie vier ihrer Enkel, die Lliya, Kobe, Halima und Rashid heißen. Sie sind von der Südküste Somalias, vom Volk der Bajuni und vor zwei Jahren nach Drohungen der Al-Shabaab geflohen. Cathy übernimmt die Initiative, indem sie Michaels und ihren Namen nennt, Ahmed lässt sie unerwähnt. Sie erklärt, dass sie die Familie einer jungen Frau sucht, die Somalia vor vier oder viereinhalb Jahren verlassen hat. Hassan hätte ihr erklärt, dass sie eine Tochter vermissten.

„Ich habe die junge Frau, die sich Llyia Faarax K'Naan nannte und ihren kleinen Sohn Kibwana am Strand im Norden Mallorcas kennengelernt. Ihr Mann war auf der Flucht über das Mittelmeer ertrunken. Könnte es sich um Ihre Tochter gehandelt haben?"

Der Mann antwortet: „Wir hatten eine Tochter, Lliya. Sie ist vor viereinhalb Jahren verschwunden. Wir wissen nicht, wo sie ist. Sie hat sich nie mehr gemeldet."

„Sie sprach Suaheli und sagte, dass sie aus Somalia komme. Sie bat mich, ihre Familie zu suchen. Haben Sie ein Foto von ihr?"

„Nein. Vielleicht haben Sie eines von ihr?" Die Stimme der Frau war leise, bittend.

„Nein. Leider. Ich habe sie nur kurz getroffen.

Von draußen ertönte ein Ruf: „Macht mir jemand die Tür auf? Ich habe etwas ganz Tolles für euch."

Eines der Kinder springt auf. Herein platzt eine junge Frau mit einer gefüllten Plastiktüte. Cathy kann sich gerade noch auf die Zunge beißen, um nicht überrascht zu reagieren. Ein Zwilling von Lliya? Sie sieht genauer hin. Nein, eher eine jüngere Schwester.

„Was ist denn hier los?"

Mr. Samatar erhebt sich: „Schweig. Das geht dich nichts an. Wo ist dein Kopftuch?" Er wendet sich an seine Frau: „Du musst besser auf deine Tochter achten."

Abschließend dreht er sich zu Hassan und Michael um, Cathy sieht er nicht an. „Da Sie nicht beweisen können, unsere Tochter getroffen zu haben, möchte ich Sie bitten zu gehen."

Ohne Kommentar verlassen sie die Hütte und am Parkplatz bedankt sich Cathy bei Hassan und schiebt ihm einen Schein zu, den er dankend einsteckt. Dann eilt sie hinter Ahmed her, der bereits zu seinem Auto gegangen ist. Leise bittet sie ihn, weitere Auskünfte über die Familie einzuholen, denn die junge Frau sieht ihrer Somalierin zum Verwechseln ähnlich. Ich denke, ohne den Patriarchen würden die Frauen mehr ausplaudern. Ahmed nickt.

Suzie widmet ihre ganze Energie der Aufgabe, eine bezahlbare Bleibe für die Familie ihres Direktors zu finden. Zuerst schlägt sie das Häuschen am Ende der Anlage, kurz vor dem Swimmingpool vor, das seit Jahren zum Lagern von Sportgeräten dient. Diese könne man leicht auslagern. Aber Michael winkt ab. Sein Zuhause soll sich deutlich vom Arbeitsplatz abgrenzen. Nach drei Wochen kommt Suzie mit einem Geheimtipp. Woher sie ihre Informationen hat, verrät sie nie. In Nyari, einem, dem Rosslynn-Viertel benachbartem Stadtteil, ist in der Red Hill Grove ein

Bungalow zu vermieten. Einen Besichtigungstermin hat sie auch schon vereinbart.

Nach zehn Minuten Autofahrt stehen sie erstaunt vor dem, in einem bunten Garten stehenden, Haus. Kann das sein? Das sieht so ideal aus, wie für sie gemacht. Wahrscheinlich unbezahlbar, oder?

Der Agent erwartet sie. Der Zustand des Bungalows ist nicht gut, aber Cathy hat sich innerlich schon dafür entschieden - zehn Minuten von der Schule entfernt und das in Nairobi!!, der überdachte Markt gegenüber. Eine ideale Lage. Sie hat von Mr. Stoner genug geerbt, auch noch nach Abzug der Steuern. Das Badezimmer ist eine schimmelige Sache. Sie rümpft die Nase, nicht nur deswegen, sondern auch des Geruchs wegen. Die Zimmer sind groß, aber die Fenstertüren schließen schlecht. Die Küche ist heruntergewirtschaftet. Die Miete wie erwartet hoch! Sie stellen noch ihre Bedingungen nach einer Reparatur des Bades und nach neuen Küchenmöbeln, aber ein Blick zu Michael, ein kurzes Nicken und schon haben sie ein neues Zuhause. Magoma, Cathys Parkplatz-Aufpasser, ist über ihre Entscheidung, wegzuziehen, verzweifelt. Cathy tut seine Enttäuschung weh. Sie versucht sie zu mildern.

„Kannst du Wände anmalen, Magoma?"

„Ich kann alles, Miss Cathy."

Nach zwei Wochen bekommen sie den Schlüssel zum Bungalow und Magoma und sein jüngerer Bruder Tatu machen sich mit Cathys Hilfe daran, Anstreicher zu werden. Natürlich wissen sie nicht, was das Wort Anstreicher bedeutet, und wie man dabei vorgeht ein Zimmer zu streichen, wissen sie auch nicht. Sie zeigt ihnen, wie man die Fenster und Türen abklebt und den Fußboden mit Folie abdeckt. Sie stellen sich sehr geschickt an. Dann fährt Cathy mit den beiden Farben und Pinsel einkaufen. Bei den Kinderzimmern sollen Amelie und Wana helfen.

Als Cathy am nächsten Nachmittag vom Markt kommt, herrscht in Wanas Zimmer eine Bombenstimmung.

Neugierig öffnet sie die Tür und erstarrt.

Magoma schaut schuldbewusst. „Wana wollte Elefanten und Giraffen."

Auf hellblauen Wänden ist eine afrikanische Savanne entstanden. Mit allen möglichen Tieren: Elefanten, Giraffen, aber auch Gnus und Gazellen, und jede Menge Vögel fliegen durch die Luft. Das alles im Panoramaformat, nur unterbrochen von den Fenstern, denn sie haben nicht nur alle vier Wände, sondern auch die Tür bemalt.

„Ich habe Magoma die Fotos aus dem Tsavo Ost Nationalpark gezeigt. Er wusste nicht, wie eine Giraffe oder ein Flusspferd aussieht. Vögel kannte er auch keine!"

Amelie staunt noch immer. „Wie kann er in Afrika leben und die Tiere nicht kennen?"

„Jetzt malt Magoma noch mich und Amelie!" Wanas Stimme klingt glücklich. Er stellt sich an die Wand und Magoma zeichnet seinen Umriss nach. „Jetzt du, Amelie", befiehlt er.

Magoma blickt Cathy an.

„Macht weiter"; sagt sie.

Michael staunt auch.

„Mein Gott, welch Talent."

„Und lebt im Slum. Aber nicht mehr lange."

Cathy holt ihre Kamera und mehrere Lampen aus anderen Zimmern. Die Bilder schickt sie an alle kenianischen Zeitungen und schreibt einen kleinen Artikel dazu. Nur eine Zeitung müsste diesen Artikel bringen, dann wäre Magomas Zukunft gesichert. Auf jeden Fall würde sie ihn einmal mit nach Shanzu nehmen. Die Villa kann so einen talentierten Anstreicher gebrauchen. Sie wird ihn ihren Bekannten und Freunden empfehlen. Vielleicht kann sie ihm noch mehr Aufträge verschaffen.

Als das Badezimmer geruchfrei und die Küche neue Möbel hat, ziehen sie ein. Sie veranstalten ihre erste Gartenparty, zu der sie alle Lehrer aus der Schule einladen. An erster Stelle natürlich Suzie, sowie Cathys alte Freunde. Muriel kommt sogar aus Mombasa.

„Muriel, wie lieb von dir, die weite Fahrt von Mombasa hierher zu machen."

„Ich bin modern geworden, Cathy, ich bin geflogen. Es ist gleichzeitig ein Familienbesuch. Mein Cousin Frank hat übermorgen seinen 30. Geburtstag! Soviel ich weiß, seid Ihr auch eingeladen."

„Ja, stimmt. Wir freuen uns. Hast du schon die Kinderzimmer gesehen?"

Muriel verneint und Cathy führt sie hin. Sie lässt Muriel den Vortritt und beobachtet sie.

„Das ist ja... traumhaft! Wer hat das gemalt?"

„Magoma, ein Bekannter von mir. Er ist noch unbekannt und dadurch preiswert."

„Darf ich das fotografieren? Frank hat doch eine neue kleine Wohnung. Vielleicht könnte ich ihm eine Wandmalerei schenken? Ich habe nur ein Buch als Geschenk. Ein bisschen fantasielos, ich weiß. Aber das wäre der Hammer. Ich bin sicher, darüber freut er sich bestimmt sehr."

12. WER IST WANA?

Eine Woche später erschüttert der Anschlag auf die Universität von Garissa Kenia und die Welt. Die somalische islamistische Terrorgruppe Al-Shabaab überfällt am 2. April den Campus des Garissa University Colleges. Sie töten die Wachleute und erschießen in den Studentenwohnheimen und Seminarräumen gezielt 142 nichtmuslimische Studenten. Die General Service UNIT'S RECCE SQUAD greift ein, aber acht Stunden später hört man immer noch Schüsse und Explosionen. Erst sechzehn Stunden später stürmt die Armee das Gelände, bei dem die vier Attentäter getötet werden.

In Eastleigh protestieren mehrere hundert Einwohner gegen das Blutbad der Terroristen.

In Cathy wächst die Angst, Wana seiner Familie zurückgeben zu müssen. Lliya hätte doch nicht gewollt, dass ihr Sohn in Gefahr gerät? Warum meldet sich Ahmed nicht?

Fünf Tage später wartet er vor ihrem Bungalow auf sie. Er hat Neuigkeiten.

„Die junge Frau, die damals zur Tür hereinkam, heißt Amira. Ich habe mit ihr gesprochen - im Beisein ihrer

Mutter, Mrs. Tebeiga, - deshalb hat es so lange gedauert. Die Mutter verlässt die Hütte selten.

Was die beiden mir über ihre Lliya erzählt haben, würde perfekt zu ihrer Geschichte passen. Sie lebten in Somalia und der Vater fuhr zum Fischfang. Das Boot gehörte zwar schon einer Kooperative, aber noch ließ man ihn arbeiten. Den Fang musste er natürlich komplett bis auf einen sehr kleinen Anteil abliefern. Lliya ging öfter auf den Markt. Dort muss sie den Mann getroffen haben. Offiziell hat er nie um sie geworben. Er war ein Ajuran, ein Sub-Clan des großen Clans der Hawiye. Er hieß Abdi Faarax Indhobuur K'Naan und lebte westlich von Kismaayo. Seine Familie war bestimmt mit seiner Wahl, eine Bajuni zu heiraten, nicht einverstanden. Der Vater von Lliya hätte ebenfalls nicht zugestimmt. Eines Tages sei sie verschwunden gewesen.

Um die Spur von Abdi K'Naan aufzunehmen müsste ich nach Somalia reisen, was ich leider ablehnen muss. Das ist viel zu gefährlich für mich. Bei Kismaayo ist die Hochburg der Al-Shabaab. Wenn Sie einverstanden sind, versuche ich, etwas über den Clan der Ajuran herauszufinden. Sicher gibt es auch davon Angehörige in Eastleigh oder anderen Flüchtlingscamps. Allerdings fahre ich auch nicht in das Flüchtlingslager Dadaab, das ja aus drei Flüchtlingscamps besteht. Die

Sicherheitskräfte haben längst die Kontrolle darüber verloren, Miss Cathy. Sie befahren Dadaab nur noch im Konvoi. Es ist bekannt, dass sich dort verwundete Al Shabaab Kämpfer gesund pflegen lassen. Ich verstehe sehr gut, dass Kenia dieses Lager schließen will, auch wenn es internationale Kritik hagelt. Nur diese Menschen zurück nach Somalia zu schicken, ist auch keine Lösung."

Cathy und Michael diskutieren lange darüber. Offensichtlich haben sie Wanas Familie gefunden. Lliya wollte Wana zu ihrer Familie bringen und nicht der ihres Mannes. Wahrscheinlich ist sie gar nicht verheiratet gewesen. Welcher Imam hätte denn zwei junge Menschen, ohne Familie im Hintergrund, getraut? Damals lebte Lliyas Familie allerdings noch an der Küste. Wollte sie ihr Kind im Slum sehen? Unwahrscheinlich. Andererseits steht immer noch die brutale Entführungsszene vor ihren Augen.
Sie entscheiden sich, Ahmed weitersuchen zu lassen. Solange wir nicht herausgefunden haben, wer ihn entführen wollte und warum, können wir nicht in Ruhe schlafen. So das Fazit.
Über Ahmed verabreden sie ein Treffen mit Amira und ihrer Mutter auf dem Parkplatz der Calvary Temple Church, derselben Kirche, bei der sie sich damals mit

Hassan getroffen haben. Cathy und Michael haben Wana dabei. Amelie ist bei einer Schulfreundin eingeladen.

Cathy hält Wanas Hand ganz fest, als Amira und ihre Mutter auf sie zukommen. Amira nimmt ihr Kopftuch ab und Wanas Augen werden ganz groß. Er reißt sich von Cathy los und läuft auf Amira zu. Kurz vorher bleibt er stehen.

„Mama?"

„Nein. Ich bin deine Tante Amira. Das ist deine Großmutter."

Wana antwortet nicht.

„Mama?"

Dann dreht er sich um und trottet zu Cathy zurück.

„Cathy, wo ist meine Mama? Ich dachte, es ist meine Mama. Ich will meine Mama!"

Cathy nimmt in auf den Arm.

„Schatz, du weißt doch, dass Mama im Himmel ist. Das hier sind die Schwester und die Mutter von deiner Mama. Sag Hallo."

Amira und Tebeiga, ihre Mutter, haben nur Augen für Wana.

„Er sieht Lliya so ähnlich. Wie alt ist er?"

„In zwei Monaten wird er vier Jahre alt."

„Kann ich ihn auf den Arm nehmen?"

„Sicher", meint Cathy, aber Wana weigert sich und

vergräbt sein Gesicht an ihrem Hals. Michael erzählt den beiden Frauen, dass man versucht habe, Wana zu entführen und dass dabei ein Mann erschossen wurde.
„Können Sie sich einen Grund dafür vorstellen?"
Das können sie nicht.
„Wir werden Lliyas Vater davon erzählen. Vielleicht kann er etwas herausfinden."
„Können wir Wana öfter sehen?"
„Natürlich", meint Cathy, „wir melden uns wieder."

„Für die Adoptionsbehörde reicht doch eine Einwilligung von Lliyas Familie. Sollten wir nicht mit Mr. Samatar sprechen?"
„Ja, das wäre eine Möglichkeit. Wenn du das willst, bin ich einverstanden. Allerdings bleibt das Problem seiner Einreise mit einem spanischen Pass, dessen Visa längst abgelaufen ist."
„Das habe ich schon bedacht. Warum erzählen, wie er zu uns kam? Wir können doch ein verwaistes Kind aus dem Slum von Eastleigh mit Einverständnis seiner Großeltern adoptieren."
Michael lacht: „Du hast eindeutig ein kriminelles Talent. Aber ich glaube, in dem Fall ist gegen diese kleine Notlüge nichts einzuwenden."
Mohamed Daahir Samatar, Wanas Großvater verlangt, seinen Enkel zu sehen.

Diese Nachricht erreicht sie über Hassan von HELP THE WORLD.

Michael, Cathy, Amelie und Wana kommen zusammen mit Ahmed in den Slum. Wana schaut erschreckt auf die Elendshütten, Amelie hält sich die Nase zu. Cathy ist auf einmal unruhig. Sie betreten die Hütte. Diesmal sind keine Kinder anwesend, nur Männer, auch Tebeiga und Amira sind nicht zu sehen. Es wird auch kein Tee angeboten. Cathy hat eine große Tüte mit Lebensmitteln als Geschenk dabei. Sie stellt sie unsicher neben sich auf den Boden.

„Kuja hapa, hebu tuangalie unaweza, Kibwana. - Komm her, lass dich anschauen Kibwana."

Wana will Cathys Hand nicht loslassen. Da steht einer der Männer auf, nimmt seine Hand und zieht ihn zu dem Alten. Der betrachtet ihn lange, dann schiebt er das T-Shirt hoch und dreht den Jungen um. Am Rücken hat Wana ein blattförmiges Muttermal. Ein etwa 14jähriger Junge steht auf, geht zu den beiden, dreht sich um und hebt sein T-Shirt an. Auch auf seinem Rücken prangt ein kleines Muttermal in der Form eines Blattes.

„Yeye ni Bajuni na mjukuu wangu. - Er ist mein Enkel. Ein Bajuni."

„Mr. Samatar. Wir haben Wana nun seit einigen Monaten in unserer Obhut und wir mögen ihn sehr.

Wir würden ihn gerne an Kindesstatt annehmen. Das heißt, er würde bei uns wohnen wie ein eigenes Kind. Dafür brauchen wir Ihre Genehmigung. Schriftlich."

Nachdem Wanas Großvater schweigt, setzt Cathy noch ein „er könnte Sie jederzeit besuchen" hinzu. Aber dieser schüttelt den Kopf. Er spricht zu Michael. Cathy ignoriert er wieder völlig. „Mjukuu wangu ni kukaa na sisi - Mein Enkel bleibt bei uns."

„Nein", sagt Cathy, „nein. Ich habe seiner Mutter versprochen..." damit bricht sie ab. Was hat sie seiner Mutter versprochen? Ihn zu ihrer Familie zu bringen! Genau! Und da ist er im Moment.

Wana will zurück zu Cathy, wird aber von seinem Großvater zurückgehalten. Er reißt sich los und wird von den Männern, die aufgestanden sind, umringt, sodass er nicht mehr zu sehen ist. Aber zu hören. Er schreit: „Nein, nein, Wana will Amelie, will Cathy, will Michael. Nein!" Auch vor Cathy, Michael, Amelie und Ahmed haben sich Männer aufgebaut.

„Unakwenda. Na kuwashukuru kuwa wewe kutuleta mjukuu wetu. - Gehen Sie. Und vielen Dank, dass Sie uns unseren Enkel gebracht haben."

Wanas Schluchzen, das sich immer mehr entfernt, je weiter sie aus dem Gewirr der Wege herauskommen, wird Cathy noch viele Nächte begleiten. Sie kann sich nicht erinnern, wie sie nach Hause gekommen sind.

Ahmed hat sich verabschiedet. Alle drei sind bedrückt und Amelie weint: „Papa, nun mach doch was. Du hast gesagt, Wana ist mein Bruder. Er kann doch nicht bei diesen fremden Leuten bleiben. Papa, bitte!"
Michael wiederholt, was Amelie schon weiß, dass Cathy Wana und seine Mutter am Strand getroffen hat und dass sie seine Familie gefunden haben. Es war der Wunsch seiner Mutter, ihn dorthin zurückzubringen.
Mit diesem Ausgang haben sie nie und nimmer gerechnet. Automatisch nehmen sie ihr Alltagsleben auf. Cathy korrigiert Englischarbeiten der 6. Klasse, Michael vergräbt sich ebenfalls an seinem Schreibtisch. Amelie sitzt mit verschränkten Beinen im Garten und starrt auf die Schaukel. Morgens haben sie hier noch zusammen gelacht und nun ist sie die einzige Person im Garten. Sie reibt sich die Augen und rollt sich so klein wie möglich zusammen.

Abends gibt es nur eine kalte Platte. Keiner hat Appetit. „Was Wana wohl zu essen bekommt, dort in der Hütte", fragt Cathy. Dann schluchzt sie auf. Amelie kommt zu ihr. „Nicht weinen Cathy. Wir holen Wana zurück, nicht wahr, Papa?" Michael nickt. „Wir werden es auf alle Fälle versuchen. So wie ich es sehe, ist es dafür unbedingt erforderlich, den anderen Großvater zu finden."

„Welchen anderen Großvater?"

„Na, den Vater von Wanas Vater. Mr. Samatar ist der Vater von Wanas Mutter, aber jeder Mensch hat zwei Großväter.

Wir kennen seinen Namen und wir wissen, wo er wohnt. Damit müsste er sich doch finden lassen."

In der Mittagspause des nächsten Tages bittet Cathy Hassan von HELP THE WORLD, nach Wana zu schauen und möglichst mit Amira zu sprechen. Dass sie den Gedanken im Hinterkopf hat, Amira einen Job anzubieten, im Gegenzug für Wana, sagt sie nicht.

Die Schule, vor allem ihre Theater AG, fordert viel von ihrer Zeit. Das Theaterstück für die Schlussfeier muss einstudiert, Kulissen gemalt und Kostüme geschneidert werden. Aufgrund ihres Salzburg-Aufenthalts hat sie an ein Stück von Mozart gedacht. „Bastian und Bastienne" oder „die Zauberflöte", natürlich nicht als Oper, dafür fehlen ihr die Sängerinnen, aber als Theaterstück? Tina hat sie außerdem auf das Stück „The Sound of Music" aufmerksam gemacht. Eine Erzieherin und zehn Kinder vom Teenageralter bis zum Kindergartenkind. Schauspieler hätte sie genug für diese Rollen. Sie bespricht sich mit Michael, der die Zauberflöte favorisiert. „Die Schule hat doch einige sehr gute

Sängerinnen und Sänger. Für ein paar Arien reicht das bestimmt."

„Eine Heidenarbeit", seufzt Cathy.

„Lass dir doch von Liane helfen. Sie ist aus dem Mutterschutz zurück und im Moment nur Vertretungslehrerin. Außerdem haben wir drei Praktikanten. Die kannst du alle einsetzen."

So beruft Cathy am nächsten Nachmittag das erste Treffen der erweiterten Theatergruppe ein. Liane soll das Manuskript für die Schulbühne tauglich machen und von den drei Praktikanten Materiallisten, Zeitpläne und Rollenskripte erstellen lassen.

„Wäre in zehn Tagen ein Casting möglich, zumindest für die Hauptrollen?"

„Sicher. Die Rollen sind ja bekannt. Papageno, Papagena, Tamiro, Pamina, Monostatos und die Königin der Nacht, sowie einige Nebenrollen."

„Wow, Liane. Du kennst dich ja gut aus."

„Nein, Miss Cathy, Internet." Sie hebt ihr iPad hoch.

Mona, die Praktikantin aus Deutschland, soll spätestens in einer Woche einen Aushang für das Casting erstellen. Liane wird ihr eine Beschreibung der Rollen so schnell wie möglich zukommen lassen.

So quirlig und fröhlich es in der Schule zugeht, so leise und bedrückt ist die Stimmung abends im Haus. Amelie hält sich zumeist in Wanas Zimmer auf. Cathy und Michael schweigen oft. Amelie wischt sich manchmal verstohlen Tränen ab, in der Hoffnung, dass es die anderen nicht bemerken. Hassan meldet sich nicht.

Eine Woche später kommt Magoma vorbei, um mit Cathy über einen erhaltenen Auftrag zu sprechen. Ein Taxi steht vor dem Haus - der Taxifahrer, neben der offenen Wagentür, schüttelt den Kopf. Magoma beeilt sich, näher zu kommen. Er will Cathy nicht verpassen. Seit drei Stunden ist er, meist zu Fuß, hierher unterwegs gewesen. Dann stutzt er. Es ist nicht Cathy, die im Taxi sitzt, sondern Amelie.
„Fahr los." Ihre Stimme klingt energisch. „Ich habe es eilig!"
„Nein, Miss, nein. Das mache ich nicht. Wissen Ihre Eltern, was Sie vorhaben?"
„Magoma. Magoma, komm und hilf mir. Dieser böse Mann will mich nicht hinbringen."
„Also, Mister. So ist es nicht. Aber ein Kind allein in die Gegend? Nein."
„Wo willst du denn hin, Amelie?"
Sie hält ihm einen Zettel hin. Ihm fällt buchstäblich das Kinn auf die Brust.
„Weißt du, das ist eine schlimme Gegend. Also da solltest du wirklich nicht hin."

„Ich muss. Aber wenn du mitkommst, wäre es sicher besser. Ich höre Cathy jede Nacht weinen", setzt sie geheimnisvoll hinzu.
„Hast du genug Geld? Weil ich, ich habe keines."
„Ja, ich habe mein Sparschwein geplündert."
Sie zieht ein Bündel Banknoten aus ihrer Jeanstasche. Dem Taxifahrer fallen fast die Augen aus dem Kopf. Magoma nimmt drei Geldscheine in die Hand. „Die anderen bringst du wieder rein. Das hier reicht völlig. Ich komme mit. Das muss ja sehr wichtig sein, was du vorhast."
Am Ziel befiehlt er dem Taxifahrer, eine Stunde zu warten. „Sollten wir in dieser Zeit nicht zurück sein, müssen Sie die Polizei alarmieren und diese Nummer anrufen."
Er kritzelt Cathys Handynummer auf ein kleines Stück einer Pizzareklame.
„Kennst du den Weg?"
„Ja. Ich habe ein fotografisches Gedächtnis."
„Was ist das denn?"
„Papa hat mir erklärt, dass es viele Menschen haben. Ich sehe den Weg, den ich einmal gegangen bin, bildlich vor mir. Komm."
Nach einer knappen halben Stunde, in der sie zielgerichtet mal links, mal rechts abgebogen ist, sagt sie: „Ich bleibe hier stehen. Gehe um die Ecke und

wenn du Wana siehst, dann schicke ihn zu mir. Wenn du ihn nicht siehst, dann frage nach ihm."

Magoma fällt aus allen Wolken. „Wana ist hier? Hier im Slum? Wieso?"

„Bitte geh. Geh schnell."

Er biegt um die Ecke und nach drei Metern sieht er ein Knäuel Kinder, das sich um einen kleinen Jungen schart. Es ist Wana. Er erzählt eine Geschichte. Die Kinder lauschen atemlos. Magoma hört ‚Peter, der Hase' und ‚Karotten'. Als Wana ihn erblickt, springt er auf und läuft auf ihn zu. „Magoma. Magoma. Bitte..."

„Komm kurz mit, Wana." Zu den anderen Kindern gewendet, fügt er hinzu: „Wana ist gleich wieder da.

Bleibt schön sitzen."

Inzwischen ist ihm völlig klar, was Amelie vorhat. Nie mehr in seinem Leben soll Magoma die folgende Szene vergessen. Beide Kinder sagen kein Wort. Sie halten sich nur aneinander fest. Wana lässt sich von Amelie auf den Arm nehmen. Er drückt sein Gesicht an sie. Amelie strahlt. Nach ein paar Metern sagt Magoma behutsam: „Lass mich ihn tragen. Er ist dir ja zu schwer."

Zu Hause herrscht große Aufregung. Sie haben Amelie höchstens eine halbe Stunde allein gelassen, um kurz Getränke zu kaufen.

„Sie wollte im Garten bleiben."
„Sie hat versprochen brav zu sein."
„Wir hätten sie mitnehmen müssen. Ob sie wollte oder nicht."
„Michael. Sie ist acht Jahre alt und kein Baby. Vielleicht hat sie eine Freundin abgeholt?"
„Welche Freundin? Sie ist doch fast nur mit Wana zusammen."
Sie suchen sogar unter Wanas Bett, im Garten und den anschließenden Straßen, klingeln bei den Nachbarn, telefonieren mit Amelies Klassenkameraden, aber keine Spur von ihr. Michaels Aufregung steigert sich fast zu Panik. Er hält schon das Handy bereit, um die Polizei zu alarmieren, als das Taxi vorfährt.
„Amelie was hast du nur gemacht?"
„Ich habe meinen Bruder nach Hause geholt."

Cathy und Michael beratschlagen die halbe Nacht. Was sollen sie unternehmen? Praktisch hat Amelie ihren ‚Bruder' entführt. Die Frage ist, ob Mohamed Daahir Samatar eine polizeiliche Anzeige machen wird und ob sie überhaupt gefunden werden können. Hassan hat nur Cathys Handynummer.
Dieses Handy klingelt bereits am nächsten Mittag. Cathy befindet sich gerade im Hof der Schule.
„Miss Cathy, Kibwana ist weggelaufen. Seine Familie

macht sich Sorgen. Sie wollen wissen, ob er bei Ihnen ist. In Sicherheit. Ein Teenager, ein Afrikaner, kam gestern in den Slum und hat ihn weggeführt. Er ist anstandslos mitgegangen. Könnten das wieder die Entführer gewesen sein wie an der Küste?"

„Tut mir leid, das weiß ich nicht. Wir versuchen, den anderen Großvater von Kibwana zu finden. Vielleicht weiß dieser mehr."

„Aber gefunden haben Sie ihn noch nicht?"

„Nein. Es ist schwierig, da niemand nach Somalia reisen kann, außer dem amerikanischen Außenminister."

„Sollten Sie etwas von den Entführern hören, wäre Mr. Samatar froh, wenn Sie ihn verständigten."

„Natürlich. Das ist doch selbstverständlich."

Liane, ihre Mitarbeiterin in der Theater AG, kommt auf sie zu. „Fein, Cathy, dass ich Sie hier treffe. Ich habe im Internet herausgefunden, dass es in der Zwischenzeit auch eine Version der Zauberflöte für Kinder gibt. Das wäre doch ideal, nicht? Soll ich mich nach der Version erkundigen? Das Casting können wir trotzdem nächste Woche machen, die Rollen sind ja dieselben."

„Ja", murmelt Cathy, „machen Sie das."

Am Wochenende schneidet Cathy die Bougainvillea, deren Zweige bis mitten auf den Gehweg ragen, zurück, als plötzlich Ahmed vor ihr steht. Cathy erschrickt. Langsam werden meine Nerven überempfindlich! Er kommt gleich zur Sache. Er braucht Geld zum Weiterrecherchieren. In Riruta hat er einige Menschen vom Clan der Ajuran ausfindig gemacht, die bereit wären zu reden. Aber der Weg dahin ist lang und teuer.

„Wo liegt denn Riruta?"

„Eine Autostunde westlich vom Aboretum Park."

Eine Woche später ist er zurück.

„Es tut mir leid Miss Cathy. Eine hundertprozentige Auskunft ist es nicht, nur eine Mutmaßung. Der Name von Kibwanas Vater lautet, wie Mrs. Tebeiga und Miss Amira sagten, Abdi Faarax Indhobuur K'Naan. Faarax Indhobuur Askir K'Naan ist einer der somalischen Warlords. Er ist mächtig und beherrscht die Gegend im Westen von Kismaayo. Bis vor kurzem unterstützte er die Al-Shabaab Milizen. Er hat drei Söhne, von denen einer, nämlich Abdi, ins Ausland ging und seitdem als verschollen gilt. Dass einer seiner Söhne eine bettelarme Tochter eines Bajuni-Fischers heiratet, beziehungsweise geheiratet hat, ist völlig unmöglich. Vor einigen Monaten hat Faarax Indhobuur Askir K'Naan die Zusammenarbeit mit der Al-Shabaab beendet, was ihn viel Geld kostete, denn er musste Verbündete bezahlen, um gegen die Al-Shabaab bestehen zu können. Interessanterweise behauptet er, Al-Shabaab würde von außersomalischen Personen gesteuert. Aber das nur am Rande. Wie gesagt, es kann ein Zufall sein. Aber die Namen von Wanas Vater und dem Warlord stimmen überein. Denkbar ist das Szenario, dass die Al-Shabaab sowohl Wanas Mutter töten ließ, wahrscheinlich aus Wut, Abdi nicht gefunden zu haben, als auch, um an Wana heranzukommen. Die Entführung sei unter diesen Umständen ebenfalls erklärbar. Wahrscheinlich wollten sie mit Wana als Geisel seinen Großvater zur erneuten Gefolgschaft zwingen."

Cathy und Michael haben die Kinder bereits bei Ahmeds Ankunft in die Kinderzimmer verbannt. Jetzt sind sie fassungslos.

„Mein Gott, das arme Kind. Mein Gefühl, ihn unerkannt von Mallorca wegzubringen, hatte unbewusst einen realen Hintergrund. Ich fasse es nicht."

„Ich glaube nicht, dass sich sein Großvater mit Wana als Geisel erpressen lassen würde. Dazu ist er doch viel zu unbedeutend. Ein uneheliches Kind eines seiner Söhne. Was meinen Sie, Ahmed?"

„Ja, das glaube ich auch nicht, Mister Michael. Man sagt aber, der verschwundene Sohn wäre sein Lieblingssohn gewesen."

„Können wir einen somalischen Warlord bitten, sein Enkelkind adoptieren zu dürfen?"
„Ehrlich gesagt, Miss Cathy, das ist mehr als unwahrscheinlich."
„Aber wir können ihn nicht hier in Nairobi in den Kiambui Slum oder nach Somalia zu einem Warlord, der im Moment zwar der Al-Shabaab abgeschworen hat, aber wer weiß wie lange, schicken. Was sollen wir nur tun?"
„Ich weiß es nicht, Miss Cathy. Jedenfalls ist es unwahrscheinlich, dass die Al Shabaab es noch einmal versuchen wird. Dazu ist er wirklich zu unbedeutend, wie Mister Michael sagt. Außerdem weiß sein Großvater inzwischen von seiner Existenz und wird geeignete Schritte unternehmen, ihn zu sich zu holen. Nur für den Fall, dass Sie etwas von ihm hören! Es kann aber auch sein, dass er das außereheliche Kind seines Sohnes ignoriert."
„Vorerst müssen wir wohl abwarten."
Als Ahmed gegangen war, sagt Michael: „Cathy, Cathy, wohin führst du uns? Verhandlungen mit einem somalischen Warlord!"
„Ja, mir ist auch ein bisschen Bange zumute. Armer Wana. Welche Verwandtschaft. Aber wie gesagt, vielleicht meldet er sich ja auch gar nicht. Ach Michael, wie schön, dass es dich gibt. Ich liebe dich."

Mit diesen Worten wirft sie sich in seine Arme und bleibt vorerst da.

Eines kann niemand Cathy vorwerfen, nämlich, dass sie einer neuen Situation tatenlos gegenübersteht und die Hände jammernd in den Schoß legt. Während sie vordergründig ihren Job erledigt, sind ihre Gedanken die ganze Zeit mit dem Problem Wana beschäftigt.

Eines ist völlig klar. Keiner der Großväter würde ihnen die Adoption von Wana erlauben. Vielleicht könnte er während der Schulwochen bei ihnen wohnen und die Ferien bei seiner Familie verbringen? Später könnte er selbst entscheiden. Das war der Wunsch seiner Mutter und es gibt einiges, was sie dazu tun kann.

Als Erstes spricht sie mit Diana. Diese sichert ihr Unterstützung zu. Dann lässt sie durch Hassan ein Treffen mit Tebeiga und Amira Samatar vereinbaren. Treffpunkt: der Parkplatz der der Calvary Temple Church. Diesmal fährt sie alleine hin und bittet die beiden einzusteigen. Bei einem Getränk im nächstgelegenen Einkaufszentrum beginnt sie: „Mrs. Tebeiga, ich darf Sie doch so nennen?"

Diese nickt zustimmend.

„Mrs. Tebeiga. Wir haben herausgefunden, dass der Vater von Abdi K'Naan ein bekannter Warlord Somalias ist. Wenn er Wana beansprucht, würden wir ihn nie wiedersehen."

Tebeiga und Amira nicken.
Sie haben das gewusst! Die beiden wussten das! Warum haben sie es uns nicht gesagt? Warum haben sie es mir nicht gesagt? Gut, warum sollten sie? Sie kennen mich ja nicht.
„Mein Vorschlag: Ich versuche eine Arbeit für ihren Mann in Mombasa zu finden. Möglichst auf einem Schiff. Sie, Amira, könnten in meinem Hotel als Zimmermädchen arbeiten, wenn es ihr Vater erlaubt. Ich würde Sie auch bei der Suche nach einer Bleibe unterstützen. Dafür möchte ich, dass Wana während der Schulzeit bei uns lebt und Sie nur in den Ferien besucht, bis er alt genug ist, selbst zu entscheiden. Lliya wollte ihren Sohn zu Ihnen zurückbringen, das ist mir klar, aber sie hat nicht gewusst, dass Sie in der Zwischenzeit Somalia verlassen haben und hier in Kenia als Flüchtlinge im Slum leben."
Amira hat große Augen bekommen und will antworten, aber ihre Mutter hält ihr die Hand vor den Mund.
„Wie Sie sicher wissen, Miss Cathy, trifft bei uns nur ein Mensch die Entscheidungen und das ist mein Mann. Ich kann versuchen ihn zu beeinflussen, aber ob er in ihrem Sinn entscheidet, weiß ich nicht."
„Es ist auch in Wanas Sinn, Mrs. Tebeiga. Bildung ist die einzige Möglichkeit für ihn, ein selbstbestimmtes

Leben zu führen und - das Wichtigste: Ihre Tochter Lliya hat ihn mir anvertraut. Ich war in der Stunde ihres Todes bei Ihr."

Beide Frauen heben überrascht die Arme und Cathy zuckt zusammen. Mist. Was ist ihr denn jetzt herausgerutscht? Darüber wollte sie nie und nimmer sprechen. Nicht einmal daran denken will sie. Ihre Hände beginnen zu zittern. Ihre Augen werden dunkel und ängstlich.

Tebeiga beugt sich vor und nimmt ihre Hände.

„Keine Angst. Ich frage Sie nicht. Ich weiß, dass Sie Lliya kein Leid angetan haben. Sie brauchen keine Angst zu haben", wiederholt sie. „Lliya ist im Paradies. Sie war so eine liebevolle Tochter. Sicher war sie auch eine liebevolle Mutter. Wir wollen alle für Wana nur das Beste. Wenn Sie für seine Schule bezahlen wollen, macht uns das sehr dankbar."

Sie schweigen.

„Natürlich kann man das auch so sehen, dass wir Ihnen das Kind verkaufen. Aber ich werde mein Möglichstes tun. Für Amira und die ganze Familie wäre es wunderbar, aus dem Slum herauszukommen. Und wenn ich noch einmal das Meer sehen könnte, noch einmal die Meeresluft riechen ..."

Sie bricht ab. Es ist nichts mehr hinzuzufügen.

„Wir melden uns."

„Wir können leider erst am Samstag nach Shanzu fahren, denn ich habe bis Freitag spät abends noch Theaterprobe. Übrigens, Amelie, willst du nicht mitmachen? In der Version für Kinder kommen Hunde vor."
„Ich auch, ich auch. Ich will auch Hund sein. Ich bin guter Hund. Schau: Wauwau, knurr, knurr."
Alle lachen. Amelie kichert: „Entweder bellen oder knurren Wana. Kein Hund bellt und knurrt gleichzeitig."

Cathy ist nervös. Tebeiga meldet sich nicht. Schon ist eine Woche vergangen. Jede halbe Stunde checkt sie ihr Handy. Kein Anruf, aber vielleicht eine SMS? Zuhause kontrolliert sie sofort nach dem Aufschließen der Haustüre den Anrufbeantworter. Er blinkt öfter, aber Hassans Stimme erklingt nicht.
„Ich glaube, wir sollten uns einen kleinen LKW mieten. Hier stapeln sich Möbel und alles Mögliche für die Villa. Vielleicht kann Magoma und sein Bruder mitkommen? Sie könnten ein paar Wandmalereien machen und beim Möbeltragen helfen."
Am Abend bevor sie losfahren wollen, meldet sich Hassan. Cathy ist mit den Kindern bei der Theaterprobe. Michael beschließt, mit Ahmed zusammen nach Eastleigh zu fahren.

Mr. Mohamed Daahir Samatar macht einen sehr müden und abgekämpften Eindruck.
„Meine Familie geht auf Ihren Vorschlag ein."
Damit setzt er sich und Tebeiga und Amira bringen Tee.
„Sie entschuldigen?"
Michael ruft Cathy an und teilt ihr die freudige Botschaft mit. Ihr fällt ein Stein vom Herzen.
„Sag Ihnen tausend Dank. Wir sind glücklich, weil wir Wana sehr gerne haben und uns freuen, dass er weiter bei uns bleiben kann. Und, höre Michael, wir haben noch nicht darüber gesprochen, um wie viele Personen es sich eigentlich handelt! Erinnere dich an den bestimmten Tag. Da waren sehr viele Männer in der Hütte. Mach ihm klar, dass das Angebot nur für ihn, seine Kinder und Enkel gilt."

Tatsächlich fahren sie erst am Montag nach Shanzu. Es ist noch sehr viel zu besorgen gewesen. Vollbepackt starten sie am frühen Morgen. Zum Vergnügen der Kinder sind Magoma und sein Bruder mit dabei. Als sie auf den Parkplatz der Calvary Temple Church in der Ol Debi Road einbiegen, fängt Wana zu schreien an.
„Nein, nein. Will nicht. Amelie hilf, Amy!"
„Wana, Wana, nun beruhige dich doch." Cathy versucht, das um sich schlagende Kind zu umarmen.

Endlich gelingt es ihr. „Du musst da nicht mehr hin. Glaube mir. Nie mehr. Heiliges Ehrenwort. Wir holen nur deinen Großvater ab, er kommt mit nach Mombasa. Mit ans Meer, Wana. Er ist doch Fischer, er muss am Meer leben. Wir suchen einen Job für ihn."
Während der langen Stunden der Fahrt versucht Mohamed Samatar, mit Wana Kontakt aufzunehmen, indem er ihn anlächelt, aber Wana schaut nie in seine Richtung. Schließlich lässt Wanas Großvater seine Schultern nach vorne sinken und schließt die Augen.
Nach der Ankunft am *Blue Sea House* in Shanzu zieht es die Nairobianer unwiderstehlich an den Strand. Magoma und sein jüngerer Bruder Tatu schauen und schauen.
„Wir haben noch nie das Meer gesehen, Mr. Michael. Wie groß es ist."
Magoma zieht seine Turnschuhe aus und watet in das Wasser, beugt sich vor - mit seinen beiden Händen formt er eine Schale, - taucht sie in das Meer und hebt die Hände zum Mund.
„Nicht, Magoma. Das Wasser kann ..."
Zu spät. Magoma drohen die Augen aus dem Kopf zu fallen. Er versucht, so viel Wasser wie möglich von sich zu geben. Hustet und spuckt. Alle versuchen, nicht zu lachen, aber es ist Magoma, der schließlich damit anfängt. Dann lachen alle, bis ihnen die Tränen

kommen.

Nur Mohamed Samatar steht still da. Auch bei Magomas Trinkversuch hat er geschwiegen. Dann wendet er sich an Wana und hält ihm die Hand hin. Michael gib Wana einen kleinen Schubs und so stolpert er neben seinen Großvater.

„Kibwana, schau. Dieses Meer ist deine, ist unsere Heimat. Ein paar hundert Kilometer weiter nördlich liegt vor der Küste eine kleine Inselgruppe, da haben unsere Vorfahren seit fünfzig Generationen gelebt. Auf den Bajuni Islands. Vergiss das nie. Du bist ein Bajuni. Wir sind Fischer. Immer schon gewesen. Man hat uns aus unserer Heimat vertrieben. Aber wir werden zurückkehren. Inshallah."

Nach einer Dusche - Mokami hat für die Nairobianer Ersatzkleidung besorgt und einem kleinen Imbiss – bringt Cathy Mr. Mohamed zu Abdullah.
„Hi Abdullah. Wie geht es dir?"
„Gut Miss Cathy."
„Das hier ist Mister Samatar. Wanas Großvater. Er war Fischer in Somalia. Diana hat mit dir gesprochen?"
„Ja, Miss Cathy. Ich habe gesagt, ich bringe Mr. Samatar morgen früh um neun Uhr zu Mr. Hirsi. Er ist Chef von *Sea Point*, der Tauch- und Segelschule in Mombasa."

„Gut. Wir bringen ihn im halb neun Uhr hierher zu dir. Du hast Mr. Hirsi gesagt, dass wir überlegen, uns ein eigenes Boot zu kaufen?"
„Ja, Miss Cathy."
Abdullah grinst. Er kennt Cathy seit fünfzehn Jahren und hat sehr wohl verstanden, dass er Druck ausüben muss.

Inzwischen sind Magoma und Tatu bereits an die Arbeit gegangen. Cathy leistet David insgeheim Abbitte, dass Dads und ihr Appartement noch unverändert sind. Wo hätten sie sonst geschlafen?
Mitten in der großen Umräumaktion am nächsten Vormittag fällt Cathy auf, dass Wanas Großvater noch nicht zurückgekehrt ist. Auch Abdullah fehlt noch. In Dianas Segelschule versucht Yaris an verschiedenen Plätzen gleichzeitig zu sein.
„In halbe Stunde neuer Surfkurs, sechs Leute. Lions schon mit einem Boot draußen, dauert noch zwei Stunden. Bob Hochzeit, zwei Tage weg. Diese Kunde will Boot, aber nicht allein, soll mit, Küste nach Norden. Was soll ich machen, Miss Cathy?"
„Ich frage David, ob er noch jemand hat, der einspringen kann. Wenn nicht, mach ich den Kurs, Yaris. Lass die Surfbretter herrichten. Wir kriegen das schon hin."

Insgeheim ist sie ärgerlich auf Abdullah. So ein Gespräch dauert doch höchstens eine Stunde. Wo bleiben sie nur? Kurz vor Ende der Surfstunde tauchen die beiden wieder auf. Völlig ohne Schuldbewusstsein, aber total begeistert von dem Schiff.

„Sie haben zwei Jachten und eine tolle Ausrüstung Miss Cathy. Mr. Samatar sagt, er hat noch nie so eine hochwertige Angelausrüstung gesehen. Wir haben eine Probefahrt gemacht. Fantastisch. Ich muss Miss Diana schreiben. So ein tolles Schiff hier und wir könnten groß in das Geschäft einsteigen. Sie bieten Drei- oder Viertagestouren an. So ein Schiff hat sechs Kojen, eine Küche. Man braucht natürlich einen Bootsführerschein und eine Angel-Lizenz. Mr. Samatar müsste eine Prüfung machen für die Lizenz. Aber als Fischer ist das sicher keinerlei Problem für ihn. Bis er einen Jachtführerschein hat, kann er als Helfer zum Angeln mitfahren, sagt Mr. Hirsi. Er lässt fragen, ob er Mr. Samatar zum nächsten Kurs anmelden soll. Beginnt erster Juli und kostet 9500 KES."

Cathy zuckt mit keiner Wimper.

„Natürlich, Abdullah."

Bei ihren Worten breitet sich auf Mohamed Samatars Gesicht ein Strahlen aus.

„Danke, Miss Cathy. Meine ganze Familie dankt Ihnen von Herzen", stammelt er. „Wie kann ich Ihnen jemals genug danken?"

„Abdullah, du kümmerst dich um die Angel-Lizenz? Wenn Kosten entstehen, melde dich bei Mr. David, ok? Hast du schon herumgefragt, ob man irgendwo eine Hütte mieten kann? Möglichst in der Nähe des Marine Centers?"

„Ja, Miss Cathy, aber ist schwierig. Sehr schwierig. Wohnen nur reiche Leute da."

Er wirkt ein bisschen irritiert. Ich verstehe ihn ja, denkt Cathy. Hier haben wir eine riesige leere Villa, zwei sehr große Grundstücke und ich suche für Wanas Familie eine Hütte. Für Afrikaner bedeutet Familie alles. Für sie wäre es selbstverständlich, dass Wanas Familie bei uns wohnt. Aber so weit bin ich doch keine Afrikanerin, dass ich das akzeptieren würde.

Erst nach Sonnenuntergang gelingt es ihr, ein paar Minuten für David freizubekommen. Auch er zeigt sich skeptisch.

„Du weißt doch, je näher du an Mombasa kommst, desto schwieriger wird es, eine Hütte zu finden. Nicht einmal ein kleines Grundstück. Keine Chance. Du hast doch das Gelände am Kibokoni Lake."

„Das ist zu weit weg für diesen Arbeitsplatz, David, obwohl ich auch schon daran gedacht habe. Diana und ich werden eine kleine Jacht für Tagestouren kaufen und Mr. Samatar soll die Touren führen, sobald er die

Lizenzen hat."

Am nächsten Morgen ist Mr. Samatar verschwunden. Er kommt am späten Abend aus Mombasa zurück.

„Ich habe gestern in der Nähe von dem Schiff einen Mann aus Kismaayo getroffen. Er hat versprochen, uns zu helfen, auch wenn er kein Bajuni ist. Er hat Platz in seiner Hütte. Hat gesagt, wir können vorerst bei ihm wohnen."

„Wo wohnt er, Mr. Samatar?"

Dieser holte einen Zettel aus seiner Hosentasche: „Old Malindi Road 576."

Cathy schüttelt unwillig den Kopf, schweigt aber.

Zusammen mit Wana, Amelie und Michael durchstreift sie das Gelände des Hotels und des *Blue Sea House*s. Bei Davids Hütte bleiben sie stehen. Sie liegt am Rand des Hotelgeländes, ist aber gegen die Straße mit einem Zaun und Büschen abgeschirmt. Mary, seine Frau, hat einen kleinen Gemüsegarten angelegt. Sie hackt und erntet. Der geflochtene Gartenkorb ist fast gefüllt.

„Jambo, Miss Cathy. Mr. Michael."

„Jambo Mary. Gute Ernte? Du bist tüchtig. Ich habe nie gefragt, ob du dich hier wohlfühlst. Fühlst du dich nicht oft allein? David ist immer im Hotel."

„Oh nein, Miss Cathy. Ist schön hier. Gute Erde. Kinder alle gesund. Ich bin glücklich."

„Könntest du dir vorstellen, Nachbarn zu bekommen? Dann hättest du eine andere Frau zum Plaudern. Was hältst du davon?"

„Wo? Hier? Neue Familie?"

„Ja, aber ich bespreche das noch mit David. Es geht um Wanas Großeltern und ein Onkel mit Familie."

David hat nichts dagegen. Zumindest spricht er sich positiv aus. „Ist doch dein Grundstück, Cathy."

„Könntest du Mr. Samatar und seinem Sohn helfen, Material zu besorgen und so weiter? Richte bitte ein Kreditkonto für ihn ein. Er muss natürlich alles zurückzahlen. In kleinen Raten! Vielleicht könntest du vorerst zwei Zelte und eine mobile Toilette aufstellen lassen? Ich will nicht, dass Wanas Familie an der alten Malindi Road bei Leuten, die sie gar nicht kennen, unterkriecht. Ich will sehen, wie sie leben. Sobald Magoma und Tatu fertig sind, sollen sie mit dem Zug nach Nairobi zurückfahren und Mr. Samatar mitnehmen."

Mohamed Samatar kann diese Veränderung seiner Lebensumstände kaum begreifen. Er, der sich jahrelang nicht einmal ein Matatu leisten konnte, soll mit dem Zug fahren, auf einem tollen Schiff arbeiten und wieder Fische fangen dürfen. Gut, nicht er selbst, aber er soll anderen zeigen, wie er das immer gemacht hat. Soll für seine Familie endlich eine bessere Zeit beginnen? Seit er das Meer wieder gesehen hat, ist sein Heimweh fast ins Unermessliche gestiegen. Aber hier könnten sie wieder leben, die Kinder hätten eine Zukunft. Seine Tochter Lliya. Er vermisst sie immer noch. Dass sie vor ihm davongelaufen ist, das tut weh. Aber er hätte einer Verbindung mit einem Ajuran nie und nimmer zustimmen können. Nun ist sie tot. Und ihr kleiner Sohn ist wie aus dem Nichts aufgetaucht. So ein netter kleiner Junge. Mit weitreichenden Verbindungen. Wird er es sein, der die Familie wieder nach Hause bringt? Wenn der Krieg irgendwann vorbei sein wird?

Als Cathy ihn um einen Gefallen bittet, verspricht er, alles in seiner Macht stehende zu tun.

„Ich gebe Ihnen Geld mit und Fotos von Wana. Bitte beantragen Sie für ihn einen Pass in der somalischen Botschaft. Sie und Ihre Familie haben doch Ausweispapiere? Und, Mr. Samatar, in der Botschaft muss man nicht wissen, dass Wana in Mallorca geboren wurde. Sagen Sie einfach, er hätte immer bei Ihnen gelebt, da seine Eltern tot seien. Oder Sie sagen, was noch besser wäre, sein Vater sei vor seiner Geburt gestorben und er hieße Kibwana Mohamed Daahir Samatar, geboren auf den Bajuni Islands, Somalia. Sein Geburtsdatum kennen wir nicht. Wir haben ihm eines ausgesucht, und zwar den 12. Juni 2011. Den Namen

K'Naan sollten Sie vielleicht nicht erwähnen. Aber das ist natürlich Ihre Entscheidung. Ihre allein."

Am nächsten Abend präsentieren Magoma und Tatu ihre Wandmalereien. Sie haben nicht nur die Kinderzimmerwände, sondern auch den Eingangsbereich und eine Wand im Esszimmer mit afrikanischen Landschaften bemalt, die Cathy ihnen auf Fotos gezeigt hat. Im Esszimmer ist so das Camp im Tsavo Ost Nationalpark entstanden. Wana erzählt begeistert Geschichten von den gefährlichen Situationen, die er und Amelie überstanden haben.
Michael und Cathy wechseln einen schnellen Blick Beide müssen sich das Lachen verbeißen. Wäre er nicht so ein herzlicher kleiner Schelm, müsste man ihn einen Aufschneider nennen.
Am nächsten Tag werden Magoma, Tatu und Mr. Samatar von Davids Cousin, der sowieso nach Mombasa muss, zum Bahnhof gebracht.
Mr. Samatar hebt Wana hoch und wirf ihn in die Luft. Zum ersten Mal lacht Wana seinen Großvater an und lässt sich zum Abschied auf beide Wangen küssen. Dann dreht er sich um und läuft mit Amelie und Marjani zum Strand.

Das Schuljahr neigt sich zu Ende und die Aufregung in

der Theater AG steigt. Einige bekommen mysteriöse Krankheiten, die sie ans Bett fesseln. Cathy besucht jeden einzelnen Kranken. Meist geht es bei ihrem überraschenden Auftauchen dem „Patienten" sofort besser. Sie kennt das schon. Die meisten kann sie von ihrer ‚kranken' Nervosität befreien, die anderen besetzt sie um.

Als Attraktion haben sie in diesem Jahr beschlossen, rote Herzluftballons mit der Aufschrift ‚ein Land – ein Volk' vor der Theateraufführung in den Himmel zu schicken. Ein Großteil des Lehrkörpers und die Abschlussklasse füllen die Luftballons mit Gas. Michael als Direktor hält eine launige Rede.

Bei den Sportvorführungen liegt die Gruppe des
Kindergartens in der Gunst der Zuschauer ganz vorne. Die Kleinen purzeln und hüpfen mit Begeisterung. Vor allem natürlich Wana. Amelie, Michael und Cathy sind sehr stolz auf den Kleinen. Aber alle anderen Klassen bieten natürlich ebenfalls hervorragende Leistungen. Laut brandet der Beifall nach dem Fußballspiel, das traditionsgemäß gegen die Jomo Kenyatta School ausgetragen wird, auf, denn die DSN Mannschaft gewinnt mit 4:3. Eine Sensation. Die Mannschaft wird frenetisch gefeiert. Der erste Sieg in der Geschichte der DSN! Die JKSler lassen kurz die Köpfe hängen, dann

lachen sie wieder und stürzen sich auf das Getränkebuffet.

Cathy und Michael haben lange überlegt, Wanas Großeltern einzuladen, entschieden sich aber letztendlich dagegen. Sie hätten sich nicht wohlgefühlt. Auch sind sie Wana noch zu fremd und außerdem mit dem Umzug nach Shanzu beschäftigt.

Dann kommt der Moment, in der die roten Luftballons in den gerade noch hellen Himmel Nairobis aufsteigen. Natürlich hat Suzie den Flughafen informiert, denn eintausend Luftballons könnten einen Piloten irritieren.

Wana steht bei Amelie und Cathy. Alle drei lassen ihre Ballons gemeinsam los. Die Luftballons steigen und steigen, da kaum Wind herrscht, fast senkrecht in den Himmel. Amelie ist begeistert.

„Die fliegen bis zum Himmel, schaut nur!"

„Zu meiner Mama? Fliegt mein Ballon zu meiner Mama?" Wana schaut flehentlich nach oben.

„Ja, auch zu meiner."

„Und zu meiner", fügt Cathy hinzu und legt ihre Arme um die Kinder.

Die Aufführung der Theater AG, die „Zauberflöte", verzaubert die Zuschauer. Beim *Nyama Choma*, dem großen Barbecue, heimst Cathy und ihre Crew nur Lob ein. Michael ist stolz auf seine Schüler, die die Arien stimmgewaltig gesungen haben.

„Ich sagte dir doch, wir haben wunderbare Sängerinnen und Sänger in unseren Kreisen."

Die kenianische Außenministerin Amina Mohamed lobt in ihrer Rede die wunderbare Abschlussfeier der DSN, zu der sie wie jedes Jahr gerne gekommen sei.

Als das Feuerwerk beendet ist, sagt Wana: „Morgen wieder Feuerwerk!"

„Nein", gähnt Amelie, „erst wieder nächstes Jahr."

13. HOCHZEIT IN SALZBURG

Cathy schaut zweifelnd in den großen Spiegel. Dann nickt sie, lächelt und dreht sich um.
„Das ist es! Wie findet Ihr es?"
Sie steht in einem Modeatlier in Salzburg und seit einer Stunde probiert sie Brautkleider an. Anne sitzt im Lehnsessel und nickt zustimmend. Tina ist in den Tiefen des Salons verschwunden und kommt nun mit einem weiteren Kleid am Arm zum Vorschein.
„Ja, das ist ganz schön, probiere doch bitte das noch an. Das hat etwas ganz Besonderes."
Aber Cathy schüttelt energisch ihre braunen Locken. Das Kleid ist elfenbeinfarben, hat einen großzügigen mit Perlen bestickten V-Ausschnitt, und entzückende Flügelärmel. Auch im Rücken ist es tief ausgeschnitten. Es fällt weich vom Busen bis zum Boden und hat eine kleine Schleppe.
Anne blinzelt. Sie sieht ihre Tochter Susanne mit ihrer Freundin Christine im Brautgeschäft auf der Königstraße. Susanne strahlt und sagt: „Das ist es Mama! Das Kleid ist ein Traum."
„Granny, Granny, hörst du mich?" Cathys Augen sind ganz nah. Sie schauen Anne etwas ängstlich an. „Was ist mit dir? Du hast so gestöhnt. Ist dir nicht gut?"

„Doch, doch, Kind. Dein Kleid ist ein Traum." Annes Stimme ist etwas heiser. Jetzt kommt auch Tina näher.
„Oma, soll ich dich heimfahren? Wir müssen ja noch Schuhe kaufen und die Kleider für die Blumenkinder aussuchen und die Blumen, mein Gott, wir dürfen die Blumen nicht vergessen". Zur Verkäuferin gewandt fügt sie hinzu: „Sie haben doch bestimmt auch Kleider für die Kinder?"
Aber die Verkäuferin verneint und verweist sie auf ein Kinderfachgeschäft.

Die Einladungen zur Hochzeit sind schon von Nairobi aus verschickt worden. Alle haben zugesagt: Klaus mit Familie sowie Louisas Bruder Pablo, Diana und George, Michaels Freunde mit der kleinen Janine, Klaus' Cousin Thomas, die Schleyers aus Besigheim und, was Michael gar nicht freut, auch seine Eltern. Tina wollte die Hotelreservierungen erledigen, was im Sommer in Salzburg etwas problematisch sein kann, aber da griff Sebastians Mutter Gretl energisch ein.
„Tina, wir sind eine Familie und noch dazu eine große. Es ist doch selbstverständlich, dass die Gäste deiner Schwester bei Verwandten untergebracht werden. Das ist absolut kein Problem und jeder Widerspruch ist zwecklos", fügte sie mit einem kleinen Lächeln hinzu.
„Du musst mir nur sagen, wie viele es sind und wann

sie ankommen."

Sebastian, George und Michael sind unterwegs, den Hochzeitsanzug für Michael zu kaufen sowie den Brautstrauß zu bestellen. Aber da winkt Michael ab. Cathy würde ihn selbst aussuchen. Das abgehakt, machen sich die drei Männer fröhlich auf die Suche nach der kulinarischen Örtlichkeit. Für fünfzig Personen, natürlich sehr gute Küche, gemütlich, schönes Ambiente, aber nicht zu vornehm, auch nicht zu teuer. Nach drei Lokalen und genauso vielen Getränken ist die Stimmung auf dem Tiefpunkt.

„Komm Schwager, ich zeige dir etwas. Vielleicht gefällt es dir, vielleicht auch nicht."

Sebastian fährt sie nach Himmelreich, einer Randgemeinde von Salzburg. Vor einem großen Bauernhaus, das mit üppigen Blumen am Balkongeländer geschmückt ist, hält er an. Er geleitet sie am Haupthaus vorbei und öffnet die Tür der großen Scheune.

„Hier finden unsere Familienfeste statt, schon seit ich auf der Welt bin."

Die Scheune ist groß und im Inneren sehr hoch. An den ursprünglichen Zweck des angrenzenden Heubodens erinnern nur noch die Leitern und diverse Gerätschaften, die dekorativ an der Wand angebracht sind. Der Heuboden selbst ist dreistöckig und leer.

Zusammen mit der Scheune vermittelt er das Gefühl eines unendlich großen Raumes. In einer Ecke befindet sich eine große, etwas erhöhte Plattform. Michael zieht fragend die Augenbrauen hoch.

„Unsere Tanzfläche", erklärt Sebastian. „Die Tische sind zusammengelegt, dort in der Ecke. Ebenso die Bänke. Die Scheune gehört zum Anwesen meiner Tante Doris."

Er lässt sich auf der Tanzfläche nieder und schließt die Augen. Eine Szene taucht in seinem Inneren auf:

Er rutschte die Bank langsam, sehr langsam entlang. Jedes Mal, wenn Mutter oder Vater in seine Richtung schauten, verhielt er sich ruhig. Als er sich vor innerer Unruhe kaum noch beherrschen konnte, erreichte er das Ende der Bank. Ein prüfender Blick. Sowohl Vater als auch Mutter waren beschäftigt. Im nächsten Moment hatte er die Scheune verlassen. Seine Freunde warteten schon bei den Heidelbeersträuchern am hinteren Autobahnsee. Er hasste diese Familienzusam-menkünfte. Es waren einfach zu viele Menschen, auch zu viele Kinder. Wie Mama sagte, nur die ‚engste Verwandtschaft'. Seit einer Woche hatte sie für das Treffen gebraten, gekocht und gebacken. Jeder Familienzweig brachte Essen mit in Tante Doris' Scheune. Sie war als einzige groß genug alle Familienmitglieder aufzunehmen. Es wurde gegessen, getrunken, geredet, gelacht und abends getanzt. Von wegen Harmonie. Irgendwo brach immer ein Streit los. Gut, das gab er zu, oft in seiner Gegenwart. Er konnte die

Hänseleien seiner älteren Cousins nicht ertragen. Sebastians Elternhaus stand im Stadtteil Himmelreich. Nur weil sie ein paar Straßen weiter wohnten, die zum Salzburger Stadtteil Laschensky gehörten, nannten sie ihn den Himmlischen oder noch schlimmer Engelbub. Immer kam die Frage:

„Wia is es heut im Himmi, warst schee brav, Bua?"

Da flippte er regelmäßig aus und sie lachten sich kaputt. Sein Bruder Georg verzog sich dagegen mit seinen Karl-May-Büchern in den hinteren Teil des Obstgartens. Seine große Schwester Daniela kicherte mit den blöden Weibern und sagte höchstens zu ihm „Baby, reg dich nicht auf!" Regelmäßig beschloss er, zu türmen, aber nicht immer gelang es ihm. Heute schon. Er überkletterte den Zaun im westlichen Bereich, ängstlich darauf bedacht, von Georg nicht gesehen zu werden. Hinter Olli's Scheune hatte er sein Fahrrad versteckt. Im Stehen radelte er so schnell er konnte Richtung See. Seine Bande, sechs Jungs aus der Nachbarschaft, Olli, Walter, Hans, Harri, Fritz und Stefan, saßen schon im Kreis und rauchten die Friedenspfeife. Dazu hatten sie ein bisschen trockenen Torf in die alte Pfeife von Walters verstorbenen Großvater gefüllt und angezündet. Torfstechen war eine Jahrhunderte alte Methode der Landbevölkerung, für Heizmaterial im Winter zu sorgen. Das Moorgebiet erstreckte sich vom Autobahnsee bis hinüber zur Moosstraße und überall stapelten sich im Sommer die Torfziegel zum Trocknen. Nach kurzer Zeit langweilte sie das Indianerspiel und sie teilten sich in Räuber und Gendarmen auf. Natürlich war er der Anführer der Räuber. Als die Dämmerung einsetzte und es zu dunkel zum Herumstreifen wurde, machten sie sich mit schlechtem Gewissen auf den Weg nach Hause. Aber diesmal war Sebastians Abwesenheit gar nicht aufgefallen ...

„Sebastian!" Michael steht vor ihm, „ich habe dich schon zweimal gerufen. Also mir gefällt das hier. Es ist so viel Platz. Nicht wie in den Lokalen, wo die Tische eng stehen und es auch nirgends eine Tanzfläche gab. Mit dem richtigen Partyservice und Stühlen anstelle der Bänke fände ich es hier echt gemütlich. Aber du weißt, entscheiden werden das die Frauen."

Diana ist mit den Kindern unterwegs im Zoo von Hellbrunn. Lisa und Lena sind ganz aufgeregt und meinen geheimnisvoll: „Kommt, Amelie, Wana, wir müssen da vorne rechts gehen."
„Aber schau, da sind..., was ist das? Was sind das für Tiere?"
„Das sind Gemsen. Davon gibt es in den Bergen genug. Aber dort vorne rechts, dort wird es interessant!"
Sie laufen voraus und bleiben beim Schweinegehege stehen, in dem drei kleine Ferkelchen zwischen zwei großen Schweinen, wohl den Eltern, herumlaufen. Irgendwie sieht es aus, als ob sie fangen spielten.
„Da, das zweite rechts ist ‚Nanu'. Es ist unser

Ferkelchen. Es ist sechs Wochen alt. Es ist das bunteste Schwein auf der Welt."
„Aber die anderen sehen genauso aus."
„Sie heißen bunteste Schweine der Welt und sind", Lisa kraust intensiv nachdenkend die Stirn, „Pinselohrschweine. Seht ihr das Haarbüschel an den Ohren?"
„Aber im Gesicht und am Rücken sind sie weiß."
Amelie ist eine gute Beobachterin.
„Ihre Borsten sind rötlichbraun. Im Gegensatz zu den Wildschweinen."
Diana hat die Informationstafel am Gehege gelesen. Wana soll das vom Englischen ins Deutsche übersetzen, was nicht so recht gelingen will. Amelie liest daraufhin die Information auf Deutsch vor. Lena und Lisa hören gar nicht richtig zu. Sie zeigen nur auf die letzte Zeile: „Schaut, das steht unser Name drauf."
Amelie und Diana zeigen sich beeindruckt. Der Tierpfleger kommt mit Futter aus dem hinteren Teil des Geheges. Er sieht Lisa und Lena, die er kennt.
„Seid's wieda da? Woillts es füttern?"
Natürlich wollen die Zwillinge. Diana fotografiert.

Anschließend gehen sie weiter in den Hellbrunner Park zu den Wasserspielen. Die Zwillinge freuen sich schon darauf. Sie wissen, von wo das Wasser kommt, das der Touristenführer anstellen wird. Die Hocker am großen Steintisch haben eine Öffnung. Da es heiß ist, werden die Touristen gebeten, darauf Platz zu nehmen. Der Hebel wird umgelegt und das große Kreischen beginnt, wenn das Wasser von unten los spritzt. Und es gibt noch viele, viele solcher Orte. Die Zwillinge kennen sie genau.

Diana, die ja Wanas Geschichte gut kennt, hat Cathy gefragt, wie sie es schaffte, Wana rechtzeitig einen Pass zur Ausreise aus Kenia zu besorgen.

Cathy erzählt ihr im Vertrauen, aber erzähle es ja nicht weiter Diana, auch George nicht, versprochen? Also Wanas Großvater hat, wie ich ihn bat, den Pass beantragt, auf den Namen Kibwana Mohamed Daahir Samatar. Im letzten Moment, ich habe ihm das Bahnticket nach Nairobi bezahlt, hat er einen somalischen Pass für Wana ausgestellt bekommen. Aber für eine Aufenthaltsgenehmigung für Kenia hat die Zeit nicht mehr gereicht. Das kann er in Mombasa erledigen. Wana ist mit seinem spanischen Pass ausgereist. Ich habe keine andere Lösung mehr gesehen. Ich habe meinen Anwalt, Mr. Kalela gebeten, die Passangelegenheit in Ordnung zu bringen und ein Wieder-Einreisevisa für Kenia zu besorgen. Gut, das war nicht billig. Aber als Spanier kann Wana
anstandslos nicht nur ein-, sondern auch innerhalb der

EU reisen."

„Cathy, Cathy, du bist Joes wahre Tochter! Er hatte auch immer einen Plan B im Kopf."

Diana lächelt gedankenverloren.

Mit der Frage, ‚weißt du schon, was du mit dem Gelände am Kibokoni See anstellen wirst,' kam sie wieder im Heute an.

„Ich habe viele Ideen, aber das wird ein großes Projekt. Dazu hatte ich bis jetzt noch keine Zeit. Ich denke da an eine Schule für traumatisierte Kinder, eine Zweigstelle der Deutschen Schule Nairobi oder eine Aufteilung für Kleinsiedler. Seit ich in den Slums war, kann ich die Bilder nicht mehr aus dem Kopf bekommen. Aber jetzt lass uns erst einmal heiraten!"

Langsam kommen die Gäste an. Tina und Sebastian wechseln sich am Flughafen ab, um zusammen mit den Gastgebern die Gäste zu empfangen.

Die Mallorquiner sind die Ersten. Klaus sieht mitgenommen aus. Die anderen interessiert.

„Morgen früh machen wir eine Stadtführung", verkündet Tina, und zu Elena und Sofia gewandt, fügte sie hinzu: „Ihr wisst, dass Cathy Euch als Blumenmädchen möchte? Sie hat zwei Kleider reservieren lassen. Könnt Ihr heute noch zu uns nach Hause kommen und sie anprobieren?"

Die Mädchen schauen unsicher auf ihre Eltern.

„Ja, natürlich. Ihr alle!"

Sie dreht sich zu Pablo, Louisas Bruder, der Cathys Flucht nach Menorca organisiert hat, um, und will die Einladung auch für ihn und seine Familie aussprechen, aber er winkt ab. „Vielen Dank. Wir sind müde und möchten uns ein bisschen ausruhen."

Elena und Sofia sitzen auf der Couch und betrachten den Kleiderkatalog. Vielleicht gibt es ja noch etwas Schickeres?

Cathy beugt sich von hinten zu den beiden. Ihre Gesichter sind auf einer Höhe.

Die Finger von Klaus umklammern den Stiel des Weinglases. Seine Knöchel werden weiß. Dann zerbricht der Stiel. Er starrt auf die Mädchen. Louisa schaut ihn ängstlich an.

Cathy blickt auf und sagt langsam: „Ja, so ist das. Hattest du keinen Verdacht? Mama war sich doch nicht sicher!"

„Du weißt das? Seit wann? Warum sagt mir keiner was?"

„Tina und ich haben einen DNA-Test machen lassen. Wir dachten, du würdest es schon sehen. Aber die Sache hat eine noch schlimmere Seite."

Sie schweigt. Louisa sagt fast tonlos. „Bitte sprich."

„Klaus ist nicht Tinas Vater. Wir haben verschiedene

Väter. Für Tina ist das die Hölle."

Tina betritt mit den Blumenkinder-Kleidern von Lisa und Lena den Raum.

„Schaut Elena, Sofia, das sind doch hübsche Kleider, nicht wahr? Wenn Ihr alle das gleiche Modell tragt, ist die Wirkung viel stärker, meint Ihr nicht auch?" Dann wird sie unsicher. „Was ist denn los?"

Klaus erhebt sich.

„Cathy und du, ihr seid beide meine Töchter. Nicht die eine ja und die andere nein. Ihr seid Zwillinge. Ihr habt die ersten drei Jahre in einem Bett geschlafen. Ihr habt mich Papa genannt. Ich wollte, ich könnte die Zeit zurückdrehen, aber das steht nicht in meiner Macht. Wir sind eine Familie."

Tina plumpst auf einen Stuhl. Die Kleider fallen zu Boden. „Wenn es so wäre, fände ich es erträglich, aber so ist es nicht. Wir sollten der Sache nicht so viel Gewicht geben. Irgendwie bist du schon unser Vater." Sie lenkt ab: „Und deshalb musst du Cathy zum Altar führen."

„Aber sicher", ruft Klaus, „aber gerne. Meine schöne Tochter!"

Cathy zuckt zusammen. So hat Dad sie immer genannt! Hört der Schmerz denn nie auf?

Er geht auf Cathy zu und umarmt sie. Dann wendet er sich Tina zu. Das passt aber der kleinen Sofia gar nicht.

„Mi padre", sagt sie zornig. Auch Elena kann die Eifersucht nicht ganz unterdrücken. Bis jetzt waren sie Papas Prinzessinnen gewesen. Sie allein.

Michael ist nachmittags mit Sebastian am Flughafen. Sie erwarten seine Eltern. Der Flug ist pünktlich. Doris, die Schwester von Sebastians Mutter, wird sie aufnehmen. Michael steht der Angelegenheit immer noch ablehnend gegenüber. Wieso auf einmal wieder Interesse an ihm? Na klar, Interesse an Amelie, Mamas Liebling!
Seine Eltern kommen aus dem Ankunftsbereich. Unsicher stehen sie da. Mein Gott, sind sie gealtert! Er hat sie doch nur zwei Jahre nicht gesehen.
„Michael, mein Sohn."
Seit wann ist Mama so theatralisch? Pflichtschuldigst umarmt er sie und gibt seinem Vater die Hand.
„Michael, verzeih uns unsere Haltung dir gegenüber. Wir haben dich so vermisst. Die Tragödie damals hat uns sehr mitgenommen. Dürfen wir Amelie bald sehen?"
„Tina, Cathys Schwester, macht morgen eine Stadtführung. Da sind alle dabei. Wegen Amelie bitte ich euch um Zurückhaltung. Ich weiß nicht, wieweit sie sich erinnert, aber wir werden sehen."
Nach der Vorstellung meint Doris beruhigend: „Ich

bringe Sie erst einmal in Ihr Zimmer. Sind Sie einverstanden?"
Die beiden nicken.
Am nächsten Morgen treffen sich alle am Salzburger Residenzplatz. Klaus und sein Cousin Thomas stehen sich gegenüber. Schweigend. Klaus macht einen Schritt auf ihn zu und sie umarmen sich. Sie halten lange aneinander fest. Klaus wendet sich an Louisa: „Mein Cousin! Wir waren Nachbarn und haben unsere ganze Jugend miteinander verbracht!"
„Hallo Louisa. Das ist meine Frau."
„Ich heiße Barbara und ich freue mich, euch zu treffen."
An einer anderen Stelle steht die Familie Waidmann, Brigitta und Heinz Waidman mit ihrer Tochter Janina, Amelies Freundin aus dem Schwarzwald. Janina ist eingeschüchtert. „Erkennst du mich Amelie?"
Amelie, mit einem widerstrebenden Wana an der Hand, denn er hat Diana erblickt, sieht sie forschend an.
„Nein, ich kann mich immer noch nicht an alles erinnern. Aber komm doch mit uns. Auf dem Brunnen sind ganz viele Tiere zu sehen."
Sie dreht sich um und zieht Wana zum Brunnen. Dabei geht sie an ihren Großeltern vorbei. Ihre Großmutter streckt die Hand in ihre Richtung, ihr

Blick ist traurig.

„Es wird schon wieder. Es braucht Zeit."

Auch Manfred, ihr Mann, ist tief bewegt.

Walter Schleyer fühlt sich gar nicht wohl. Er kennt niemand. Nur Cathy und Tina hat er einmal kurz gesehen. Achims Töchter. Nein, nur eine von beiden ist seine Tochter. Dass es so etwas überhaupt gibt? Aber Hannelore, seine Frau, hat darauf bestanden, die Einladung anzunehmen.

„Ich will deiner Mutter von der Hochzeit ihrer Enkelin erzählen und Bilder zeigen. Das wird ihr helfen, ihren jahrelangen Schmerz über Joachims Verschwinden zu mindern."

Cathy begrüßt sie herzlich und stellt sie Diana vor. Das heißt, sie will es. Diana erblickt Walter, wird so blass, dass ihre Sommersprossen auf ihrer weißen Haut leuchten und sagte: „Jo, for heaven's sake, Jo. - Jo, um Himmels Willen, Jo."

„Nein Diana, Dads Bruder aus Besigheim und seine Frau Hannelore. Er hat die letzten dreiundzwanzig Jahre nichts von Dad gehört. Vielleicht könntest du ihm einiges erzählen?"

Zu den Schleyers schauend, erklärt sie: „Das ist Diana, sie ist die Segelschulbesitzerin neben unserem Hotel und war viele Jahre mit Dad befreundet."

„Sie haben meinen Bruder gekannt? Hat er nie von

uns, seiner Familie gesprochen? Unsere Eltern haben so auf Nachricht gewartet." Er bricht ab, denn Diana schaut ihn unsicher an, „verstehen Sie mich?"

„So sorry, I do not speak German. Cathy, Darling, could someone translate? Es tut mir so leid, aber ich spreche nicht deutsch. Cathy, Liebling, kann jemand übersetzen?"

„Oh je, ich kümmere mich darum."

Aber Tina schüttelt den Kopf.

„Ich mache die Stadtführung."

„Aber vielleicht später?"

„Nein. Tut mir leid, dann muss ich mich um die Musik kümmern. Frag doch Michael."

„Tina, sei nicht so stur."

Aber Tina schüttelt noch einmal und energischer den Kopf.

Auf den Polterabend verzichtet das Brautpaar. Cathy kennt den Brauch sowieso nicht und Michael ist es wichtiger, ein paar Stunden mit ihren Gästen zu plaudern. Sie treffen sich auf der Terrasse des Gasthauses in Maria Plain, die für sie reserviert ist. Es ist ein lauer Sommerabend, nicht zu heiß und der Blick auf die Stadt Salzburg mit den sie umkränzenden Bergen wunderschön. Klaus findet Gelegenheit zu einem regen Gedanken-austausch mit seinem Cousin, der ihm keinerlei Vorwürfe macht, sondern nur den Wunsch der ganzen Familie weitergibt, Klaus solle doch bitte wieder einmal nach Hause kommen. Michael und das Ehepaar Waidmann, seine Freunde aus dem Schwarzwald, kramen lustige Begebenheiten von früher aus und freuen sich beisammen zu sein. Diana hat in Mara, Tinas Freundin, eine kompetente Dolmetscherin gefunden. Walter Schleyer und sie haben sich mit ihr abseits gesetzt. Walter will so viel wie möglich über das Leben seines Bruders in Kenia erfahren. Anne unterhält sich angeregt mit Michaels Eltern. Die Kinder laufen den ganzen Kreuzweg bergauf und bergab. Maria Plain ist eine Wallfahrtskirche, die hoch auf einem Hügel errichtet wurde. Die zwölf Kreuzwegstationen sind in kleinen Kapellen bildlich dargestellt. Sie sind vom Fuß des Hügels bis hinauf zur Kirche mit Treppen verbunden.

Am nächsten Morgen haben die Fotografen ihren großen Tag. Das Brautpaar wird von ihnen umlagert. Cathy und Michael sind beide sehr elegant und strahlen vor Glück. Umgeben von ihren Blumenkindern, im schönsten Trausaal Europas und beim Hinunterschreiten der berühmten Engelstreppe im Schloss Mirabell bieten sie ein bezauberndes Bild. Anne, ebenfalls sehr vornehm in Silbergrau, greift ein paarmal nach ihrem Taschentuch. Zu ihrer seelischen Unterstützung wird sie von ihrer Schulfreundin Rosie begleitet, die überhaupt nicht romantisch, sondern realistisch ist und ein paarmal einen Tränenausbruch Annes verhindern kann.

Nach der standesamtlichen Trauung wird die Hochzeitsgesellschaft mit Fiakern, den berühmten Salzburger Pferdekutschen, vom Schloss Mirabell zur Stiftskirche St. Peter gefahren. Die Kutschen sind stilgerecht mit weißen Schleifen und Blumen geschmückt. Wana ist begeistert und will unbedingt auf dem Kutschbock mitfahren und natürlich die Zügel halten. Während der Wartezeit auf ihren Auftritt bestürmen die Kinder die Fiakerfahrer, sie ebenfalls auf dem Kutschbock ein paar Meter fahren zu lassen. Leider ist der Spaß bald zu Ende, denn der Hochzeitsmarsch erklingt.

Der Hochzeitszug formt sich. Zuerst gehen die Zwillinge Lisa und Lena mit Wana in ihrer Mitte, in der zweiten Reihe Amelie, Elena und Sofia, und zum Schluss Klaus mit seiner Tochter Cathy. Beide strahlen. Neben den Gästen der Feier sind sowohl Freunde von Tina, Sebastian und Anne, als auch Mitglieder der Mayr-Sippe und viele Kinder in der Kirche. Tina blinzelt ungläubig. Da ist ja ihre Schulklasse.

Beim Hinausgehen, nachdem die Trauung vollzogen

ist, streuen die Kinder Blumen. Am Kirchenportal bleiben sie stehen.

Mara und die Schulkinder von Tinas Klasse bilden ein Spalier und bewerfen das Brautpaar mir Rosenblüten. Anne blinzelt. Das kostet ja ein Vermögen, denkt sie, bis sie erkennt, dass es die Blüten der Buschrose Fairy sind. Diese Rosensorte, und das weiß sie als Rosenliebhaberin ganz genau, hat an einem Busch so viele Blüten, dass es für zwei Hochzeiten reicht.

Der Partyservice hat hervorragende Arbeit geleistet. Die Scheune ist herrlich mit großen wildblumenähnlichen Gestecken und weißen Stoffbahnen an den Wänden dekoriert. Die Tafel elegant, weißes Tischtuch und ein Traumgesteck mit roten Rosen vor dem Platz des Paares. Klaus hält die Tischrede und erweist sich als begabter Redner. Nahe der Tanzfläche hat eine dreiköpfige Musikergruppe ihre Instrumente aufgebaut. Als erstes Musikstück erklingt, wie kann es anders sein, der Donauwalzer. Cathy und Michael sind auch auf dem Tanzparkett ein wunderschönes Paar.

Dann tanzen alle. George steht auf, streckt Diana seine rechte Hand entgegen und sagt: „Please..." Da drängt sich Wana an ihm vorbei und ruft: „Bibi, tafadhali ngoma pamoja nami. - Oma, bitte, tanz' mit mir."

„Du entschuldigst, George, aber der junge Mann hat

heute Vortritt!" George lächelt nur und fordert Hannelore Schleyer auf. Tina und Sebastian tanzen auch. Als die Musik verstummt, bleiben sie stehen. Tina sagt mit leuchtenden Augen und einem den ganzen Saal umfassenden Blick: „Das ist meine große Familie, Sebastian."

14. UND WIEDER WANA

Nach einem kurzen Zwischenstopp in Nairobi sind sie zwei Wochen vor Schulbeginn wieder in Shanzu. Marjani wartet schon vor der Villa auf Wana.
‚Ich möchte zu gerne wissen, wie sich die Nachrichten so schnell verbreiten', denkt Cathy. Sie ist aber froh, dass ihr die Kinderbetreuung abgenommen wird. Zwei Tage nur schlafen, so müde ist sie, dann surfen, segeln, raus auf's Meer- ich muss meinen Akku aufladen...

Am nächsten Morgen, sie sitzen noch beim Frühstück, stürmt Diana ins Zimmer.
„Guten Morgen ihr Langschläfer. Wie geht es euch? Ihr seht verdammt glücklich aus!" Sie lässt sich auf einen freien Stuhl plumpsen und ohne eine Umarmung für Wana, der sie fassungslos anschaut, fährt sie erregt fort: „Cathy, ich brauch dich. Du wirst es nicht glauben. Sie machen uns Probleme wegen des Landungsstegs für die Jacht. ‚Dieser Steg', ich zitiere, ‚belastet die einmalige Uferregion und die Meeresfauna in unzumutbarer Weise!' Da stecken bestimmt die Leute vom *Sea Point* dahinter."
„Ich dachte, der Steg wäre längst fertig. Die Jacht wird

doch nächste Woche geliefert!"

„Das Schiff wird geliefert. Ja. Und der Steg muss bis dahin fertig sein, sonst müssen wir im Jachtklub von Mombasa einen Liegeplatz bezahlen."

„Das wäre doch eine Alternative. Nicht ideal, aber immerhin als Ausweichmöglichkeit – also Diana..."

„Cathy, ich wäre nicht so hereingeplatzt, wenn es nicht dringend wäre. Ich, oder wir, was mir lieber wäre, haben in einer Stunde einen Termin bei der Umweltbehörde. Ich muss los."

„Warte Diana, ich muss mich noch anziehen. Gib mir fünf Minuten." Schon ist sie um die Ecke, da dreht sie um und ruft: „Mr. Kalela. David soll ihn verständigen. Er soll dahin kommen. Dringend. Wenn uns einer helfen kann, dann er!"

Der Beamte bei der Umweltbehörde ist absolut uneinsichtig. „Sie haben bereits einen zehn Meter langen Steg für Ihre Segel- und Motorschiffe, Miss Diana. Das haben wir damals bereits mit großen Bedenken genehmigt, aber einem weiteren zwölf Meter langen Steg können wir unter keinen Umständen zustimmen."

Diana knirscht innerlich mit den Zähnen. Von wegen, ‚mit großen Bedenken genehmigt.' Sie hat ihn damals vor zwanzig Jahren einfach gebaut. Nie hat jemand

eine Genehmigung dafür sehen wollen. Sie verflucht sich, dass sie diesmal nicht genau so vorgegangen ist. Das
kommt davon, wenn man sich an die Vorschriften hält.
„Officer", sagt sie mühsam beherrscht, „fast alle Hotels haben einen Zwölfmetersteg und das *Sea Point* hat deren drei, von denen einer zwanzig Meter lang ist."
„Wir genehmigen keine weiteren Stege, Miss Diana, die Umwelt wird zu sehr belastet. Das Riff, durch das Sie ja fahren müssen, um das offene Meer zu erreichen, verträgt keine zusätzliche Belastung."
„Wir benutzen die vorhandene Fahrrinne und fahren mit der Jacht nur bei Flut durch das Gebiet des Riffes. Ansonsten ankern wir weiter draußen."
Cathy zupft Diana am Ärmel und schüttelt den Kopf. Das hat keinen Sinn, bedeutet das. Wo nur Mr. Kalela bleibt? Sie hat noch aus dem Auto David angerufen, der ihr versichert hat, dass er so schnell wie möglich kommen wird, obwohl er dafür einen Termin absagen muss.
Da öffnet sich die Tür und. Mr. Kalela ist da.
„Guten Morgen Mr. Zumarani. Dies sind meine Klienten, Miss Diana und Miss Cathy. Ich denke, es wäre einfacher für alle, wenn wir ohne die beiden Damen miteinander reden würden, was meinen Sie?"
Damit schiebt er Diana und Cathy aus dem Raum.

Draußen schaut Diana fassungslos zu Cathy: „Das glaube ich jetzt nicht! Wir leben im 21. Jahrhundert! Das eben ist nicht passiert. Sag' mir, dass das nicht passiert ist! Schickt uns wie zwei kleine Schulmädchen aus dem Raum, damit die Herren Wichtiges verhandeln können."

„Ja", grinst Cathy, „und wir haben uns schieben lassen. Das glaube *ich* jetzt nicht. Komm, wir gehen wieder rein. Wer sind wir denn!"

Aber Diana hält sie zurück. „Vielleicht würden wir unserer Angelegenheit nur schaden. Warten wir lieber."

Nach einer guten halben Stunde kommt Mr. Kalela aus dem Raum. Er wirkt echauffiert. Mit einem Lächeln kommt er auf die beiden zu, schüttelt ihnen die Hände und sagt.

„Ich denke, damit sind alle Schwierigkeiten ausgeräumt. Bauen Sie ihren Steg. Die Behörde meldet sich nächste Woche bei Ihnen. Ich wünsche Ihnen noch einen schönen Tag." Dann eilt er die Treppe hinunter. Nach drei Stufen dreht er sich um und ruft: „Meine Rechnung ist vielleicht ein bisschen hoch!"

„Das sind so die Unwägbarkeiten des Lebens!" Diana ist zufrieden, „Hauptsache die Baufirma baut den Steg ruckzuck. Ich möchte so schnell es geht, nach Bowness zurück."

Als sie ins *Blue Sea House* zurückkommen, ist von den Kindern nichts zu sehen.
„Sie sind auf der Baustelle." Michael sitzt auf der Chaise longue und studiert die Zeitung.
„Welche Baustelle?"
„Na, die von Wanas Großvater!"
Diana verschwindet Richtung Segelschule, um der Baufirma ‚Beine' zu machen, wie sie sagt, und wirft Cathy beim Weggehen die Worte „sag Mohamed Samatar ich will ihn sprechen, wenn du ihn siehst", zu.

Neugierig macht sich Cathy auf den Weg. Hinter dem Hotel lärmt ein Zementmischer. Der muss aus dem Jahre Schnee sein, so laut, wie der jault. Gut, dass wir im Moment keine Gäste haben. Aber für Mary und David muss es die Hölle sein. Die Fläche, auf der das Haus stehen soll, ist perfekt eingeebnet. Sie hat das schon einmal im nächsten Dorf gesehen. Zuerst wird ein mindestens ein Meter tiefer Fundamentgraben in den Umrissen des Hauses ausgehoben, der mit Kalksteinbrocken gefüllt wird. Darauf wird ein circa fünfzig Zentimeter hoher Sockel gemauert. Die Grundfläche wird eingeebnet und mit Brettern in einzelne Sektionen geteilt. Sobald der Zement gemischt ist, wird er in eine Schubkarre gekippt und auf der Grundfläche ausgebracht. Diese Arbeit kann

nicht unterbrochen werden bis die Fläche bedeckt und geglättet ist. Nach drei Tagen Ruhe werden dann die Mauern hochgezogen. Im Moment sind sie dabei die Grundfläche zu betonieren. Alles wird mit Körperkraft erledigt: Der Transport der Zementsäcke, des Sandes, nur für das Wasser haben sie einen Schlauch in der Küche des Hotels angeschlossen. Amelie und Wana, sowie jede Menge andere Kinder, auch Mary, sind eifrig dabei Sand in die Schubkarren zu schaufeln. Zementstaub ist überall. Sie schauen aus wie Max und Moritz, nachdem sie ins Mehl gefallen sind. Zementstaub ist ungesund. Was soll ich tun? Die Kinder wegholen?
Da hat Mrs. Tebeiga sie entdeckt. Freudestrahlend kommt sie auf Cathy zu. „Nochmals tausend Dank, dass wir kommen durften. Wir sind so glücklich. Mein Mann ist in Mombasa auf der Schule. Nächste Woche hat er Prüfung. Er lernt viel. Hier ist mein Sohn, Vater von Lliya, Kobe, Halima und Rashid. Er heißt Salim und meine Schwiegertochter Tambika."
Cathy reicht beiden die Hand. „Willkommen in Shanzu!" Zu Salim gewandt fügt sie hinzu: „Sind Sie auch Fischer?"
„Ja. Ich habe mit meinem Vater zusammen gearbeitet. In Nairobi habe ich alles versucht, aber ich habe nur Gelegenheitsarbeiten bekommen. Ich will arbeiten. Ich

werde einen Job finden. Danke, dass meine Familie mitkommen durfte."

Tambika meldet sich und sagt eifrig: „Ich kann auch arbeiten, Miss Cathy. Ich kann putzen. Ich mache alles. Ich will zurückzahlen, was Sie für uns getan haben."

Cathy ist über die Dankbarkeit der beiden ein bisschen beschämt. Sie hat das alles ja gar nicht für diese Leute gemacht. Sie war nur so freundlich, weil sie Wana behalten will. Der soeben verstaubt und verschwitzt auf sie zugelaufen kommt, ihr in die Arme springt und sie umarmt. „Cathy, Wana arbeitet ganz viel. Ganz wichtig."

„Das sehe ich, mein Schatz. Wenn ihr genug habt, du und Amelie, dann kommt heim."

Sie verabschiedet sich und bittet Mrs. Tebeiga Ihrem Mann auszurichten, dass ihn Diana sprechen will.

Die Baufirma rückt mit sechs Mann an und schafft es tatsächlich, den Steg in einer Woche anzulegen. Auf der Samatar-Baustelle rattert der Zementmischer täglich. Cathy und Michael sind froh, dass das *Blue Sea House* etwas entfernt liegt.

Nach Ankunft der Jacht ist ein Barbecue für geladene Gäste und dem gesamten Personal des Hotels geplant. Außerdem muss das Schiff getauft werden. Über den Namen und wer der Taufpate sein wird, wird noch diskutiert. Im Herzen hat Cathy einen Wunsch, aber sie ist unsicher, was Diana dazu sagen wird. Sie wartet auf den richtigen Moment. Der aber nicht kommt und so macht sie sich auf den Weg in das Hotel, in dem Diana Joe's ehemaliges Appartement bewohnt. Die Hälfte von Dianas Bungalow ist zum Büro für das *Amani Beach Paradise Marine Center* umfunktioniert worden. Die hinteren zwei Räume haben Abdullah und Yaris bezogen, die nur an ihrem freien Tag ihre Familien besuchen.

„Was hältst du davon, wenn ich den Namen und du den oder die Taufpaten des Schiffes aussuchst?" Mit diesen Worten überrumpelt sie Diana beim Öffnen der Appartementtür.

„Komm erst einmal rein, meine Liebe. Willst du etwas trinken? Der Kühlschrank ist voll. Eigentlich müssten wir mit Sekt anstoßen, aber ich bin süchtig nach Shanzu-Mangosaft! Ich habe mir gerade einen Krug bringen lassen. Also, du willst den Namen des Schiffes aussuchen? Offensichtlich hast du einen bestimmten im Sinn? Mir ist er nicht so wichtig, also sag' schon."

„Ich..., ich möchte das Schiff Susanne nennen. Nach meiner Mama. Ich weiß, es ist sentimental, aber ich hätte dann das Gefühl, sie wäre hier. Hier bei mir."

„Oh, ich verstehe. Ja, das verstehe ich gut. Das zieht mir jetzt ein bisschen den Boden unter den Füßen weg,

Cathy. Obwohl, im Grunde, warum nicht? Jo hat sie geliebt und sicher hätte er sie hier haben wollen." Diana steht auf, tritt an die Brüstung und schaut auf das weite Meer. Sie dreht sich um. „My darling, wenn es dir hilft und wenn es den Schmerz ein wenig verringert, dann sage ich ja. Ja, nennen wir das Schiff Susanne."

„Danke Diana und ich würde gerne meinen Vater dazu einladen und Tina. Oma natürlich auch, wenn es ihr nicht zu anstrengend wird. Wäre das für dich ok?"

„Du kannst einladen, wen immer du willst. Aber wen nehmen wir als Paten? Ich hab's, Mrs. Kalela! Dein Anwalt ist doch verheiratet, oder?"

„Ich finde das raus! Super Idee."

Etwas angespannt warten die beiden zukünftigen Jacht-Besitzerinnen auf das Prüfungsergebnis für den Jachtführerschein. Sie haben ihre Pläne ganz auf die beiden Männer, Abdullah und Mohamed, so wird Mr. Samatar im Betrieb genannt werden, ausgerichtet. Einer von beiden muss es schaffen. Die Fischerei-Lizenz hat Mohamed inzwischen erhalten. Die Angelausrüstung ist mit ihm besprochen worden und bestellt. Als Abdullah und Mohamed mit strahlenden Gesichtern von der Bushaltestelle kommend, das Büro des *Amani Beach Paradise Marine Centers* betreten, brechen alle in Jubel aus und klatschen.

Als Cathy das Hotelgelände durchquert, hört sie Kinderlachen und Wasser platschen. Ernst bleibt sie am Pool stehen und winkt die Kinder aus dem Wasser.
„Es sind im Moment zwar keine Gäste da, aber bereits nächste Woche eröffnen wir wieder. Ihr habt hier weder am Pool, noch im Hotelgelände etwas verloren. Ihr könnt im Meer baden, aber nur in der kleinen Bucht."
Wana kommt lächelnd auf Cathy zu und meint treuherzig: „Aber Wana will Pool - will nicht Meer."
„Du kannst bleiben und natürlich Amelie auch, aber die anderen Kinder haben Poolverbot."
Sie dreht sich um und geht Richtung *Blue Sea House*.
Wana ruft ihr nach: „Aber Marjani, Kobe, Halima und Rashid wollen auch. Sind meine Cousins."
„Ich sagte nein, Wana." Damit verschwindet sie endgültig.
„Kommt, lasst uns an den Strand gehen." Marjani sammelt die Handtücher ein: „Kommt jetzt!"

Klaus freut sich über die Einladung zur Schiffstaufe. Er wird alleine kommen. Louisa ist mit den Kindern bei einer Verwandten in Süd-Frankreich. „Hätte ich das früher gewusst…"

„Es ist ein bisschen hoppla-hopp, ich weiß. Aber ich war durch die Hochzeit und die anschließende Woche in Deutschland so abgelenkt, dass ich im Moment ein bisschen von den Ereignissen überrannt werde. Es ist schon nächsten Freitag..."
Tina, der sie die gleiche Einladung übermittelt, lacht: „Cathy, wir können doch nicht einfach so für ein Wochenende nach Afrika fliegen. Das wird viel zu teuer, außerdem hat Sebastian einen wichtigen Auftrag zu bearbeiten und die Zwillinge sind zu einem Reitkurs am Ponyhof angemeldet."
„Tina, bitte. Diana ist einverstanden, wir wollen das Schiff „Susanne" taufen. Du musst kommen. Klaus kommt auch. Eigentlich sollte auch Oma hier dabei sein. Kannst du mit ihr reden?"
„Oh." Tina schweigt.
„Tina, bist du noch dran?"
„Ja. Gut, ich komme. Aber allein ohne die Familie. Ich werde Oma fragen, aber..., egal ich werde sie fragen. Nein, rufe sie doch bitte selbst an. Daran merkt sie, dass es dir wichtig ist."
Aber Anne winkt ab. „Katharina, ich freue mich, dass du das Schiff nach deiner Mama nennst, aber für ein paar Tage so weit zu fliegen ist mir zu anstrengend."
„Oma, wir müssen zwar anschließend nach Nairobi zurück, aber du kannst doch ein paar Wochen bleiben.

Vielleicht kommt deine Freundin Rosie mit? Sie ist auch herzlich eingeladen. Überlege es dir."
Da Rosie entzückt ist, zwei, drei Wochen am Indischen Ozean zu baden, sagt Anne zu. „Ich muss mich wohl daran gewöhnen deinen Vater öfter zu sehen!"

Wana wirft Cathy beim Abendessen gekränkte Blicke zu, die sie aber gar nicht bemerkt. Amelie fragt vorsichtig: „Warum dürfen die anderen Kinder nicht in den Pool?"
Cathy reagiert gereizt: „Das ist doch selbstverständlich. Das muss man doch nicht erklären."
Michael wird aufmerksam. „Was war denn los?"
Amelie erzählt ihm, dass sie mit Marjani und Wanas Cousins im Pool geschwommen sind, was ihnen aber von Cathy verboten worden sei. Warum?
„Das weiß ich ehrlich gesagt auch nicht." Er schaut zu Cathy.
„Jetzt schaut mich nicht alle so böse an. Das Hotel ist kein Kinderspielplatz."
„Aber im Moment sind doch gar keine Gäste da."
„Das macht nichts. Das Verbot gilt für alle, die im Hotel arbeiten, oder wie seit Neuestem, hier auf dem Gelände wohnen, nicht nur für die Kinder. Das Hotel ist für Gäste da. Diese zahlen uns sehr viel Geld dafür, dass sie, möglichst ungestört, im Pool schwimmen

können. Ihr habt doch den ganzen Strand, wobei ich allerdings erwarte, dass sich keine Kinder am Hotelstrand zeigen. Und", fügt sie hinzu, „ihr braucht mir nicht erklären, dass in Kenia alle Strände öffentlich sind. Das weiß ich."

Michael gibt Amelie und Wana einen Wink mit den Augen, alle weiteren Kommentare zu unterlassen.

Im Bett fragt er nachdenklich: „Warum regt dich dieses Thema so auf?"

„Es regt mich nicht auf!"

„Das merke ich." Da ist wohl ein Schatten im Paradies der Kindheit oder eher eine dunkle schwarze Wolke?

„Komm her." Er nimmt sie in die Arme und küsst sie. Cathy schmiegt sich an ihn, dann meint sie nachdenklich: „Das war ein ausdrückliches Verbot meines Dads. Ich durfte keine Freunde, Afrikaner oder Nicht-Afrikaner auf das Hotelgelände bringen. Ich konnte jederzeit zu ihnen gehen, aber mitbringen durfte ich niemand."

Michael nimmt ihr Gesicht in seine Hände und schaut ihr tief in die Augen: „Das hat dir wehgetan, nicht wahr? Jedes Kind will seinen Freunden sein Zuhause zeigen. Schade, dass dir dein Dad keine Erklärung für sein Verbot gegeben hat."

Er beschließt, es dabei zu belassen. Im Laufe der Zeit wird sie vielleicht zu einer anderen Einstellung kommen, oder sie finden eine andere Lösung. Zuerst muss das Event der Schiffstaufe vorbei sein. Klaus steht er emotionslos gegenüber. Wer hat in seinem Leben keine Fehler gemacht? Die Ereignisse vor zwanzig Jahren sieht er eher als Verkettung unglücklicher Umstände an, als böse Absicht. Zeit einen Schlussstrich zu ziehen. Cathy ist wohl so weit und Tina?

David hat die Presse verständigt. Der Bürgermeister von Mombasa, Mr. Hirsi von *Sea Point*, die Hotelbesitzer der Nordküste, der Besitzer der Baufirma, sowie sämtliche Angestellten sind eingeladen. Die Küche arbeitet seit dem frühen Morgen auf Hochtouren. Um zehn Uhr vormittags, bei Flut, läuft die Jacht ein. Der Name ist noch verhüllt. Alle kommen herbeigeströmt. Sogar die Köche verlassen
kurz ihre Küche.
Michael hält die Begrüßungsrede in Englisch. David übersetzt sie in Kisuaheli.
Dann kommt der große Moment. Mrs. Kalela in einem goldgelben Kaftan nimmt die Sektflasche, die mit einer Schnur an der Reling befestigt ist und wirft sie mit großem Schwung gegen den Bug. „Ich taufe dich auf den Namen ‚Susanne'."

Zur Überraschung Cathys hat David eine Band engagiert, die temperamentvoll zu trommeln beginnt. Auch ein Sänger ist dabei und sofort springt der Funke über. Stimmung pur. Nach einer temperamentvollen Viertelstunde greift Cathy nach dem Mikrofon:
Liebe Gäste, liebe Mitarbeiter, Diana und ich sind sehr stolz auf dieses neue Angebot des *Aquarius.* So heißt ab heute Dianas Surf- und Segelschule. Das Hotel ist zu fünfzig Prozent an diesem Projekt beteiligt. Wir werden nur Tagestouren anbieten und hoffen, dass unsere Nachbarn dies auch in ihren Hotels publik machen. Das Schiff trägt den Namen meiner lange verstorbenen Mutter. Deshalb sind auch meine Schwester Christina und der Ehemann meiner Mutter, Klaus Kammler, anwesend. Ich wünsche dem Schiff eine wunderbare Zeit im Indischen Ozean. Das Schiff kann jetzt besichtigt werden und das Buffet ist eröffnet."
Bei den Worten ‚Ehemann meiner Mutter' hat sich Klaus auf die Zunge gebissen. Ich bin dein Vater, will er
rufen, aber dann versteht er. Jo hat hier gelebt, ist von den Menschen seiner Umgebung geschätzt worden. Warum seinen Ruf zerstören? Schluss mit der alten Geschichte.
„Komm, Tina, lass uns den Tag genießen. Zuallererst

schauen wir uns mal dieses hochgelobte Schiff an. Ich hätte große Lust einen Hochseeangeltag zu buchen. Du auch?"

„Ich komme gerne mit. Aber nur mit der Kamera. Vielleicht können wir morgen fahren? Ich muss ja übermorgen schon wieder zurück. Du doch auch, nicht wahr?"

Mr. Hirsi vom *SeaPoint* kommt mit einem Glas Sekt auf Cathy, die neben ihrer Oma und Michael steht, zu.

„Ich schätzte den alten Jo, ihren Vater sehr, Miss Cathy. Ein gewiefter Mann. Aber sie übertreffen ihn noch. Zuerst nehme ich Ihnen zuliebe diesen somalischen Fischer auf meine Schiffe und bringe ihm das Prozedere bei und, entgegen ihrem Versprechen, drängen Sie doch in das Geschäft mit einer eigenen Jacht. Jetzt habe ich einen Mitarbeiter weniger und ein Konkurrenzunternehmen."

„Mr. Hirsi, wir sind doch keine Konkurrenz für Sie. Sie haben drei Jachten und vor allem auch zwei große, mit denen sie Wochenturns anbieten. Wir sind nur ein kleiner Fisch. Außerdem wollte ich mich sowieso noch persönlich bei Ihnen bedanken, dass Sie sich um Mr.

Samatar gekümmert haben."

Mrs. Hirsi, die neben ihrem Mann steht, lächelt und sagt: „Mein Mann war ganz schön wütend auf Sie, Miss

Cathy. Aber er hat sich wieder beruhigt."

„Dann darf ich ja vielleicht noch eine Bitte aussprechen?"

Das Gesicht von Mr. Hirsi bleibt vollkommen unbewegt. Er macht eine einladende Handbewegung.

„Wie Sie nicht wissen, nicht wissen können, Mr. Samatar ist der Großvater meines Ziehsohns Wana. Wir haben ihn und seine Familie in einem Slum in Nairobi gefunden. Er hat einen Sohn, Salim, der auch Fischer ist."

Mr. Hirsi bricht in schallendes Gelächter aus. Vor lauter Lachen bringt er kaum die Worte heraus: „Miss Cathy! Miss Cathy! Den soll ich jetzt wohl anstellen, nachdem mich Mohamed verlässt, ja?"

Cathy schaut ihm in die Augen und lächelt süß: „Ja, Mr. Hirsi, das wäre sehr nett."

Im Flugzeug zurück nach Nairobi muss Michael auf einmal lachen. Er wirft seiner angetrauten Ehefrau einen bewundernden Blick zu. „Du bist einmalig, weißt du?"

Vier Wochen später, eines Donnerstags, ruft ein besorgter David aus Shanzu an.

„Cathy, es tut mir sehr leid dir das sagen zu müssen, aber ich mache mir Sorgen. Sehr große Sorgen. Mohamed ist gestern Nachmittag mit der Susanne hinausgefahren. Er ist bis jetzt nicht zurückgekommen. Soll ich die Küstenwache verständigen? Es kann ihm ja etwas passiert sein. Aber eigentlich denke ich, dass es etwas anderes ist."

Cathy schweigt. Sie schluckt. Glaubt nicht, was sie gehört hat. „Willst du damit sagen, dass Mr. Samatar, nach allem was ich für ihn und seine Familie getan habe, das Schiff gestohlen hat? Meinst du, er ist damit unter die somalischen Piraten gegangen? Das glaube ich nie und nimmer und ich bin enttäuscht von dir, David, dass du so denkst. Vielleicht ist ihm etwas passiert? Natürlich musst du die Küchenwache verständigen, und zwar sofort! Lass Mrs. Tebeiga holen, ich will mit ihr sprechen, in einer Stunde rufe ich an, oder besser, du rufst an, sobald sie im Büro ist. Diana informiere ich selbst. Weder du noch Abdullah macht das, klar?"

Beim Gespräch mit Mrs. Tebeiga wird klar, dass sie keine Ahnung hat, warum und wohin ihr Mann mit dem Schiff gefahren ist. Aber sie beschwört Cathy, dass er nie und nimmer mitsamt dem Boot nach Somalia verschwunden sei. „Er würde uns nicht verlassen. Wir sind seine Familie. Er kommt zurück. Sicher!"

Sie warten eine Woche. Die Gäste, die einen Angelausflug gebucht haben, es sind Gott sei Dank nur wenige, buchen sie zum *Sea Point* in Mombasa um.

Die Küstenwache meldet sich. David ist elektrisiert und verständigt sofort Cathy.

„Sie haben ihn auf dem offenen Meer entdeckt, vierundfünfzig Seemeilen nördlich. Er wurde angehalten, kontrolliert und laut seiner Aussage ist er auf dem Weg nach Shanzu. Er müsste in ungefähr drei Stunden hier sein. „Was soll ich mit ihm machen?"

„Er ist erst einmal beurlaubt. Abdullah soll das Schiff fahren und eventuell Salim, wenn Mr. Hirsi ihn nicht braucht, als Helfer mitnehmen. Ich komme morgen Abend nach Shanzu."

Sie lässt die Kinder bei Michael und fliegt noch am Abend nach der Schule nach Mombasa. David holt sie ab. Beide schweigen. Was sollen sie schon sagen? Sie müssen das Gespräch mit Mr. Samatar abwarten.

Sie zieht sich in die Villa zurück. Mokami ist da und öffnet ihr die Tür. „Siku njema huonekana asubuhi - ein guter Tag fängt morgens an."

Da muss Cathy lächeln. „Ja, da hast du recht. Aber Sorgen verhindern auch einen erholsamen Schlaf. Machst du mir einen Mangosaft, meine Liebe? Trotzdem werde ich noch heute mit Mohamed Samatar sprechen." Im Weggehen murmelt Mokami noch: „Pole pole ndio mwendo – manchmal ist es ratsam langsam vorzugehen."

Nach einer halben Stunde macht sich Cathy mit einer Taschenlampe auf den Weg. Als sie das Hotelgelände erreicht, schaltet sie die Lampe ab.

Mohamed Samatar sitzt vor dem neuen Haus auf dem Boden. Bei Cathys Näherkommen erhebt er sich.

„Ich habe auf Sie gewartet. Man hat mir gesagt, dass Sie heute noch kommen."

„Gut, gehen wir in das Büro."

Dort lässt Cathy Wasser beziehungsweise Tee für Mr. Samatar bringen. Dann schweigen sie, bis Cathy sagt: „Was hat Sie veranlasst, dass Schiff zu entwenden und eine Woche zu verschwinden?"

„Zuerst, Miss Cathy, möchte ich mich entschuldigen Ihnen Probleme gemacht zu haben."

„Sie haben mir kein Problem gemacht, sie haben Miss Dianas und mein Boot entwendet, oder soll ich sagen, gestohlen?"

Mohamed Samatar lässt den Kopf hängen.

„Ja. Ich sah keinen Ausweg."

Langsam verliert Cathy die Geduld. „Ich will wissen, warum Sie das gemacht haben. Das ist ganz einfach. Sie sagen mir jetzt warum sie das Schiff genommen und was sie damit gemacht haben. Anschließend rufen wir Miss Diana an."

„Es ist eine Familienangelegenheit, Miss Cathy. Das kann ich nicht mit einer Frau besprechen."

Cathy springt auf: „Heilige Madonna, wir schreiben das Jahr zweitausendundfünfzehn und Sie können nicht mit einer Frau sprechen?" Sie geht erregt im Büro auf und ab und überlegt: „Ich will Mr. David nicht mit hineinziehen. Ich habe das Gefühl, es geht ihn nichts an und ich möchte auf jeden Fall Getuschel vermeiden. Könnten Sie mit Ihrer Frau sprechen?"
Er nickt unsicher. Cathy ruft die Rezeption an, und bittet Mrs. Tebeiga ins Büro zu bringen. Bis diese atemlos ankommt, sitzen sie schweigend da.
„Mrs. Tebeiga, fragen Sie bitte Ihren Mann in welcher Familienangelegenheit er unterwegs war und wohin?"
„Faarax Indobuur K'Naan wollte mit mir sprechen. Ich sollte zur Südbucht der Insel Dargas kommen. Dort habe ich auf ihn gewartet."
„Wanas Großvater. Der Warlord! Warum haben Sie nicht abgelehnt und ihm gesagt, dass Sie kein Schiff haben?"
„Er wusste Bescheid, dass ich Ihre Jacht zur Verfügung habe. Hätte ich abgelehnt, hätte er vielleicht wieder versucht, Kibwana zu entführen."
„Es war die Al-Shabaab, die Wana damals entführen wollte, um seinen Großvater mit ihm als Geisel zu erpressen."
Wanas Großeltern schauen entsetzt. Dann meinte Mohamed Samatar: „Sehen Sie, war doch gut, dass ich

gefahren bin."

„Was wollte der Warlord? Wie hat er Kontakt mit Ihnen aufgenommen?"

"Erregt beugt sich Cathy vor. „Mrs. Tebeiga nun fragen Sie ihren Mann schon.

„Wo ist die Insel Dargas? Davon habe ich noch nie gehört!"

„Sie ist eine der südlichsten Insel der Bajuni Islands und unbewohnt."

„Sie waren mit unserem Schiff in Somalia? Ich fasse es nicht. Dort wimmelt es von Piraten und am Festland sind die Milizen von Al-Shabaab."

„Nein, die Piraten sind viel weiter nördlich. In der Gegend von Djibouti und Mogadischu. Außerdem kenne ich mich dort aus. Ich weiß, wo die Fischerboote sind und bin eine andere Route gefahren."

„Mein Gott, warum sind Sie dieses Risiko eingegangen? Warum sind Sie nicht zu mir gekommen? Wir hätten uns mit dem Warlord im Norden Kenias treffen können."

„Es ging um meine Familie."

„Ok. Sie sind also mit dem Schiff zu den Bajuni Islands gefahren. Offensichtlich sind Sie nicht gekapert worden. Was wollte der Warlord?"

„Er will Kibwana, seinen Enkel."

Oh Gott, lass das nicht wahr sein. Das arme Kind.

„Was haben Sie mit ihm ausgemacht?"
„Ich habe ihm erklärt, dass sein Sohn und meine Tochter nicht verheiratet waren und sein Sohn auf der Flucht gestorben ist. Aber das wusste er schon. Er wollte alles über Sie wissen, Miss Cathy. Wo und wie der Junge lebt. Dass wir eine Übereinkunft haben den Jungen während der Schulzeit bei Ihnen leben zu lassen und in den Ferien bei uns."
Er schwieg und trank bedächtig seine Teetasse leer. Seine Frau schenkte ihm sofort nach.
„Er findet den Gedanken, einen gut ausgebildeten Enkel zu haben erfreulich und genehmigt, dass er die Schule besucht. Allerdings muss der Junge im islamischen Glauben unterrichtet werden. Er schlägt ein Treffen in zwei, drei Monaten vor, und zwar in Djibouti. Ich sagte, wir hätten keine Möglichkeit zu reisen. Daraufhin bot er uns eine Rückkehr unter seinem Schutz auf die Bajuni Islands an."
Mrs. Tebeiga gab einen überraschten Laut von sich und sah ihren Mann fassungslos an.
„Zusammen mit Wana? Oder die Familie und Wana bleibt hier bei uns und besucht die Schule?"
Das wäre gar keine so schlechte Idee findet Cathy.
„Wana gehört zu unserer Familie. Wenn wir zurückgehen, dann nur mit ihm."
„Da können Sie ihn ja gleich beim Warlord abliefern."

Cathy will böse sein. Obwohl sie sieht, dass Mr. Samatar zerrissen ist zwischen dem Wunsch, auf die Bajuni Islands zurückzukehren und dem Wunsch, dem Kind eine positive Zukunft zu sichern. „Der Warlord hat doch noch mehr Enkel, oder?"
„Ja, das hat er. Aber ich muss auch an meine Kinder und anderen Enkel denken. Ich weiß auch nicht, wie viel das Wort eines Ajuran als Schutz Wert ist. Die letzte Zeit vor unserer Flucht war schrecklich. Welche Zukunft haben mein Sohn, meine Tochter, meine Enkel in dem Land? Ich weiß es nicht. Lassen Sie uns Zeit, Miss Cathy. Ich verspreche Ihnen, den Job gut zu machen und keine weiteren Fahrten mit Ihrem Schiff zu unternehmen."

Am nächsten Morgen fällt Cathy etwas auf und geht schnurstracks zum Haus der Somalier. „Mr. Samatar, zu diesem Gespräch mit dem Warlord haben Sie doch keine vier Tage gebraucht. Wenn ich für die Hin- und Rückfahrt jeweils einen Tag berechne, was viel zu lang ist, aber bitte, bleiben mindesten drei bis dreieinhalb Tage, die Sie mir noch erklären müssen."
Mohamed Samatar schaut gequält. Seine Frau, seine Tochter, sein Sohn, sowie die Schwiegertochter und die Enkel sind in der Nähe und hören gespannt zu.
„Mein Onkel Abdul lebt noch in Somalia. Er ist auch

Fischer. Ich habe auf dem Meer gewartet, ob ich sein Boot finde. An Land zu gehen, wäre viel zu gefährlich gewesen."

„Haben Sie ihn gesehen?"

Mohamed Samatar schüttelt den Kopf. „Ich habe vier Tage gesucht und kein einziges Fischerboot gefunden."

David ist entsetzt: „Er macht einfach weiter seinen Job? Ohne Konsequenzen? Ohne Abstriche? Du gehst zu weit, Cathy, mit der Bevorzugung dieses Somaliers. Das macht böses Blut in der Segelschule. Wir, im Hotel, haben ja nichts mit ihm zu tun. Du solltest mit Abdullah reden."

„Ja, mache ich und, David, es ging um Wana. Er hat noch einen anderen Großvater. Leider einen berühmten. Der erhebt Ansprüche."

„Dann lass ihn gehen, Cathy. So gern du ihn auch hast, lass ihn gehen. Er gehört zu seiner Familie."

Ende Oktober kommen sie für ein langes Wochenende nach Shanzu. Amelie und Wana freuen sich, laufen sofort mit Marjani an den Strand und hüpfen in den Wellen. Nach kurzer Zeit tauchen auch Wanas Cousins auf. Amira, die seiner Mama so ähnlich sieht und Tambika, ihre Schwägerin, kommen mit der kleinen Llyia..

Abends, Wana ist nirgends zu sehen, kommt Amira zur Villa und verständigt Cathy, dass Wana bei ihnen übernachten wird.

Amelie ist überrascht und böse mit Cathy, weil sie es nicht verbietet. „Wana gehört zu uns. Du hast gesagt, er ist mein Bruder. Er soll hier bei uns sein und nicht bei seinen Cousins."

Sie stehen auf der Terrasse und blicken auf das Meer.

„Das heißt nicht, dass er dich nicht mehr liebt, Amelie. Es ist seine Familie, alle kannten seine Mama. Die Cousinen und Cousins sind die Kinder seines Onkels. Seine Oma erzählt ihm Geschichten aus der Zeit, in der seine Mama klein war. Er vermisst seine Mama sehr und das hilft ihm, den Schmerz zu ertragen. Er vergisst dich nicht. Er wird immer wieder zu dir kommen. Freue dich, wenn er kommt, aber mache ihm keinen Vorwurf, wenn er geht. Er bleibt immer in unserem Herzen, Amelie. Was man liebt, muss man loslassen. Es ist kein Trost, aber wir haben uns und wenn du willst, können wir morgen ganz weit auf das Meer hinausfahren. Würde dir das gefallen, mein Schatz?"

14. Notizen zu den Schauplätzen
aus Wikipedia

MALLORCA

Die größte balearische Insel, bildet zusammen mit der Inselgruppe der Pityusen, zu der Ibiza, Formentera, sowie fast 150 kleine Felseninsel gehören, die spanische Region der Balearen. Dies ist eine autonome Gemeinschaft innerhalb des spanischen Staates. Ihre Amtssprache ist Spanisch und Katalanisch. Barcelona ist nur 150 Kilometer entfernt.

Mallorca wird von zwei Gebirgszügen begrenzt. Im Westen die berühmte, über weite Strecken nicht besiedelte Serra Tramontana mit dem höchsten Gipfel, den Puig Major und auf der Ostseite die Serres de Llevant. Im Norden der Insel ist die weitläufige Bucht von Alcúdia.

LAKE DISTRICT

Der Lake District (Seebezirk) ist einer von vierzehn Nationalparks des Vereinigten Königreichs von Großbritannien. Er liegt in der Grafschaft Cumbria im Nordwesten Englands rund 130 km von Manchester entfernt und erstreckt sich über 2172 km². Die Cumbrian Mountains machen einen Großteil der eindrucksvollen Berg- und Seenlandschaft aus. Alle geographischen Punkte über 3000 Fuß (914,4m) in England liegen im Lake District, ebenso der größte natürliche See Englands, der Windermere. Im Park gibt es 257 geschützte Denkmäler, 1741 Einträge in die Liste der rund 2000 denkmalgeschützten Gebäude und Strukturen, 21 Conservation Areas, neun registrierte Parks und Gärten und den Westteil des Hadrianswalls, ein Weltkulturerbe. Im Volksmund heißt die Gegend oftmals nur „The Lakes". Berühmt wurde sie im frühen 19. Jahrhundert durch die Gedichte und Literatur William Wordsworths und anderer „Lake Poets". Die bedeutendsten Wirtschaftszweige sind die Schafzucht und der Tourismus.

SALZBURG

Die Stadt Salzburg liegt an der Salzach mitten im Salzburger Becken. Sie ist die Landeshautstadt des Bundeslandes Salzburg und die viertgrößte Stadt Österreichs. Der Nordwesten grenzt an Freilassing im Freistaat Bayern, das übrige Stadtgebiet an den Bezirk Salzburg-Umgebung. Das Gebiet der Stadt ist seit der Jungsteinzeit bis heute durchgehend besiedelt. Im Jahr

488 begann der Niedergang der römischen Stadt Juvavum. 696 wurde Salzburg als Bischofssitz neugegründet und 798 zum Sitz des Erzbischofs. Die Festung Hohensalzburg stammt im Kern aus dem 11. Jahrhundert. Sie ist eine der größten mittelalterlichen Burganlagen in Europa un dim 17. Jahrhundert wurde die Stadt von Erzbischof Wolf Dietrich als Residenzstadt prunkvoll ausgestattet. Im Süden der Stadt wurde das Schloss Hellbrunn, samt Schlosspark, Wasserspielen und Alleen errichtet. Als bekanntester Salzburger gilt der 1756 hier geborene Komponist Wolfgang Amadeus Mozart, weshalb die Stadt den Beinamen „Mozartstadt" und der Flughafen den Namen „Salzburg Airport W. A. Mozart" trägt. Das historische Zentrum der Stadt steht seit 1996 auf der Liste des Weltkulturerbes der UNESCO.

NAIROBI

Nairobi ist die Hauptstadt Kenias mit 3.138.369 Einwohnern und liegt im Süden Kenias am Nairobi River, einem Nebenfluss der Athi. Bis 2010 war Nairobi auch die Hauptstadt einer der acht Provinzen des Landes, heute liegt Nairobi im County Nairobi. Der Name der Stadt kommt von dem Maa-Ausdruck *Engare Nyarobie*, was etwa „kühler Fluss" bedeutet.

Nairobi entstand aus einem Eisenbahnlager und Versorgungsdepot, das die britische Verwaltung Ugandas 1896 in dem sumpfigen Gebiet im Zentrum Kenias errichtete. Es zählt zu den höchstgelegenen Hauptstädten Afrikas und hat ein für Europäer ausgesprochenes angenehmes Klima. Etwa 60% der Einwohner Nairobis leben in Slums, von denen es mehr als 200 gibt. Im Nordosten der Stadt liegt der älteste Slum MATHARE. Karen, benannt nach der dänischen Schriftstellerin Karen Blixen, die dort viel Jahre lebte. („Ich hatte eine Farm in Afrika")

VENTIMIGLIA

Ventimiglia liegt in der Provinz Imperia in Ligurien an der Riviera. Sie ist Grenzstadt zu Frankreich – *der französische Name ist* Vintimille: Oft findet man die Kurzform XXmiglia (der Namensteil Venti bedeutet Zwanzig, wie auch XX als Römische Zahl). Der Ort ist Bischofsstadt, Seebad und Kurort. In den Bergen westlich der Stadt bei Grimaldi di Ventimiglia sind die Höhlen von Balzi Rossi, in denen man Überreste vorgeschichtlicher Menschen gefunden hat.

Vor dem Jahr 180 v. Chr. wohnte hier das ligurische Volk der Intemeli, nach denen die Römer ihre Stadtgründung Albium Intemelium nannten, das später zu Albintimilium wurde. (Der Name Ventimiglia hat etymologisch also nichts mit „venti" =zwanzig zu tun, sondern ist eine volksetymologische Umformung des römischen Namens.)

OAU Charta: Die Organization of African Unity (OAU; Französisch: Organisation de l'unité africaine (OUA)) wurde am 25 Mai 1963 in Addis Abeba mit der Unterschrift von 32 Staaten gegründet. Sie wurde am 9.Juli 2002 durch den letzten Vorsitzenden President Thabo Mbeki (South Africa) aufgelöst und durch die African Union (AU) ersetzt.

Sie kennen die Vorgeschichte noch nicht?

„Verlorene Paradiese, paraísos perdidos, kupotea peponi"
ist erhältlich als Taschenbuch im

Krahn Verlag,

Tel 07143 841143.   Mail: krahn.verlag@gmail.com
oder   bei Amazon, € 9,90

als eBook, € 4,99
www. Amazon.de,
bei www.buch.de,
www.buecher.de,
www.thalia.de,
www. weltbild.de,
www. xinxii.de,

Bedanken möchte ich mich hiermit bei meinen Lektorinnen und meinem Lektor, die mit großem Engagement und Begeisterung das Manuskript bearbeitet haben. Ihre Bedenken und Verbesserungsvorschläge habe ich sehr ernst genommen. Nochmals vielen Dank.

Diese Geschichte ist eine reine Fiktion und hat nichts mit mir persönlich oder meiner Familie zu tun.

Natürlich habe ich einige Charaktereigenschaften auf die Protagonisten verteilt und einige Begebenheiten, die ich erlebt habe, im Laufe des Geschehens eingebaut.

Aber fließt nicht überall Erlebtes als Erfahrung ein?

Ich wünsche meinen Lesern ein paar schöne Stunden mit meiner „Fantasie-Familie", die mir sehr ans Herz gewachsen ist.

Irmgard Rahn   Gemmrigheim, den 31.07.2015

www.ingramcontent.com/pod-product-compliance
Lightning Source LLC
Chambersburg PA
CBHW061630040426
42446CB00010B/1349